FÉLIX VARELA

Porta-antorcha de Cuba

COLECCIÓN FÉLIX VARELA # 25

EDICIONES UNIVERSAL, Miami, Florida, 2005

JOSEPH Y HELEN M. MCCADDEN

FÉLIX VARELA

Porta-antorcha de Cuba

Traducción al español por el
Dr. Ignacio R. M. Galbis

Edición a cargo de la
Dra. Amalia V. de la Torre

Copyright © 2005 by *Félix Varela Foundation* of New York y
Padre Felix Varela Foundation, de Miami

Primera edición en español, 2005

EDICIONES UNIVERSAL
P.O. Box 450353 (Shenandoah Station)
Miami, FL 33245-0353. USA
Tel: (305) 642-3234   Fax: (305) 642-7978
e-mail: ediciones@ediciones.com
http://www.ediciones.com

Library of Congress Catalog Card No.: 2004113099
I.S.B.N.: 1-59388-040-5

Composición de textos: Rogelio A. de la Torre

Diseño de la cubierta: Luis García Fresquet

En la cubierta: al frente la fachada de la Iglesia de la Transfiguración, fundada por el P. Varela. Al fondo el Seminario San Carlos y San Ambrosio.
En la cubierta posterior: Mausoleo del padre Félix Varela en el cementerio Tolomato de San Agustín, Florida.

Traducción de la tercera edición en inglés de *Félix Varela, Torch Bearer from Cuba*.

Primera edición, 1969, por la Sociedad Histórica Católica de Estados Unidos.
Segunda edición revisada, 1984, por *Félix Varela Foundation*, de Nueva York, que dirigiera Mons. Raúl del Valle.
Tercera edición, Puerto Rico, 1998, por *Félix Varela Foundation* de N.Y.
y por *Padre Félix Varela Foundation*, de Miami.

Todos los derechos
son reservados. Ninguna parte de
este libro puede ser reproducida o transmitida
en ninguna forma o por ningún medio electrónico o mecánico,
incluyendo fotocopiadoras, grabadoras o sistemas computarizados,
sin el permiso por escrito del autor, excepto en el caso de
breves citas incorporadas en artículos críticos o en
revistas. Para obtener información diríjase a
Ediciones Universal.

FÉLIX VARELA (c. 1837)

FÉLIX VARELA (c. 1850)

ÍNDICE DE MATERIAS

Aclaración Previa IX

Prólogo a la Tercera Edición XI

Prólogo de Mons. Raúl del Valle XV

Prólogo: La Iglesia en Nueva York en la Época del Padre Varela, por el Rev. Florence D. Cohalan XIX

Prefacio por el Rev. Eugene V. Clark XXV

Reconocimientos XXVII

Unas Palabras de Gratitud XXIX

Capítulo   Página

    I. Enseña a sus Cubanos a Pensar 1

    II. Trazando el Camino Hacia la Libertad 39

    III. Ejerce el Sacerdocio en Nueva York 73

    IV. Funda la Iglesia de la Transfiguración 101

    V. La Llama Comienza a Extinguirse 129

    VI. La Antorcha se Torna Faro 153

Posdata: Su Tiempo ha Llegado 183

Bibliografía 189

Índice Alfabético 203

Entrada principal del Colegio Seminario San Carlos y San Ambrosio de La Habana, donde estudió y fue profesor el padre Félix Varela.

ACLARACIÓN PREVIA

El libro *Félix Varela, Torch Bearer from Cuba* fue escrito inicialmente en inglés por los esposos Joseph y Helen M. McCadden en 1969. La Segunda Edición, que contenía sólo muy ligeras revisiones, se publicó en 1984, con la adición de una **Posdata** escrita por Helen M. McCadden, la única de los dos autores entonces sobrevivientes. La Tercera Edición, que apareció en 1998, es prácticamente una edición facsimilar de la segunda.

La traducción al español que aquí se publica es básicamente la que hizo el fallecido Dr. Ignacio R. M. Galbis, a la cual le he añadido la traducción que hice de la mencionada **Posdata**. He sometido todo el texto inicial a un largo e intenso proceso de revisión, en el cual tuve la cooperación de varias personas. Debo advertir, sin embargo, que las modificaciones que se hicieron se limitaron, principalmente, a mejorar el estilo, y a darle al texto una mayor claridad, con el fin de facilitar su comprensión por los lectores.

De todo lo anterior se deduce que este libro refleja la situación en que se encontraban las investigaciones y los estudios varelianos en 1969, y que el mismo no recoge los pocos datos que han sido descubiertos, y las pocas rectificaciones que han sido hechas a partir de entonces. De la misma manera, tanto en el texto principal como en la **Posdata** se alude a la realidad existente en los momentos en que fueron escritos. Por consiguiente, en ambos se considera que todavía están en el mundo de los vivos algunas personas que, lamentablemente, ya han partido hacia la casa del Señor.

De todas formas, *Félix Varela, Torch Bearer From Cuba* es un libro sumamente valioso, y la información, los datos, y las opiniones que contiene conservan perfecta actualidad aún hoy en día. El libro inicial fue el producto de una investigación extensa y minuciosa, y los esposos McCadden lo escribieron con exquisito rigor académico. La *Fundación Padre Félix Varela*, de Miami, y la *Félix Varela Foundation*, de Nueva York, consideran que esta biografía puede ser de gran utilidad en el propósito de diseminar el conocimiento de la vida y la obra del Padre Varela, y por eso han decidido acometer la empresa de publicarla ahora traducida al español.

ACLARACIÓN PREVIA

Al expresar mi satisfacción por haber tenido la oportunidad de dirigir la publicación en español del libro **Félix Varela, Torch Bearer from Cuba**, aprovecho la ocasión para darles mis más sinceras gracias a todos los que, de una forma u otra, han colaborado en este esfuerzo.

Dra. Amalia Varela de la Torre

PRÓLOGO A LA TERCERA EDICIÓN

Los Estados Unidos era todavía una nación joven cuando, en 1823, hombres y mujeres de Europa arribaban en multitudes a esta nueva tierra. Ellos venían buscando la liberación de opresiones políticas, del hambre, de la pobreza y de la intolerancia religiosa. Nueva York recibió a los recién llegados, y la Isla de Ellis hasta el día de hoy, sigue erguida como un recuerdo de los miles de inmigrantes que llegaron (y que aún siguen llegando) a las costas de esta nación.

Entre los inmigrantes que arribaron en 1823 estaba un sacerdote joven que era un intelectual, un idealista, un profesor de seminaristas y un autor de libros de filosofía, física y otras ciencias. El Padre Félix Varela llegaba de España, a donde había ido por haber sido elegido representante de Cuba ante las Cortes Españolas. El joven sacerdote se encontró exiliado en Nueva York a causa de su pensar independiente. En Cuba, Varela se había distinguido como educador, filósofo y orador virtuoso. En las Cortes Españolas, él pudo probar su efectividad como parlamentario y campeón de la libertad. En Nueva York, a él se le conocería por su celo apostólico, su fervor religioso y su destacada caridad cristiana.

En 1827, ayudado por sus amigos, Varela, ya como Párroco, pudo adquirir su primera iglesia, conocida bajo el nombre de *Iglesia de Cristo*. Más tarde, en 1836 y en 1837, le siguieron las iglesias de *San Santiago y* la de la *Transfiguración*. El ministerio del Padre Varela se extendió a todos los inmigrantes irlandeses que llegaban en grandes números. Él inauguró una escuela, que todavía sigue activa, y entrenó a las madres de niños de edad escolar a que ellas pudieran conseguir empleos remunerativos. Durante la epidemia de cólera que azotó a la ciudad, estuvo siempre con ellos, haciendo innumerables visitas a los hospitales y tomando cuidado de los enfermos y moribundos. Confrontado con el problema del alcoholismo que afectaba a muchos inmigrantes, el Padre Varela fundó la Sociedad de la Sobriedad. Hacia el final de su vida, su salud precaria lo forzó a retirarse a San Agustín, en la Florida, donde falleció en 1853.

El 15 de septiembre de 1997, el Servicio Postal de los Estados Unidos emitió un sello conmemorativo honrando al Padre Félix Varela. El sello ha servido como recuerdo de que él fue un reformador social, profundamente sensible a los problemas de todos y ansioso de llenar sus necesidades intelectuales, espirituales y sociales. Nunca ignorando las necesidades individuales de aquellos con los que se encontraba, trabajó principalmente a favor de los inmigrantes irlandeses, casi por treinta años. El lenguaje, la cultura y las clases sociales no le eran importantes, sólo la dignidad y la libertad de la persona eran sus preocupaciones principales.

La Conferencia Episcopal Cubana, ayudada por la Jerarquía de otras Diócesis como la de Nueva York, San Agustín y Miami han solicitado de la Santa Sede el considerar la causa para la canonización del Padre Varela. El proceso ha comenzado y esperamos la decisión del Santo Padre.

Como cubano, como sacerdote y como neoyorquino, me siento orgulloso del Padre Félix Varela. Espero que él sea incluido entre los santos que públicamente son reconocidos por la Iglesia. Estoy seguro de que él es un modelo a seguir, especialmente durante este tiempo de inmigración a los Estados Unidos.

Los inmigrantes continúan llegando a Nueva York en búsqueda de libertad y bienestar al igual que los que llegaban durante la época del Padre Varela. Hoy los inmigrantes también tienen que luchar contra la discriminación, el prejuicio, y el racismo. Los peligros creados por el alcohol y los narcóticos son parte de su experiencia. Y a pesar de que muchos han sido salvados del sufrimiento causado por el cólera, todavía tienen que sufrir el dolor producido por la pobreza y el SIDA.

Cuando el Servicio Postal de los Estados Unidos emitió el sello, la citación declaró en parte: *"En tiempos de abuso y discriminación, un hombre se mantuvo erguido como abogado por los derechos humanos... luchando contra la esclavitud, contra el odio étnico y contra la opresión de los géneros. Hoy, en una era en que frecuentemente se enfatizan el egoísmo y la lujuria, la violencia y el odio, nos reunimos para reconocer a un hombre de paz, generosidad y amor. Un hombre que dedicó su vida al enfermo, al pobre, a los niños desamparados y a nuestra nación".*

Todavía permanece erguida majestuosamente la Estatua de la Libertad en el puerto de Nueva York, iluminando con su faro de luz a todos los que siguen llegando a los Estados Unidos. Quiera el Señor que Varela sea la faz humana del hombre de Dios, y el que lleve la antorcha que encienda el fuego que nos impulse a hacer lo mismo. La memoria del Padre Félix Varela nos reta a imitar la práctica de su amor y devoción.

PRÓLOGO A LA TERCERA EDICIÓN

Ya que muchos más se han percatado de la vida y obras del Padre Félix Varela, la necesidad ha surgido de imprimir una tercera edición de la biografía escrita por Helen y Joseph McCadden, cuyo título original es *Félix Varela, Torch Bearer from Cuba*. Las Fundaciones Félix Varela de Miami y de Nueva York generosamente han patrocinado esta presente edición.

Monseñor Octavio Cisneros
Nueva York
20 de noviembre de 1997

PRÓLOGO DE MONS. RAÚL DEL VALLE

En la galería de cubanos ilustres, que es notablemente copiosa, figuran hombres excepcionales por su grandeza de alma y por su acendrado patriotismo. Entre ellos sobresale en primera línea la noble figura del Padre Félix Varela.

Con razón el Padre Varela ocupa un lugar preeminente entre los patricios cubanos. Sacerdote, filósofo, educador, parlamentario, escritor y publicista, descuella entre sus compatriotas de una manera singular, por haber sido el iniciador ideológico de la lucha por la libertad e independencia de Cuba. Sería imposible escribir la historia cabal de la nación cubana y de las luchas por la independencia de la Perla de las Antillas, sin hacer referencia adecuada a la obra patriótica del Padre Varela. En realidad, en él se encuentran las raíces de la nacionalidad cubana y de las luchas por la independencia de la Patria. Primero, como maestro de filosofía y de derecho constitucional en el Seminario de San Carlos de La Habana, el ilustre sacerdote sembró en el corazón de sus discípulos, que formaron una pléyade admirable, sentimientos de amor a la verdad, a la justicia, a la libertad, y a las tradiciones e intereses patrios. Más tarde, al comienzo de su destierro en los Estados Unidos, proclamó abiertamente desde las páginas de *El Habanero* su mensaje independentista, que fue como una clarinada patriótica para despertar la conciencia dormida de la juventud cubana.

Por causa de sus ideas políticas, y en particular por su fidelidad al ideal de la independencia de Cuba, el Padre Varela fue perseguido y tuvo que vivir en el destierro casi durante la mitad de su vida, desde su llegada a New York en diciembre de 1823 hasta su muerte en febrero de 1853. Probablemente le hubiera sido fácil obtener un indulto de repatriación, de haberse sometido servilmente al despotismo colonial imperante en la Isla. Pero aquel inquebrantable sacerdote cubano, de cuerpo frágil, pero de temple acerado, prefirió vivir con dignidad la agonía de su destierro hasta el fin de su vida, dando así a la juventud cubana un ejemplo magnífico de entereza de ánimo, de integridad política y del más noble patriotismo.

El Padre Varela llevó siempre a Cuba, su única y adorada Patria, en la mente y en el corazón. Sin embargo, su ardiente amor a Cuba no fue en modo alguno obstáculo para que también amara a los Estados Unidos, que generosamente le dio la bienvenida en momentos angustiosos de su vida, cuando huía de la furia implacable de Fernando VII, al recobrar éste sus poderes absolutos para tiranizar al pueblo español y a lo que quedaba de las colonias de América. Lejos de vivir de espaldas a la sociedad norteamericana, el Padre Varela trató de comprenderla y de servirla con lealtad y nobleza. Sin dejar de sentirse cubano en ningún momento, no permitió que lo dominara la amargura del destierro, ni dejó tampoco pasar el tiempo estérilmente. Así pues, una vez que hubo echado las bases ideológicas de la independencia de Cuba (que sólo habría de lograrse con el correr de los años gracias a los sacrificios heroicos del pueblo cubano), Varela se entregó por entero al ministerio sacerdotal en medio de la sociedad que le había dado generosa hospitalidad.

En New York el Padre Varela encontró un campo vastísimo para su celo sacerdotal. La Diócesis de New York, creada en 1808, comprendía entonces todo el Estado de New York y parte del de New Jersey. El catolicismo no tenía en aquella época ni sombra del prestigio y de la pujanza que tiene en nuestros días. Prácticamente todo el territorio de la Unión Norteamericana era tierra de misiones. En 1825, cuando el Padre Varela recibió las licencias ministeriales del Obispo Connolly, había en la Diócesis de New York solamente unos 35,000 católicos y una docena de sacerdotes esparcidos por el inmenso territorio de la Diócesis. La mayoría de la población católica estaba compuesta de inmigrantes y de gente humilde y sencilla, en su mayoría de origen irlandés, alemán, francés y español. Por añadidura, el ambiente estaba dominado por una clase de protestantismo fanáticamente anticatólico. El panorama era en verdad desolador desde el punto de vista religioso. Pero para un sacerdote de fe profunda y de ardiente celo apostólico como el Padre Varela, aquella desoladora situación no era sino un acicate punzante que lo obligaría a redoblar sus esfuerzos por la gloria de Dios y la salvación de las almas.

En Cuba el Padre Varela se había destacado como filósofo ecléctico, orador elocuente y maestro ideal para la juventud. En New York ganaría fama como hombre abnegado, escritor acucioso, apologista admirable, y sobre todo, como sacerdote, lleno de fervor y de caridad cristiana.

La vida y el ejemplo del Padre Varela no pertenecen exclusivamente a la historia del pueblo cubano. Él vivió casi la mitad de su vida en los Estados Unidos, y dejó una estela luminosa en la historia del catolicismo norteamericano. En realidad fue uno de los apóstoles --tal vez el más benemérito de todos-- que libraron las batallas iniciales, llenas de dificultades y peligros, por plantar la semilla de la fe católica en el corazón de la nación norteamericana. Al morir en 1853 después de haber sido Vicario General de la Diócesis de New York durante 25 años, gozaba fama de santo, y era venerado y querido por todos como se quiere y venera a un sacerdote sin par.

La memoria del Padre Varela forma parte del patrimonio espiritual del catolicismo norteamericano, y por tanto debe de divulgarse su vida y su pensamiento entre el clero y los fieles católicos de los Estados Unidos. Desgraciadamente, hoy la figura de Varela apenas es conocida por un reducido grupo de eruditos entre los católicos norteamericanos. Faltaba una biografía bien escrita en inglés, como esta que han escrito los doctores Joseph James McCadden y Helen Matzke McCadden, para revindicar la memoria del Padre Varela y darlo a conocer a la opinión pública. En este sentido los doctores McCadden han venido a llenar un gran vacío en la bibliografía del catolicismo norteamericano, y de paso han prestado un gran servicio a la Iglesia, al revivir la memoria de este santo e ilustrado sacerdote.

Los doctores J. J. McCadden y H. M. McCadden han escrito una obra digna de encomio por su amplitud, ponderación, estilo y documentación histórica. En muchos aspectos, sobre todo en lo que se refiere al apostolado sacerdotal del Padre Varela en los Estados Unidos, los doctores McCadden revelan datos y circunstancias ignorados, o sólo superficialmente conocidos, aún entre los cubanos familiarizados con la vida de nuestro egregio compatriota. Además, desde el punto de vista de la crítica histórica y de la documentación académica, ésta es a mi juicio la mejor biografía que se ha escrito sobre el Padre Varela.

La vida del Padre Varela tiene para las generaciones de hoy no sólo un interés histórico, sino también un interés humano y religioso de gran actualidad. En sus ideas filosóficas y políticas, en su pensamiento teológico y social, y en sus métodos de apostolado, el Padre Varela fue un genuino precursor del movimiento de renovación católica del siglo XX, que ha culminado felizmente en el Concilio Vaticano II y en el movimiento ecuménico que anima a la Iglesia en nuestros días. Uno de los aciertos de esta excelente obra de los doctores McCadden está precisamente en haber señalado ciertamente el liberalismo del pensamiento vareliano, en el cual se armonizan perfectamente dentro de

PRÓLOGO DE MONS. RAÚL DEL VALLE

la más genuina ortodoxia católica, la ciencia y la religión, la libertad y el orden, la tradición y el progreso.

Este es un libro que honra a Cuba y al catolicismo norteamericano. Cuba comparte con los Estados Unidos la memoria del Padre Félix Varela. La vida de este santo y sabio sacerdote debe ser conocida por todos los que se interesen en descubrir las raíces de la cultura cubana y del catolicismo en los Estados Unidos.

Mons. Raúl del Valle
New York, 20 de mayo de 1967.

PRÓLOGO: LA IGLESIA EN NUEVA YORK EN LA ÉPOCA DEL PADRE VARELA

Si hemos de valorar debidamente los servicios prestados a la Iglesia Católica en Nueva York por el Padre Varela, es preciso tener cierta noción de los antecedentes de aquélla y de las condiciones en que se encontraba cuando él llegó; así como de su posición en relación con el crecimiento tanto de la Iglesia como de los Estados Unidos. Con la excepción de un breve lapso durante el reinado de Jaime II, los católicos en esta área vivieron clandestinamente durante siglo y medio antes de la Revolución. El enorme crecimiento tanto del país como de la Iglesia, a partir de entonces, tiende a impedirnos ver la lentitud de sus inicios, y el hecho de que nadie en aquel entonces pudo haber previsto cuán enorme había de ser la expansión de ambos. La de la Iglesia resulta aún más sorprendente que la del país y, estadísticamente, más impresionante. A partir de 1790, la población de los Estados Unidos se multiplicó por cincuenta, y el número de católicos, por más de mil quinientos. Dadas estas circunstancias, es preciso un verdadero esfuerzo de la imaginación para representarnos las condiciones en que los primeros católicos y sus sucesores inmediatos laboraron y sufrieron por la fe.

En 1763, la Santa Sede solicitó del Obispo Challoner de Londres un informe sobre las condiciones en que se encontraban los católicos en las Trece Colonias. Este último respondió que sólo en dos de ellas, Maryland y Pennsylvania, se podía profesar abiertamente la religión católica, y ello con serias limitaciones. Había doce sacerdotes y unos dieciséis mil católicos en Maryland, y poco menos de la mitad de cada cual en Pennsylvania. No existían ni sacerdotes ni iglesias en las once colonias restantes, y sólo se tenía conocimiento de grupos dispersos de católicos en ellas. Cuando Roma propuso en 1765 establecer una Nunciatura en los Estados Unidos, Charles Carroll de Carrollton --quien sería posteriormente el único católico que firmó la Declaración de Independencia-- le imploró al Papa que no lo hiciera por temor a que resultara en una mayor persecución.

Pero, al fin y al cabo, con la Revolución vinieron tiempos mejores para los católicos, aunque al principio no había razón para pensar que así fuera. El reconocimiento religioso concedido a los francocanadienses en 1774 por la Ley de Quebec sirvió a los patriotas de propaganda antibritánica y anticatólica; y la alianza entre Francia y los norteamericanos

PRÓLOGO: LA IGLESIA EN NUEVA YORK EN LA ÉPOCA DEL PADRE VARELA

enardeció a los Tories. No obstante, los principios proclamados por la Revolución, la ayuda imprescindible brindada por naciones católicas como Francia y España, así como lo insignificante del número de católicos en el país, dieron lugar a una nueva actitud hacia ellos después de 1783. La Revolución hizo necesario sustituir las Cartas Reales con Constituciones Estatales. La Constitución estatal de Nueva York, de 1777, concedió reconocimiento religioso a los católicos; si bien exigía que todos aquellos que solicitaran ser naturalizados debían renunciar a la jurisdicción papal en cuestiones tanto eclesiásticas como civiles. Cuando se adoptó la Constitución Federal, dicha cláusula se circunscribía a quienes desempeñaban cargos en el Estado de Nueva York, y se le prohibió a los católicos ocupar cargos estatales hasta 1806. La ley --aprobada en 1700-- que impedía entrar en el Estado a los sacerdotes fue revocada en 1784. El primer sacerdote residente, desde la abdicación de Jaime II, llegó en octubre de ese mismo año. Se trataba del Padre Charles Whelan, sacerdote irlandés de la Orden de los Capuchinos, que había sido capellán de la flota francesa durante la Revolución.

El Padre Whelan logró formar en la ciudad de Nueva York, que contaba entonces con 30,000 habitantes, una congregación de unas 200 personas. Alrededor de 20 católicos comulgaban regularmente. Como Nueva York era la capital nacional, y lo siguió siendo hasta 1790, algunos católicos provenían de los consulados y legaciones extranjeras. Había franceses, holandeses, españoles, alemanes y portugueses en su reducida grey, pero la mayoría eran irlandeses. La primera necesidad que tenían era de una iglesia, y *Saint Peter* en la calle Barclay, primera iglesia católica en la ciudad y en el estado, fue inaugurada el 4 de noviembre de 1786. La misma fue construida en un lote de terreno comprado a Trinity Church con fondos provenientes mayormente de España y de México.

En 1789, el Papa Pío VI erigió la Diócesis de Baltimore, que abarcaba a todos los Estados Unidos. Su primer Obispo, John Carroll, estimó que había unos 30,000 católicos en una población de cerca de 4.000,000. La mitad de éstos vivían en, o cerca de Baltimore y 3,000 de ellos eran negros. El Estado de Nueva York contaba con unos 1,5000 católicos; y la ciudad de Nueva York con unos 200. En New Jersey había alrededor de 700. En 1808, esta inmensa Diócesis, más extensa que toda Europa Occidental, se dividió en otras cinco. La de Nueva York abarcaba todo el Estado y la mitad superior de New Jersey; con una extensión de unas 55,000 millas cuadradas, donde había entonces dos iglesias

PRÓLOGO: LA IGLESIA EN NUEVA YORK EN LA ÉPOCA DEL PADRE VARELA

católicas. Hoy, ese mismo territorio incluye 10 Diócesis, 2,002 parroquias y unos 7.500,000 católicos.

Cuando llegó el primer Obispo residente en New York, John Connolly, O.P., el 25 de noviembre de 1815, encontró tres iglesias y cuatro sacerdotes en la Diócesis. En su sede episcopal no había ni una sola residencia para religiosos, escuela católica o institución de caridad. Dos de las iglesias, la de *Saint Peter* y la antigua *Catedral* (1815), estaban ubicadas en la ciudad, y se encontraban seriamente endeudadas; la tercera iglesia, la de *Saint Mary*, en Albany (1793), era la única iglesia católica entre Nueva York y Detroit. La población de la ciudad de Nueva York crecía vertiginosamente y había aumentado de 33,000 en 1790 a 100,000 en 1815. El número de católicos había crecido de 200 a cerca de 15,000. Las recién concluidas guerras napoleónicas habían dado lugar a una corriente inmigratoria que había de perdurar hasta la Primera Guerra Mundial.

El crecimiento del Estado de Nueva York se mantenía a la par con el de la ciudad, y ambas sobrepasaban el promedio del resto del país. Nueva York, con 340,120 habitantes, era en 1790 el quinto Estado en términos de población, superado sólo por Massachusetts, Carolina del Norte, Pennsylvania y Virginia; en 1800, ya era el tercero con 589,051 habitantes; y en 1820 alcanzó el primer lugar con 1.372,812 habitantes. La apertura del Canal Erie, en 1825, reafirmó la preeminencia que Nueva York habría de tener durante casi siglo y medio. De 1830 a 1860, el Estado de Nueva York contaba con una séptima parte de la población total del país. De 1790 a 1850, ésta aumentó en un tercio cada diez años; y durante gran parte de ese tiempo, la población de la ciudad de Nueva York creció cinco veces más que la del resto del país. Más de dos millones de millas cuadradas se le añadieron al territorio nacional durante ese período.

Los acontecimientos políticos llevaban el paso con el crecimiento material. Cuando el Padre Varela vino aquí, en diciembre de 1823, durante la presidencia de James Monroe, la Unión contaba con 21 estados, dos de los cuales, Missouri y Louisiana, se encontraban al oeste del río Mississippi. Cuando él murió, en febrero de 1853, Millard Fillmore era el Presidente, había 30 estados, y California formaba parte de la Unión. La población había crecido de 9.6 millones en 1820, a 23.1 millones en 1850. El incremento entre los católicos también era impresionante. Aquellos 30,000 de 1790 llegaron a 70,000 en 1807, y a

PRÓLOGO: LA IGLESIA EN NUEVA YORK
EN LA ÉPOCA DEL PADRE VARELA

unos 500,000 en 1829, cuando la reunión del Primer Concilio Provincial de Baltimore. Para 1853, ya había alrededor de 2.000,000 de católicos. Las 11 Diócesis de 1823, eran 31 en 1853. Y más tarde en ese mismo año se les añadieron otras 10; el número más elevado añadido hasta entonces en un sólo año.

La expansión de la Iglesia en Nueva York fue muy parecida a la del resto de la nación, salvo en el sur del país. Bajo la administración de los Obispos Connolly (1815-1825) y Dubois (1826-1842), y hasta bien entrada la del Obispo Hughes (1842-1864), Nueva York fue una Diócesis misionera inmensa, difícil de manejar y pobre. Su mayor potencial consistía en una población que aumentaba aceleradamente, pero que era incapaz de proveer el personal ni los fondos para las instituciones que requería. La escasez de personal y de dinero era seria y endémica. El mayor logro del Obispo Connolly consistió en traer a Nueva York a las Hermanas de la Caridad en 1817. Levantó trece iglesias en diez años, pero cuando murió, el número de católicos era cinco veces mayor y, proporcionalmente, las cosas estaban peor que antes. Ninguna de aquellas iglesias fue construida en la ciudad; que tuvo que esperar veintinueve años por una segunda y cuarenta por la tercera. Para 1834, había siete iglesias en la isla de Manhattan; todas ubicadas al sur de la calle catorce.

La figura sobresaliente en la historia del catolicismo en Nueva York durante el siglo XIX fue John Hughes, cuarto Obispo y primer Arzobispo de Nueva York. Fue un líder enérgico y un administrador competente, cuyo episcopado constituyó una época de desarrollo acelerado. Durante la misma se pudo observar un mejoramiento sostenido de la posición económica y social de muchos de los feligreses. Tuvieron lugar, asimismo, los movimientos anticatólicos más violentos, hasta el presente, en la historia de Nueva York. Una mejor situación entre los católicos le permitió emprender tareas que sus predecesores no habían podido llevar a cabo: la fundación del seminario en Fordham, del "Fordham College", Manhattanville, Mt. Saint Vincent, del Hospital San Vicente, del sistema de escuelas parroquiales, de la nueva Catedral, y de muchas otras obras que resultan demasiado numerosas para nombrarlas. A su arribo, había 40 sacerdotes, 80 iglesias y 200,000 católicos entre una población total de alrededor de 2.700,000. A su fallecimiento, se habían creado otras cuatro Diócesis sacándolas de la Arquidiócesis de Nueva York, Albany, Brooklyn, Buffalo y Newark, quedando la original reducida a su extensión actual de 4,717 millas cuadradas. La Arquidiócesis tenía

PRÓLOGO: LA IGLESIA EN NUEVA YORK EN LA ÉPOCA DEL PADRE VARELA

entonces 150 sacerdotes, 89 iglesias y capillas, 10,000 alumnos en escuelas católicas y unas 500,000 personas.

Hubiera sido tonto no anticipar una reacción contra la Iglesia, una vez que se hizo obvio que el número de católicos aumentaba a una velocidad asombrosa. El Movimiento Nativista, que se inició en 1820 y perduró a todo lo largo y mucho después de la época del Padre Varela, ejerció una gran influencia sobre la vida de los católicos de aquel entonces, y sus efectos perduraron por mucho tiempo en la Iglesia. Aunque iba dirigido primordialmente contra los irlandeses, por ser católicos, irlandeses y pobres, se dirigió posteriormente, aunque con menor intensidad, contra cada uno de los grupos sucesivos de inmigrantes. Es importante recordar que no logró nunca poner límites a la inmigración ni socavar la posición ante la Ley garantizada por la Constitución a todos los ciudadanos. Este movimiento dio lugar, involuntaria e indirectamente, al sistema escolar católico, la mayor contribución hecha por la Iglesia a este país hasta la fecha, y cuya supervivencia constituye hoy, en términos prácticos, nuestra mayor preocupación.

Si bien muchas cosas han cambiado en la Iglesia y en los Estados Unidos desde la época del Padre Varela, existen algunas que permanecen constantes. Una es que los católicos, hoy firmemente arraigados en este país, constituyen la minoría más numerosa y menos popular, hecho que tiene pocas probabilidades de modificarse de manera sustancial a través del Movimiento Ecuménico. La otra es que, en toda la nación, la Iglesia sigue padeciendo escasez de personal y de fondos. Esta escasez se agravará, con toda probabilidad, aún más.

Los cambios han sido numerosos y espectaculares. Resulta interesante preguntarse cuáles habrían sorprendido más al Padre Varela. Dos parecen ser particularmente dignos de mención: primero, la disminución de la pujanza y la ortodoxia doctrinal del protestantismo organizado, sin que sea fácil determinar en qué medida este acontecer ha beneficiado o perjudicado a la Iglesia Católica y al país; y segundo, el cambio en la fuente de los ataques contra la Iglesia. Desde 1963, los ataques contra la propia Iglesia, su doctrina y su enseñanza moral, sus leyes, sus instituciones y sus costumbres, han provenido mayormente de su propia feligresía y, con frecuencia, de su fuero más interno y de los religiosos. Nadie en la actualidad es capaz de calcular a derechas la duración ni el precio a pagar por lo que está sucediendo. Pero parece

PRÓLOGO: LA IGLESIA EN NUEVA YORK
EN LA ÉPOCA DEL PADRE VARELA

cosa cierta que ello hará pensar a muchos que el Arzobispo Hughes y el Padre Varela, así como sus compañeros, vivieron tiempos menos difíciles que sus sucesores de hoy en día.

Iltmo. y Rvdmo. Mons. Florence D. Cohalan

PREFACIO

La Sociedad Histórica Católica de los Estados Unidos se complace en añadir a su serie de monografías este estudio sobre el Padre Varela, escrito por Joseph y Helen McCadden.

Es, a todas luces, una obra hecha con amor y basada en un conocimiento amplio de los documentos originales, y de todo lo escrito sobre el tema. La bibliografía al final del libro es de gran valor para los estudiosos de la época. La Sociedad se complace en brindar a sus miembros, y a las bibliotecas de todo el país, esta bien surtida fuente de información en forma de recuento detallado de la trayectoria del Padre Varela como sacerdote, filósofo, maestro y patriota.

Nadie mejor que los autores de esta obra para reconocer que cada uno de los calificativos arriba mencionados, aun dejando a un lado la virtuosidad de la persona objeto de los mismos, bien merece un estudio completo. Este libro, pues, brinda esa posibilidad a todos los estudiosos y admiradores del Padre Varela. Anhelamos ver el día en que los eruditos cubanos, una vez liberados de la tragedia que hoy agobia a su Patria, así como aquellos norteamericanos a quienes complacen los logros de los cubanos, puedan seguir el curso interesantísimo de la vida, pensamiento e ideales de este gran cubano.

El Padre Raúl del Valle ha tenido la gentileza de redactar un prólogo en español en el que brinda su apreciación. Monseñor Florence Cohalan respondió a nuestra petición presentando a los lectores un breve panorama de la situación en que se encontraba la Iglesia Católica en Nueva York cuando llegó el Padre Varela. Agradecemos profundamente a ambos el haber aportado sus expertos conocimientos.

Este libro es el primero de una Serie que seguirá la publicación de nuestro ÍNDICE de todas las obras publicadas por la Sociedad Histórica de la Iglesia Católica en Estados Unidos. Este estudio de los McCadden se ha puesto en el índice y esperamos que, en fecha posterior, aparezca en el próximo ÍNDICE general que se publique.

PREFACIO

Damos las gracias, como siempre, a los miembros y benefactores de nuestra Sociedad, quienes hacen posible estas publicaciones.

Dr. Eugene V. Clark
Jefe de Redacción
U.S.C.H.S.

RECONOCIMIENTOS

Los autores de este libro agradecen su generosa colaboración, en particular, a los bibliotecarios y al personal de la División de Manuscritos y de la Fundación Hispana en la Biblioteca del Congreso, por hacer asequibles los materiales requeridos para esta obra; a la Biblioteca Pública de Nueva York; a la Sociedad Histórica de Pennsylvania; a la Sociedad Hispana de Estados Unidos; a la Sociedad Histórica de San Agustín en la Florida; al Seminario de San José en Yonkers; a la Sociedad Histórica Católica de Estados Unidos en Filadelfia; a los Archivos de la Universidad Católica de Estados Unidos; y a los Archivos de la Arquidiócesis de Baltimore.

Los autores tienen una deuda de gratitud, asimismo, por su información, aliento y todo género de ayuda, con las siguientes personas: al Iltmo. Mons. Raúl del Valle, sacerdote cubano que reside actualmente en Nueva York; al Dr. Herminio Portell Vilá, conocido historiador cubano en Washington D.C.; al Dr. Bartholomew F. Fair de Overbrook, Pennsylvania; al Iltmo. Mons. George E. Tiffany; al Reverendo Padre Robert B. O'Connor y al Dr. Henry J. Browne por poner a su disposición las diversas colecciones de documentos del Seminario Saint Joseph; al Presbítero William Mulcahy, M.M., por permitir el acceso a los libros parroquiales de la iglesia de la *Transfiguración*, en la ciudad de Nueva York; a la Hermana Gemma Marie Del Duca, S.C., de Seton Hill College en Greensburg, Pennsylvania; al Presbítero Michael V. Gannon, Director de la Misión Nombre de Dios en San Agustín; al Excmo. y Rvdmo. Mons. Eduardo Martínez Dalmau, Obispo de Tenzi; a la Sra. Doris C. Wiles, historiadora de San Agustín; al Iltmo. y Rvdmo. Dr. Gustavo Amigó Jansen, S.J., de El Salvador, por sus escritos sobre el Padre Varela; al Presbítero Horacio Núñez de Elizabeth Seton College en Yonkers; al Hermano Berchmans Eduardo, F.C.S., y al Sr. Guillermo P. Romagosa, de Manhattan College; y al Reverendo Padre William Francis Blakeslee, C.S.P., que dio a conocer al Padre Varela a los lectores de habla inglesa en este siglo.

Esta monografía ha aprovechado enormemente las sugerencias editoriales del Iltmo. y Rvdmo. Mons. John Tracy Ellis y del Iltmo. y Rvdmo. Mons. Raúl del Valle quienes leyeron el manuscrito; así como la orientación del Iltmo. y Rvdmo. Mons. Eugene V. Clark, Jefe de Redacción de la Sociedad Histórica de los Estados Unidos, quien, además, escribió un prefacio.

RECONOCIMIENTOS

Los únicos libros biográficos escritos sobre Félix Varela son los de José Ignacio Rodríguez y Antonio Hernández Travieso, ambos en español. El Dr. Rodríguez escribió también el primer (y por muchas décadas, el único) artículo en inglés sobre Varela. La voluminosa colección de documentos perteneciente a José Ignacio Rodríguez constituye una fuente inagotable de información.

Han resultado sumamente útiles a este estudio las publicaciones de la Universidad de La Habana, la cual, en años recientes, ha sacado a la luz numerosas obras de erudición sobre Varela, y ha vuelto a imprimir con comentarios la mayor parte de los libros escritos por él en su lengua materna. De igual manera, la Universidad de La Habana ha hecho traducir al español artículos de Varela que aparecieron en publicaciones de Estados Unidos.

Sin embargo, ninguno de los escritos de Varela en español ha sido publicado en inglés hasta esta fecha. Los pasajes que aparecen en este libro han sido traducidos por los autores.

El original del retrato (de 1837), que aparece en la primera página es un óleo que se encuentra en la Oficina del Historiador de la Ciudad de La Habana; el de 1850 proviene de un muy conocido daguerrotipo usado para la edición, en 1878, de la *Vida del presbítero don Félix Varela,* escrita por Rodríguez. Ambas ilustraciones fueron obtenidas por la gentileza del Padre del Valle.

Esta obra intenta recordarles a los vecinos norteños de Cuba al sabio y venerado cubano que fuera dedicado misionero en el antiguo Nueva York. Habrá que esperar por tiempos más apacibles para escribir la obra definitiva sobre la vida del Padre Varela, cuando haya libre acceso a los tesoros literarios que alberga su país natal; y cuando se produzca el hallazgo de originales hoy perdidos.

Joseph James McCadden
Helen Matzke McCadden
Mayo de 1968

UNAS PALABRAS DE GRATITUD

Han pasado ya algunos años desde que la *Félix Varela Foundation*, de Nueva York, le pidió al Dr. Ignacio R. M. Galbis que tradujera la obra de los McCadden al español. Su temprano fallecimiento nos dejó sin la oportunidad de poder expresarle con carácter permanente nuestro profundo agradecimiento por su gran labor. Pero nos da la esperanza de que ni el tiempo ni el espacio pueden disminuir el reconocimiento a sus talentos el recordar su poema refiriéndose a su alma después de su propia muerte:

> Allá dormirá tranquila
> cara al cielo, bajo el sol,
> flotando por un instante
> en el regazo de Dios.

Y de igual manera es justo y necesario que cada uno de nosotros, como beneficiarios de las subsecuentes contribuciones que han enriquecido la traducción, demos gracias a la Dra. Amalia V. de la Torre, por haber asumido la dirección general de la traducción al español de esta obra; y al Dr. Rogelio de la Torre por el dedicado aporte técnico que ha prestado. También debemos agradecer las contribuciones generosas de tiempo y trabajo que han hecho el Obispo Mons. Felipe Estévez, el Dr. Rafael Abislaimán, Susana Fernández, Carlos Taja, Aimee Polanco, Lourdes Guibiritey y Esther Núñez. Y por último, queremos igualmente expresar nuestro reconocimiento a todas las demás personas que anónima, pero significativamente, han hecho posible que el inspirador de esta obra sea reconocido como lo que verdaderamente es: *el cubano que llevó la antorcha de la fe hasta la consumación.*

Guardamos la esperanza de que todo el que lea esta biografía del Siervo de Dios, Padre Félix Varela y Morales, se enriquezca en el ámbito espiritual, y ponga en práctica los valores cristianos que hoy lo hacen merecedor de los altares.

La Fundación Padre Félix Varela, de Miami
The Felix Varela Foundation, de Nueva York

Fachada del Seminario San Carlos y San Ambrosio, donde estudiara y fuera profesor el padre Félix Varela.

FÉLIX VARELA:
PORTA-ANTORCHA DE CUBA

CAPÍTULO I

ENSEÑA A SUS CUBANOS A PENSAR

La carrera de las armas parecía ser el destino de este varón nacido el 20 de noviembre de 1788, a quien el Padre Miguel Hernández, O.P., capellán del regimiento de Su Majestad Católica acuartelado en La Habana, bautizó exactamente una semana más tarde en la iglesia dedicada al *Santo Ángel Custodio*. Sus progenitores eran españoles residentes en la Colonia, porque las órdenes militares recibidas así lo habían dispuesto. Su padre, el Teniente Francisco Varela y Pérez, nativo de Tordesillas en Castilla la Vieja, había fungido como pagador de la milicia y supervisor de barcos de esclavos provenientes de las Canarias. La madre, María Josefa, nacida en Santiago de Cuba, era hija del Teniente Coronel Bartolomé Morales y Remírez, castellano y Comandante del Regimiento, y de Doña Rita Josefa Morales.

Lo militar corría por sus venas. Don Bartolomé y sus antepasados habían entrado en combate por el Monarca Católico en las guerras contra los moros. Y su hijo, Bartolomé Morales y Morales, siguiendo la tradición familiar, llegó al rango de alférez en el Tercer Batallón de Cuba. Ambos, Francisco y el Coronel Bartolomé, ostentaban condecoraciones por valor, recibidas de Su Majestad el rey Carlos III de España.

El nuevo miembro de la Iglesia Sufriente recibió el nombre de Félix Francisco José María de la Concepción Varela y Morales. Sería conocido para la posteridad como el Padre Félix Varela y Morales, o, en los círculos de habla inglesa, sólo como Father Varela. Era el tercer hijo de sus padres, su primer y único varón. El abuelo, don Bartolomé Morales, y doña Rita Morales fueron los padrinos[1]. Un mes después del

---

[1] El infante tenía tanto un abuelo como un tío llamados Bartolomé Morales. También tenía una abuela y una tía con el nombre de Rita Morales. La Partida de bautismo no especifica cuál de las Ritas fue la madrina. Véase José Ignacio Rodríguez, *Vida Del Presbítero Don Félix Varela* (Nueva York: Imprenta de "O Novo Mundo", primera edición, 1878).

nacimiento, España perdió a su dinámico monarca, Carlos III, y cayó bajo la irresponsable tutela de Carlos IV y su licenciosa consorte.

No le fue dado a María Josefa ver crecer a su hijo. Su débil naturaleza se extinguió antes de que el infante llegara a los cuatro años. La rama de los Morales se encargó de la crianza del retoño, y Félix se convirtió en el foco de la admiración de un grupo femenil: sus hermanas mayores, María de Jesús y Cristina, y dos tías solteras: María y Rita Morales. Francisco Varela, que había sido ascendido a capitán de artillería por Orden Real de 1789, se volvió a casar en poco tiempo y tuvo otro hijo, Manuel, siguiendo a Josefa prematuramente a la tumba. Manuel llegaría a ser un prominente comerciante de tabaco en La Habana y Félix el pensador más influyente de su Patria; pero de su padre no hay constancia de que sus restos mortales fueran enterrados en Cuba o en la Colonia de Su Majestad en la Florida Oriental, o en algún distante y desconocido puerto.

Félix Varela y Morales quedó huérfano a la edad de seis años. Su abuelo, don Bartolomé, ascendido por el Rey al rango honorario de Coronel el 2 de agosto de 1791, fue designado Comandante del Tercer Batallón del Regimiento de cubanos destacado en San Agustín, capital de la colonia española de la Florida Oriental; y el amurallado castillo de San Marcos de aquella ciudad, con sus gruesas murallas, sus ventanas empotradas y sus profundos calabozos, se convirtió en el hogar de la infancia de Félix Varela.

La Florida, cedida a Inglaterra en 1763 como precio de guerra, y devuelta a España cuando las trece colonias americanas lograron su independencia en 1783, era administrada por Madrid a través de La Habana. San Agustín, el más antiguo asentamiento europeo en la América del Norte, había conocido cuatro décadas de civilización española antes de la fundación de Jamestown, y había florecido por medio siglo cuando los Peregrinos de Plymouth dirigieron su vista al Nuevo Mundo. Pero los veinte años de dominación anglo-sajona habían dejado su antigua cultura hispana hecha trizas. Todavía existían las cuatro calles paralelas del centro de la ciudad, los callejones demasiado estrechos para los carruajes, las oscuras moradas españolas de coquina amarillenta, y la masiva fortaleza con su foso enlodado. Los residentes españoles, sin embargo, habían huido de ella, y los indios conversos habían sido dispersados o diezmados. Los ingleses y sus salvajes aliados indígenas habían destruido la capilla de la misión en Tolomato, saqueado el santuario de *Nuestra Señora de la Leche,* acuartelado soldados en el convento franciscano, y en San Marcos mismo, habían mutilado las pinturas de la capilla y usado el lugar sagrado de barraca. Cuando la Florida Oriental volvió a ser posesión española, había residentes angloamericanos, negros e indios; pero, salvo unos pocos menorquines allí refugiados, el catolicismo había desaparecido. Para servir a los de Menorca y a la guarnición del fuerte, así como a los colonos españoles que regresaban, Carlos III envió dos sacerdotes irlandeses entrenados en Salamanca, el Padre Thomas Hassett y el Padre Michael O'Reilly. Los clérigos fundaron una escuela y, con piedras de las arruinadas capillas, erigieron una ermita al santo patrono de San Agustín. Una antigua campana de misión, con la inscripción "Sancte Joseph, Ora Pro Nobis, AD 1682", y la Cruz del *Santuario de la Leche* vinculaban la nueva iglesia de *San Agustín* (más tarde la Catedral) con los tiempos anteriores a la dominación británica. La campana, una de las cuatro que había en la cúpula morisca, se considera la más antigua de los Estados Unidos[2].

Tratando de recuperar su herencia hispánica de un siglo, San Agustín tenía en los 1790 el brumoso y efímero aire de una cultura del Viejo Mundo transplantada sin las raíces. Con apenas 2,000 almas, era el centro de un área yerma pantanosa y plagada de mosquitos, poblada de indios, refugiados y renegados. Sobre ella velaba el Castillo, donde habitaban don Bartolomé y sus familiares, su laberíntica planta llena de tristes murmullos de los fantasmas, de los asaltantes rechazados, de los defensores hambrientos, de prisioneros atormentados, de esqueletos empotrados en sus calabozos, de filibusteros, de soldados de infantería y sus jefes, utilizados como peones en las guerras de los reyes. El trabajo forzado de los indios Apalaches durante 60 años había erigido la fortaleza, y unos 140 mejicanos convictos habían sido importados en 1755-56 para reforzarla y agrandarla. Sus paredes causaban la admiración de los ingenieros militares debido a que las balas de cañón se incrustaban en su superficie de coquina sin quebrarlas.

Al mocito Varela le mareaba mirar hacia abajo, desde las murallas de San Marcos, al turbio foso que las rodeaba. Los altos bastiones llevaban

---

[2] George R. Fairbanks, *The History and antiquities of the City of St. Augustine, Florida* (New York: Norton, 1858), pág. 174.

el nombre de San Pedro, San Pablo, Santiago y otras figuras santas; pero existía poco de santidad en las bóvedas sepulcrales con sus cadenas e instrumentos de tortura. La vanagloria de los lugareños --batidas contra los indios, robos de esclavos, ataques guerrilleros de los americanos, encuentros sangrientos con los ingleses-- le producían pesar. Introduciéndose en el pueblo, observaba otro motivo de pesar: en la amplia plaza pública, frente a la iglesia de *San Agustín*, los negros se vendían como ganado. Para su agudo y receptivo espíritu, imbuido por el Padre O'Reilly de un cristianismo idealista, las contradicciones entre un agresivo militarismo español y un catolicismo, también español, de introspección individual se hicieron manifiestamente patentes.

Aún así, las duras realidades de la vida alrededor suyo no marchitaron su espíritu, porque en el círculo interior de la familia el amor lo protegía. Don Bartolomé, que pertenecía al Consejo de Guerra de la Florida y que, por cierto tiempo en 1796, sirvió de Gobernador en funciones, había entrado en años lo suficiente para desechar ambiciones personales. No aceptó el exigente cargo de Gobernador oficial, prefiriendo ver sus sueños realizados en sus descendientes. Se enorgullecía de su precoz pupilo, mientras que doña Rita amaba al joven Félix como si fuera su propio vástago. Bien parecido no era el mocito --delgado, cetrino, de facciones largas, con una frente alta y candentes ojos negros ya miopes por el excesivo estudiar--; pero estaba dotado de dones espirituales, siendo agraciado en el habla, de mente ágil y de corazón ardiente.

A pesar de lo remoto de este puesto colonial, Félix resultó afortunado en sus oportunidades educacionales. Los misioneros españoles eran también educadores, y la escuela más antigua para blancos en los Estados Unidos se fundó en San Agustín en 1606, un año antes de que los ingleses colonizaran Jamestown. La ocupación británica de 1763 a 1783 había barrido con la educación, al igual que con las iglesias y los conventos. Y el rey Carlos III, mecenas de la cultura, había seleccionado al Padre Hassett para el Vicariato de la Florida Oriental por su reputación con el éxito de la instrucción católica en Filadelfia. La idea de una educación universal auspiciada por el gobierno no había prendido todavía en la joven República de Norte América cuando, en 1786, Hassett fundó una escuela para enseñar a leer y a escribir, así como matemáticas y religión, que era gratuita para todas las razas y obligatoria para los jóvenes blancos. Para el buen gobierno de las escuelas, el sacerdote creó unas reglas más avanzadas y humanas que las que prevalecerían por medio siglo en la mayor parte de las antiguas colonias inglesas. Uno de sus recursos educativos se convirtió en regla en las escuelas americanas de habla hispana: al abandonar el aula con permiso, cada muchacho debía echar a andar un péndulo que colgaba del techo y estar de vuelta antes de que éste dejara de moverse[3]. El joven Varela no requería el amenazante instrumento para mantenerlo presente en el aula, pues estaba ávido de aprender.

Por la época en que el guardián del joven Félix lo trajo a San Agustín, el Padre Francisco Traconis, director de la escuela del Padre Hassett, obtuvo permiso para regresar a La Habana. Por tanto, el Padre Michael O'Reilly se vio obligado a enseñar de nuevo. Éste poseía eminentes calificaciones: era concienzudo, comprensivo y docto. Además de latín y teología, sabía inglés, español, francés, griego, matemáticas y música. Servía a la vez de capellán de las tropas y del hospital, y el peso de la escuela le afectó gravemente su salud. En 1795, con la promoción de Hassett a Canónigo de la Catedral de Nueva Orleans, O'Reilly asumió su puesto de vicario de la Florida Oriental. En 1802, todavía no había terminado la iglesia, y tenía muchas dificultades en conseguir clérigos que enseñaran en la escuela original, así como en otra segunda institución que había abierto, para jóvenes de habla inglesa[4]. Sin embargo, hallaba tiempo suficiente para explicar los misterios y clarificar las dudas de su alumno mejor dotado, el joven Varela.

Del Padre O'Reilly aprendió el joven latín, religión, música y más de las maravillas de la creación que lo que cualquier catecismo podía revelar. Cuando él recorría las playas y el pantanoso Matanzas, veía en la orilla arenosa y en la espumante ola y en la tupida espesura tropical la mano del Creador. De todas las obras de Dios, solamente el ser humano parecía necesitar superarse.

Félix se sabía desde su nacimiento obligado al servicio de Su Majestad, pero su luz interior le inclinaba a otro servicio. Cuando se acercaba la hora de alistarse, llevó sus aprensiones al Padre O'Reilly. La espada, observaba él, podía únicamente destruir, y él ansiaba construir.

---

[3] Joseph B. Lockey, "Public Education in Spanish St. Augustine", Florida, Historical Society, *Quaterly periodical*, N° 15, enero 1937, págs. 147-68.
[4] Michael J. Curley, ***Church and state in the Spanish Floridas, 1783-1822*** (Washington: Catholic University of American Press, 1940), págs. 220, 231, 265 y 307.

Se regocijaba viendo a los indios salvajes transformados en fervientes cristianos en la Fiesta de la Navidad.

Había dos clases de soldados, le explicaba O'Reilly. Algunos ganaban fama y fortuna en el combate físico, como su propio hermano, el General Felipe O'Reilly, destacado paladín de Catalina de Rusia y de Carlos III de España. Otros, como este humilde servidor, luchaban por el Señor, buscando los tesoros en las almas de los hombres, y sus medallas en el más allá. Ambas clases de guerreros pueden ser valerosos por igual. Cada uno tiene una misión determinada, unos la de conquistar, otros la de civilizar. Para sí mismo, el Padre Michael prefería lidiar la batalla en pobreza por el Rey de los Reyes.

Ahora el joven tenía casi catorce años. Al borde de la hombría, su mente atestada con todo lo que Michael O'Reilly podía enseñar, se cuadró mientras don Bartolomé, el Comandante de San Marcos, le instaba a dejar los libros y las inútiles observaciones de la adolescencia, a fin de prepararse para una profesión viril. Los logros de su padre como militar y la influencia de su abuelo le asegurarían ventajas en la carrera militar. Era un Morales. A pesar de su modesta estatura, reunía las condiciones para ser admitido como cadete.

Pero el delgado, obediente y siempre dócil mocito mostró determinación al enfrentarse a su intimidante ascendiente. Con la inesperada resolución del tímido pensador expresó: "Yo deseo ser un soldado de Cristo".

El comandante del Fuerte de San Marcos se enfureció. La vida religiosa estaba bien para las mujeres, si no tenían un marido para protegerlas. Dos de sus hijas, Rita y María, vivían a resguardo en Santa Teresa, el convento de las Carmelitas Descalzas en La Habana. Un Morales, por otro lado, debería portar armas.

Sin embargo, Félix mantuvo su delgado cuerpo erguido, sus prominentes ojos sin pestañear: "No deseo matar hombres", explicó, "sino salvar almas"[5].

---

[5] The *New York Freeman's journal* and the *Catholic register*, del 19 de marzo, 1856, N°· 38, Vol. XIII de la colección y 4ta. de la nueva serie. Citado por Rodríguez en *Vida...*, pág. 6 y por Antonio Hernández Travieso en *El Padre Varela, Biografía del Forjador de la Conciencia cubana* (Miami: Ediciones Universal, segunda edición, 1984), pág. 13. Pero Hernández Travieso, en una obra suya anterior, *Varela y la reforma*

Don Bartolomé reconocía el acero al confrontarlo. Lo veía frente a él aquel día, personificado en la frágil figura de su amado nieto. El muchacho, pensó, había permanecido mucho tiempo libre y mimado por las mujeres que le rodeaban, así como bajo la influencia de un sacerdote irlandés chocho. Lo devolvería a sus parientes en La Habana. Matriculado en el antiguo Seminario de *San Carlos*, se podría hartar de teología y de silogismos. Al despertar su incipiente hombría, quizás ansiaría la más licenciosa vida del soldado.

Antes de partir para La Habana, Félix Varela compartió con don Bartolomé una dolorosa pérdida. Doña Rita, la madrina del joven, fue sepultada en el amurallado cementerio católico de nombre indio, Tolomato. "Mi segunda madre", como la llamaba, lo que más quería. Y no podía prever, en su llanto, que algún día también él reposaría con honores en el mismo camposanto.

Sufría al dejar al viejo soldado doblemente afectado. Pero él era joven. Desde la Isla de su nacimiento, las campanas del futuro lo llamaban.

Era hacia un ambiente impetuoso al cual, sin sospecharlo, don Bartolomé enviaba al joven Félix, en La Habana. Para un despierto e intelectual mozo, la rutina castrense del puesto de San Marcos, sólo quebrada por batidas contra vecinos conflictivos, debería inevitablemente deshacerse en un sórdido recuerdo.

Vientos de cambio comenzaban a sentirse en la isla de Cuba --un viento que soplaba de España. Las fuertes corrientes de inquietante pensamiento que habían barrido la cultura establecida en Francia habían provocado temblores en la península ibérica. No perturbaban la fe ni, mientras reinara Carlos III, conmovían el trono; pero hacían surgir un nuevo interés en la ciencia, una creciente preocupación por mejorar las condiciones materiales del ser humano, un deseo de implantar reformas económicas y sociales, acelerando un renacimiento educacional que había comenzado dos siglos antes.

Se evidenciaba más vigor en el pensamiento católico español que lo que los historiadores anglo-protestantes, con sus clichés de la Inquisición, el Índice, y la disputa sobre los ángeles que cabían en una cabeza de alfiler, habían hecho creer. La Universidad de Salamanca, que

---

filosófica en Cuba (La Habana: Jesús Montero, 1942), pág. 66, pone en duda que Félix se hubiera expresado de esta manera con su abuelo.

databa del año 1230, rivalizaba con las de Bologna, París y Oxford, y disfrutaba de la añadida distinción de haber introducido la sabiduría árabe al Occidente.

El escolasticismo tradicional había sido revitalizado y puesto al día en los siglos XV y XVI por los filósofos españoles de la Edad de Oro. Entre ellos, principalmente, Domingo Báñez, Gabriel Vásquez, Luis Vives, Luis de Molina y Melchor Cano[6]. Las figuras destacadas eran Vitoria y Suárez.

Francisco de Vitoria, el jurista de Salamanca del siglo XVI, puede ser llamado el creador del Derecho Internacional moderno. El jesuita Francisco Suárez alcanzó un puesto especial en la historia mundial del pensamiento, al señalar los derechos naturales del hombre y la responsabilidad de los monarcas. Su doctrina del poder real derivado del pueblo fue la razón por la cual Jaime I de Inglaterra ordenó quemar su *De defensione fidei (En defensa de la fe)*, y sus lecciones de Derecho Internacional, que influyeron en el pensamiento de Grotius en *De iure belli ac pacis (Las leyes que rigen la guerra y la paz)*[7]. En la teoría de Suárez sobre la igualdad de los hombres ante los ojos de Dios[8], los escritores modernos trazan la génesis de las instituciones democráticas de hoy.

La nación española percibió el ruido sordo de la Era de la Ciencia en la voluminosa obra de Benito Jerónimo Feijóo y Montenegro (que, a veces, se deletrea Feyjóo, 1676-1764), oriundo de Galicia, España, y erudito abad benedictino, cuyos ensayos concordaban con el pensamiento más avanzado de su tiempo. Feijóo, discípulo de Francis Bacon y del padre de la anatomía moderna, Marie Francois Xavier Bichat (1771-1802), denunció el estancamiento de la educación prevaleciente en España --había mucho que eliminar y, en un mundo de mayor conciencia científica y sociológica, mucho que él añadiría.

---

[6] Báñez (1528-1604), nativo de Medina del Campo, teólogo dominico; Vásquez (1549-1604), natural de Cuenca, jesuita; Vives (1492-1540), lego y oriundo de Valencia; Molina, nació en Castilla la Nueva en 1535, y murió en 1600, jesuita; y Cano (1509-1566), dominico nativo de Cuenca.

[7] Francisco de Vitoria, nació en Navarra en 1483 y murió en 1546 en Salamanca, dominico. Francisco Suárez (1548-1617), oriundo de Granada, jesuita.

[8] Cfr. Moorhouse F.X. Millar, S.J., *Unpopular essays in the philosophy of history* (New York: Fordham University Press, 1928), págs. 65-77.

Una reciente fuente italiana describe a Feijóo como "la más destacada figura española del siglo XVIII, debido a su erudición y espíritu crítico", cuyas obras "constituyen una inmensa enciclopedia del conocimiento, en una España decadente en el campo del Pensamiento"[9]. Una autoridad francesa del siglo XX lo califica de:

> Un hombre libre de la República de las Letras, que es como él se llamaba a sí mismo, y el nombre es apropiado. Un varón de cultura enciclopédica, Feijóo era teólogo, historiador, hombre de letras y científico. Admirador de Bacon y de Newton, quienes, para él, constituían los oráculos de la verdad experimental. A Descartes lo tenía como un genio, tal vez osado, pero a quien defendería en toda ocasión que se ofreciera[10].

Como español, Feijóo atacó la irresponsabilidad de la nobleza, el uso de la tortura y otros abusos de la justicia. Como clérigo, detestaba el seudo-aristotelismo, la acomodación, las supersticiones y prácticas pueriles que presentaban a la religión como opuesta al progreso de la ciencia. Como ciudadano del mundo, lamentaba el nacionalismo a ultranza y estaba a favor de una mejor comunicación entre las naciones con la meta de una paz global. Hombre universal, Feijóo, desde su celda de monje, examinó los campos de la ciencia natural y la política, la literatura, la filosofía, la sicología y la estética. Y las reformas de la música sacra sugeridas por él fueron más tarde adoptadas por indicación papal.

La aguijoneante y persistente pluma de Feijóo impulsó a los españoles de la Península y de las Colonias a abrir sus mentes al progreso; mientras que hombres como el Dr. Martín Martínez, autor de la *Filosofía Escéptica*, y el Dr. Antonio Gómez Pereira anunciaban a la nación los avances baconianos en el método científico empírico.

Carlos III, quien rigió a España desde 1759 hasta 1788, y su ministro el conde de Aranda, amigo de Voltaire y discípulo de los Enciclopedistas, dotaron de expresión práctica al nuevo espíritu, llevando a la práctica las recomendaciones de pensadores como Feijóo. El reinado había comenzado con un error trágico y costoso, la expulsión de los jesuitas de los dominios de Su Majestad. Después, vinieron los asaltos a

---

[9] *Enciclopedia filosófica* (Venezia, Roma: Istituto por la Collaborazione Culturale, 1957-1958), Vol. II, págs. 303-04.

[10] Paul Hazard, *European thought in the eighteenth century from Montesquieu to Lessing* (Cleveland & New York: Meridian Books, World Publ. Co., 1963), pág. 88.

otras órdenes religiosas. Pero, según maduraba su juicio, Carlos auspició muchas medidas para beneficio del pueblo: restringió los poderes de la Inquisición, fundó escuelas y avanzó las técnicas de la agricultura, el comercio, la manufactura y las comunicaciones. También, sin duda, moderado por los problemas de Inglaterra con sus rebeldes colonias, mostró una preocupación sin precedentes por el bienestar de sus súbditos en el vasto imperio español.

En Cuba, donde se leía a Feijóo en el *Seminario*, los cambios cobraron impulso con la llegada en 1790 de don Luis de Las Casas y Aragorri de capitán general, o gobernador militar. Las Casas (1745-1800), como Aranda, había despertado a los *"philosophes"* del Siglo de las Luces francés y sus adherentes españoles. Los seis años de su administración marcan un hito en la historia de la isla de Cuba.

Las Casas creó en La Habana la *Sociedad Económica de Amigos del País* --la Real Sociedad Patriótica-- una organización compuesta de jóvenes patriotas de mentalidad reformista que forjaron una tradición de logros que llega a nuestros tiempos. Su propósito fundamental era fundar escuelas. También fomentar la agricultura, el comercio, la literatura, la ciencia, las artes y el buen gobierno. Esta *Sociedad* llegó a simbolizar el pensamiento más progresista de Cuba, que se tradujo en medidas constructivas. Debido a la libertad que a ellos se les permitió a través de la *Sociedad*, los jóvenes intelectuales de Cuba no se sentían impulsados hacia la revolución.

Bajo Las Casas, La Habana vio aparecer su primera biblioteca pública; su primer periódico regular, **El Papel Periódico** (1790), que se convertiría en **El Diario de la Habana,** la **Guía de Forasteros,** y la amplia "Casa de Beneficencia y Maternidad", un establecimiento para los necesitados y los enfermos,[11] cuyos edificios se terminaron de construir en 1794. Las Casas autorizó la construcción de puentes, paseos y caminos, incluyendo la impresionante Calzada del Horcón y la Calzada de Guadalupe, hizo pavimentar las calles de La Habana, mejoró la Plaza de Toros, proveyó ayuda a los damnificados por las inundaciones y los huracanes, eliminó las trabas al comercio e introdujo el cultivo del

---

[11] Cfr. Espasa, *Enciclopedia universal ilustrada europeo-americana* s.n. "Beneficencia". En 1960 el Gobierno Revolucionario decidió trasladar la Casa de Beneficencia y Maternidad de La Habana para, en su lugar, construir el Banco Nacional de Cuba que, al finalizar los años setenta, terminó siendo el Hospital Hermanos Ameijeiras.

índigo. También redujo las demoras en la administración de justicia, edificó un convento, un coliseo, y un instituto de filosofía e historia natural, botánica, química y matemáticas[12]. Cuando partió de Cuba en 1796, los aplausos de sus agradecidos conciudadanos eran portadores de sus mejores deseos.

El cambio en las antiguas costumbres vino con el final de la centuria, cuando España suavizó las restricciones a la inmigración y, por primera vez, abandonó su monopolio exclusivo en las relaciones mercantiles con sus Colonias. La población de Cuba era de unas 600,000 personas, el 60% blanca o de color libres y el 40% esclava, habiendo arribado 100,000 esclavos entre 1790 y 1805. Si bien esto complacía a los dueños de las fértiles plantaciones, creaba activa oposición, no sólo entre los que consideraban la esclavitud moralmente errónea, sino también entre los filósofos políticos que comprendían que ello auguraba una profunda y enfermiza economía.

La destrucción de la industria azucarera en Haití por las sublevaciones de los esclavos, y las demandas de mayor producción de azúcar de caña de los recién independizados Estados Unidos de América, obligaban a Cuba, que anteriormente producía también café, tabaco, ganado y otros artículos de exportación, a convertirse en un país de monocultivo. Aunque la economía de la Perla de las Antillas era mayormente agrícola, el tráfico comercial colmaba los puertos de La Habana y de Santiago de Cuba, y había un creciente interés en el periodismo, las leyes y la ciencia. Los principales puestos gubernamentales, como la alta clerecía de la Iglesia, estaban sujetos a la voluntad real, pero aumentaba la esperanza de obtener representación parlamentaria por parte de las Colonias en las Cortes de Madrid --una esperanza que se convirtió en realidad brevemente en la Constitución de 1812, y de nuevo en 1822. Junto con los cambios internos se notaba un interés nacional constante engendrado por los sucesos mundiales: una movilización militar en 1807 a causa del temor a una invasión inglesa, disturbios provocados por la llegada de refugiados franceses de Haití sin el beneplácito de la población, repetidos rumores de inestabilidad en algunos países del Caribe, y extendidas protestas de lealtad a la monarquía española, cuya abdicación había forzado Napoleón en 1808.

---

[12] [Richard Burleigh Kimball], *Cuba and the Cubans* (Nueva York: Hueston, 1850), págs. 32-33.

Cuba se declaró en estado de guerra contra el emperador francés. Y, ya que éste controlaba la Metrópolis, los isleños deseaban estimular el comercio con otras naciones.

Durante este agitado período era gobernador el Marqués de Someruelos[13]. Pero el espíritu impulsor de este progreso en La Habana fue su segundo Obispo, Mons. Juan José Díaz de Espada y Fernández de Landa. Su predecesor, el Obispo José de Tres Palacios, oriundo de Salamanca y con un doctorado de su famosa universidad teológica, era un tradicionalista que no veía con buenos ojos las tendencias secularizantes de Las Casas y sus innovaciones. Pero, cuando apenas había sido consagrado Obispo, Espada solicitó la admisión a la *Sociedad Económica,* y fue elegido su Director por unanimidad.

Católico a ultranza, el español Espada se adhirió a los anhelos liberales de su tiempo. Tanto, que sus oponentes le acusaron de masón, de iconoclasta, de libre-pensador con hábito clerical. Trató de mejorar el problema sanitario y, para ello, con el respaldo de Someruelos estableció en La Habana el primer cementerio amurallado. Ordenó el dragado de zonas pantanosas, reclamando lo que se llamó el Campo de Marte, para ejercitarse la milicia. Promovió la vacunación de los niños y, en una famosa carta pastoral, ordenó a la clerecía impulsar la cruzada de Jenner para la inmunización contra la viruela. Trató de amoldar a Cuba a los movimientos educacionales de vanguardia de la época: el sistema Lancaster o de monitoreo, así como el de Pestalozzi. Espada fundó un instituto que empleaba el sistema de formación de maestros lancasterianos, y permitió al Padre Doctor Juan Bernardo O'Gabán y Guerra estudiar en el Instituto Pestalozzi establecido en Madrid por Manuel Godoy, el favorito de la Reina. Se mostró generoso con la Casa de Beneficencia y con el colegio San Francisco de Sales, y aprobó los esfuerzos de la *Sociedad Patriótica* para multiplicar las escuelas públicas.

El Obispo Espada también introdujo numerosas reformas eclesiásticas. Volvió a imprimir y comentó los decretos del sínodo de 1682 que regulaban la disciplina clerical. Limitó las procesiones religiosas de los estudiantes del Seminario, que a veces caían en lo licencioso. Prohibió el excesivo clamor de campanas por los muertos. Eliminó de las calles un número de monumentos y crucifijos que

---

[13] Salvador Muro y Salazar, Marqués de Someruelos, nació en Madrid, 1754, y falleció en 1813. Gobernó a Cuba por un término sin precedente de 14 años.

marcaban las rutas de las procesiones o el sitio de asesinatos. Hizo redecorar la *Catedral* churrigueresca de La Habana (erigida como "*San Ignacio*" en 1724), eliminando estatuas antiguas e introduciendo un imponente altar de mármol de Carrara, así como magníficos frescos y esculturas en el estilo neoclásico prevaleciente. Hay quienes lamentan la destrucción por Espada de los tesoros de arte religioso medieval de la ciudad. Pero su renovación del pensamiento en los Colegios y en la Universidad, todos regidos por la Iglesia, le hicieron merecedor de la aprobación general. Espada fue el prelado del *aggiornamento* cubano a principios del siglo XIX, el patrocinador del período intelectual más brillante de la Isla.

Félix Varela fue confirmado en la fe por el recto tradicionalista Obispo José de Tres- Palacios. Pero su estímulo espiritual e intelectual provino del Obispo Espada y Landa.

Al comenzar el siglo XIX, Cuba estaba más avanzada educacionalmente que muchas áreas de los Estados Unidos. En las escuelas fundadas por la Iglesia, los niños de todas las clases, ricos o pobres, de color o blancos, recibían instrucción juntos, y de gratis, mientras que en Norteamérica sus padres debían pagar por su educación y los becarios eran segregados como inferiores. Hasta los fraternales Cuáqueros, pioneros de la educación pública, mantenían escuelas separadas, bajo distintas sociedades benevolentes, para "africanos".

Para la educación superior, La Habana también estaba preparada. Adjunto a la Catedral existía el *Real y Conciliar Colegio Seminario de San Carlos y San Ambrosio* que, hasta la expulsión de sus fundadores jesuitas en 1767, se llamaba de *San Ignacio*. Este Colegio, el más antiguo de Cuba, representaba la unión de dos instituciones jesuitas establecidas, respectivamente, en 1669 y 1724. En el *San Carlos*, los estudiantes recibían instrucción gratuita y completa en lengua y literatura latinas, lógica, matemáticas, retórica, ética, teología, metafísica, historia natural y derecho. La Universidad de La Habana, fundada en 1728, tras de 40 años de planes y peticiones, era regida por los Padres Dominicos. Aunque el Colegio Seminario y la Universidad colaboraban, muchos estudiantes --como después lo hizo Félix Varela-- tomaban cursos en ambas instituciones; sin embargo, diferían intelectualmente en tiempos de Espada. El *San Carlos* estaba infiltrado por la nueva filosofía, mientras que la Universidad permanecía estrictamente aristotélica. Ambas instituciones usaban el método autoritario: toda la instrucción era en latín, y la mayoría del aprendizaje consistía en memorización y recitado rutinario de tesis.

Espada había congregado bajo su liderazgo un círculo de pensadores brillantes e independientes. Entre otros, el habanero Padre José Agustín Caballero (1771-1835), filósofo ecléctico, director de *El Diario* y traductor de las obras de Condillac, el Padre Juan Bernardo O'Gaban y Guerra (1782-1838), descendiente de un irlandés que había huido del yugo de Oliver Cromwell hacia un refugio español. Otro habanero, el Dr. Tomás Romay y Chacón (1769-1849), doctor en medicina de cierta eminencia que presidió la Junta Central de Vacunación y se enfrascó en estudios pioneros de la fiebre amarilla. Y el coronel Manuel Tiburcio de Zequeira y Arango, subdirector de *El Papel Periódico*, gobernador militar de Río Hacha y de Santa Marta, y el primer poeta que empleó y dio énfasis a los temas patrióticos cubanos[14]. Las ondas del pensamiento en el *San Carlos* se magnetizaban con su influencia.

El joven Varela, habiéndose preparado sólidamente en latín y en los elementos de religión y filosofía, fue en seguida admitido en el *San Carlos*, primero, de estudiante externo y, después, como candidato al sacerdocio. En 1804, cuando apenas tenía dieciséis años, cursaba estudios avanzados en el *Seminario* y la *Universidad* para obtener el grado de Bachiller en Letras. Los expedientes indican que estudiaba los textos tradicionales aristotélicos en la Universidad, mientras que en el Colegio *San Carlos* quedó bajo la tutela estimulante de O'Gaban, quien enseñaba Física y Ética, y de Agustín Caballero, profesor de Lógica y Metafísica.

En calidad de candidato para el bachillerato, Varela defendió una serie de proposiciones en el Aula Magna de la *Universidad*, comenzando a las 8:30 a.m. del primero de agosto de 1806. Estas tenían que ver con la naturaleza de las ideas y del alma, la influencia del orden mecánico en las percepciones físicas, la teoría copernicana del movimiento del sol, y el origen de las especies, que demuestran cuánto había avanzado su educación, desde el escolasticismo medieval. Los conceptos que expuso debían menos a Santo Tomás de Aquino que a Descartes, quien estimulaba el pensamiento independiente, y reconoció su deuda con

---

[14] José A. Presno, "Homenaje a la Memoria del Doctor Tomás Romay", *Universidad de La Habana* N° 15 (noviembre-diciembre 1937), págs. 18-31. Zequeira o Sequeira era natural de La Habana (1760-1846).

Feijóo y con Paulo Zaquía[15]. Ya desplegaba Varela su tendencia ecléctica, que sería el signo de su filosofía. Como Locke, él no podía aceptar la existencia de ideas innatas; pero en la importancia de la meditación y el razonamiento estaba de acuerdo con los cartesianos. Sus numerosos cursos sobre Aristóteles en la Universidad satisfacían los requisitos curriculares. Sin embargo, los destellos del pensamiento moderno provenían de los Padres O'Gaban y Caballero en el *San Carlos*, y constituían su verdadera inspiración.

Después de obtener la licenciatura, Varela, a los diecinueve años, recibió la primera tonsura y obtuvo permiso del Obispo Espada para llevar el hábito. Siguieron entonces una rápida sucesión de las cuatro órdenes menores y el subdiaconado. En 1808, se graduó en el *Colegio-Seminario* de Licenciado en Teología. Las ideas que defendió en aquella ocasión son significativas: 1) que "Cristo había muerto por su propio albedrío", 2) que "es suficiente para el Sacramento de la Eucaristía que el sacerdote cumpla con el rito externo voluntaria y seriamente, sea cual fuere la disposición maligna dentro de él, hasta cuando en privado se mofara del Sacramento y lo despreciara". Félix Varela opinaba que el Hijo del Hombre había escogido de manera deliberada sacrificarse para la salvación de la humanidad, y que este sacrificio se renovaba cada día en los altares de sus iglesias. Como el Maestro a quien servía, Varela entonces, y a través de su carrera, laboró para liberar a sus hermanos en Cristo del peso de la ignorancia y el pecado opresivo[16]. Y aunque habría de abrir --a los estudiantes cubanos-- el amplio campo del conocimiento mediante la observación y la experiencia sensorial, nunca comprometería su fe en la indispensable primacía del Espíritu Místico sobre la materia física.

El nuevo licenciado en Teología era un hombre joven apresurado, cual si presintiera que sus años en Cuba serían contados. Bajo la égida del Obispo Espada, comenzó su carrera de maestro enseñando Latín y Retórica a los jóvenes estudiantes del *San Carlos*. También se dedicó a escribir, siendo uno de sus primeros intentos un drama, *El Desafío*, que se convirtió en parte del repertorio para sucesivas generaciones estudiantiles. Igualmente continuó sus estudios, preparándose para la

---

[15] Para los documentos que presentó y las tesis que defendió, véase Antonio Hernández Travieso, "Expediente de Estudios Universitarios del Presbítero Félix Varela", **Revista bimestre cubana**, N° 49, enero y junio 1942, págs. 392-93, 397-98.

[16] *Reforma filosófica*, págs. 67-71, se citan los cursos de Varela y las proposiciones que él defendió.

eventual ordenación. Para recrearse, tocaba el violín. Era un intérprete consumado y hallaba solaz en las profundas armonías de Beethoven. Inició cursos de música y, en 1811, ayudó a fundar la Sociedad Filarmónica de La Habana, la primera de su clase en Cuba.

Dos veces, al ocurrir vacantes en el claustro del *San Carlos* --de Latín y de Teología-- se presentó como candidato en las oposiciones a cátedra. Triunfaron en ellas hombres de mayor edad y experiencia; pero para Varela sería una oportunidad de hacer públicas sus ideas. De la brillantez de su exposición tomaría nota el Obispo.

El joven teólogo se ordenó de Diácono a finales de 1810. Dentro del siguiente año pidió al Obispo Espada que se le admitiese al sacerdocio, aunque debido a su juventud se requería una dispensa especial. Su motivo de importunar al prelado era convincente: don Bartolomé, de regreso a Cuba, estaba viejo y achacoso, y Félix Varela consideraba que la tolerancia del anciano soldado le habían ganado el derecho de presenciar la ordenación de su nieto. Consecuentemente, el 21 de diciembre de 1811, ante el gran altar de mármol de la Catedral de La Habana, el Obispo Espada ordenó a Félix Varela. El nuevo sacerdote celebró su primera Misa en la capilla contigua al convento de Santa Teresa, donde su hermana y una de las tías Morales eran monjas, y su otra tía, María, era priora bajo el nombre de Madre Natividad de María. Y agradeció a Dios que Bartolomé Morales había sobrevivido para verlo sentar plaza de soldado del Señor de manera solemne[17]. El Obispo Espada tenía sus propios motivos para acelerar la ordenación de su protegido. Lo necesitaba en el claustro de profesores del *San Carlos* para reemplazar al Dr. O'Gaban, a quien le llovían honores.

Urgido por la *Sociedad Patriótica*, en 1808, el Obispo había financiado los estudios de O'Gaban en el Instituto Pestalozzi de Madrid. La *Memoria* que contenía el reporte de este viaje provocó la ira de la Inquisición en México, que censuró sus entusiasmadas referencias al "profundo Locke" y al "admirable Condillac". Pero la censura no impidió el nombramiento de O'Gaban por el Marqués de Someruelos como Provisor (o Vicario General) del Obispo Espada en la Diócesis de La Habana. Esto, probablemente, contribuyó a su elección para representar a Santiago de Cuba en las revolucionarias Cortes españolas que, en 1810, se reunieron en Cádiz. En estas Cortes, que denunciaban la Inquisición y anhelosamente promulgaron la Constitución de 1812, de

---

[17] Hernández Travieso, ***El Padre Varela... op. cit.***, pág. 49.

corta vida, O'Gaban fungió de secretario y vicepresidente. "Me enorgullezco", afirmó, "de haber contribuido con mi leve voz a la supresión de un tribunal (la Inquisición) cuyo sistema considero incompatible con la Constitución de la monarquía"[18].

Cuando Wellington liberó a España de los franceses y restauró en el trono de Madrid a Fernando VII, la persecución eliminó a muchos de los líderes de las Cortes; pero a O'Gaban, un clérigo humilde y afable, se le permitió regresar a La Habana, donde fue recibido con una tumultuosa recepción. En 1815, el gobierno de Madrid lo nombró Magistrado de la Real Corte en Cuba, el primer eclesiástico que alcanzó ese rango. Y, aunque continuó como secretario financiero y la mano derecha del Obispo Espada, el Dr. Juan Bernardo O'Gaban y Guerra tenía sus manos ocupadas con asuntos más importantes que la enseñanza.

El ascenso de O'Gaban abrió las puertas a una renovación del *San Carlos* que Espada había contemplado desde hacía tiempo. Combinando las cátedras de Lógica y Metafísica con las de Física y Ética, el prelado nombró a la consolidada posición de Filosofía a su recién ordenado sacerdote don Félix Varela y Morales.

El Colegio-Seminario del *San Carlos* se componía en aquel entonces de ocho profesores. Casi sin excepción, eran del clero secular o diocesano y nacidos en Cuba. Y la mayoría, incluyendo a Varela, menores de treinta años. El Obispo Espada tuvo un claustro de su gusto. Los profesores de la *Universidad* --mayores en edad, de órdenes religiosas, escolásticos tradicionalistas-- podrían disgustarse y el Santo Oficio en México le censuraría; pero él estaba decidido a elevar su Institución al nivel de los cambios intelectuales de la época.

"Tome la escoba y barra con todo lo que no sea útil", fue la orden dada en concreto por el Obispo Espada a su más reciente designado, el profesor de Filosofía, Ética y Física, de 23 años[19]. Caballero y O'Gaban habían abierto la brecha. Varela conduciría audazmente el pensamiento en Cuba desde la tradición enervante del pasado hacia una ilimitada visión del siglo XIX.

Durante el decenio de 1812 a 1822, Varela ganó fama de ser el filósofo más importante de Cuba, y su más ilustre maestro. No sólo

---

[18] Max Henríquez Ureña, *Panorama histórico de la literatura cubana* (México: Ediciones Mirador, 1963), Vol. I, págs. 124-26.
[19] Rodríguez, *op. cit.*, pág. 13. y Hernández Travieso, *op. cit.*, pág. 53.

revolucionó la enseñanza de la Filosofía en el *Colegio-Seminario,* sino que añadió nuevos campos de estudio. Su creatividad e impresionante energía eran prodigiosas. Dictaba conferencias, escribía, pronunciaba discursos y, más importante, teorizaba de manera profunda y acertada. Prácticamente vivía en el aula, el laboratorio y el despacho. "El tiempo libre, consignó en sus *Apuntes acerca de la distribución del tiempo,* debe emplearse constructivamente". Al igual que Leibniz, creía que "quien malgasta una hora, malgasta parte de la vida"[20]. Logró que el estudio serio se convirtiera en algo vital y pertinente y de moda en La Habana. Al asumir la cátedra de Filosofía había en total 39 estudiantes matriculados en el *San Carlos.* En 1821, unos 200 competían por ser admitidos al curso de *Derecho Constitucional* de Varela.

Además, sus discípulos, su correspondencia epistolar y sus libros diseminarían su influencia de manera creciente en otros círculos aun después de abandonar su tierra natal. Su inspiración continuó a través de José de la Luz y Caballero (su más famoso discípulo) y el periodista José Antonio Saco y, a través de Luz, llegó al maestro-poeta Rafael María de Mendive, quien a su vez fue tutor de José Martí (quien, más tarde, sería "El Apóstol" para sus conciudadanos). Hoy día, los seguidores y admiradores de la obra vareliana abundan tanto en la Cuba de Fidel Castro como entre los grupos de exiliados de Miami y de Nueva York.

El período de tenencia de la cátedra por Varela fue una época de tribulaciones para toda la América Latina. El ansia de libertad, estimulada por el ejemplo de los Estados Unidos de América y por las corrientes intelectuales provenientes de la Europa Occidental, encontró su oportunidad con la desintegración de la monarquía borbónica española. La Madre Patria, así como gran parte de la Europa continental, se postraba a la sombra gigantesca del hombrecillo de Córcega. En 1812, mientras el Rey Intruso, José Bonaparte, se aferraba precariamente al poder en Madrid y el heredero al trono español permanecía en adulador cautiverio en el castillo de Valençay, las rebeldes Cortes proclamaban la monarquía constitucional en Cádiz. Los súbditos españoles de los dominios tendrían paridad de representación con los de la Península; a lo que siguió un regocijo generalizado. Los habitantes de San Agustín erigieron un monumento a la Constitución de 1812 en la plaza mayor. Las Juntas en las colonias depositaron sus esperanzas en

---

[20] Roberto Agramonte, "El Padre Varela, 'El primero que nos enseñó a pensar' ". Universidad de La Habana, N°. 13 (junio-julio, 1937), Vol. V, págs. 64-87.

Fernando VII, poniéndose de su parte y en contra de su inepto padre y disoluta madre. Pero habrían de sufrir una cruel decepción cuando, al ser liberado por el tambaleante Napoleón, Fernando abolió las Cortes, persiguió a sus diputados y anuló sus logros, revelando en el poder su carácter egocéntrico y vengativo.

Siguiendo de cerca el liderazgo de Francisco Miranda, el "George Washington de la América del Sur", y de Simón Bolívar y otros patriotas criollos, gran parte de la América Latina había sacudido las cadenas de la dominación colonial durante aquel período. La Gran Bretaña y los Estados Unidos, nunca renuentes a ver desmoronarse el poderío español, ayudaron a las revoluciones con propaganda, ayuda financiera, comercial y política, así como con voluntarios. Asediado, Fernando vendió la Florida a su vecino del Norte en 1819. Sus tropas resultaron incapaces de impedir la independencia de nuevas repúblicas en México, la América Central y partes del norte y oeste de Suramérica. Cuando el Presidente de los EE.UU., con la aprobación tácita de Inglaterra, proclama la "Doctrina Monroe" en 1823, justifica su declaración en la necesidad de impedir que otros países europeos se aprovechen de los despojos del moribundo imperio colonial hispano-americano.

De todos sus vastos territorios en América, solamente Cuba y Puerto Rico permanecían leales a España en el siglo XIX. En Cuba, esta lealtad estaba parcialmente inspirada por el temor. Las temibles luchas intestinas y las represalias raciales que *liberté* y *egalité* --con la guillotina como emblema-- habían desatado cuando el vecino Santo Domingo se convirtió en el reino negro de Haití, habían inclinado a los criollos cubanos a apreciar su vinculación con España. El Marqués de Someruelos puso trabas a una posible inmigración en masa de colonos franceses, y aprobó el tratamiento sumario de ahorcar al desafortunado emisario del rey José Napoleón. Una revuelta en 1812, capitaneada por el esclavo emancipado José Antonio de Aponte, fue sofocada con violenta severidad ante el recuerdo del holocausto haitiano. Cuando un breve período de independencia de la parte oriental de Santo Domingo entre los hispano-hablantes terminó en sangrienta conquista por Haití, los criollos cubanos se inclinaron aún más a dudar de los beneficios de la libertad. Más de la mitad de la población de la isla de Cuba se componía de esclavos o emancipados. Y el espíritu de aquellos tiempos no engendraba moderación entre los que se rebelaban contra la injusticia.

No solamente el temor mantenía tranquila a la isla de Cuba. En los primeros decenios del siglo XIX, la Perla de las Antillas progresaba sin serios problemas internos. La política de gobernadores como Las Casas y Someruelos, y del Obispo español Espada, fortalecía la lealtad inalterable de Cuba a la Madre Patria. Estos dignatarios establecieron un compromiso con los jóvenes intelectuales habaneros de tendencia radical, concediendo los beneficios del progreso a la Colonia sin los avatares de la lucha civil. No fue sino más tarde en el siglo, cuando las medidas represivas de Fernando VII y de la reina Isabel II cancelaron cualquier posible esperanza, que brotó un vigoroso movimiento insurreccional que favorecía, de una parte, la anexión directa a los EE.UU. y de la otra, una total independencia de Cuba.

A Félix Varela, el más joven, pero el más influyente profesor en el *Colegio-Seminario de San Carlos*, no le interesaba al principio la política, aunque, según la tradición de la época, como filósofo debía considerar todo conocimiento, incluidas las ciencias sociales, dentro de su especulación. El Obispo Espada le había investido de una total facultad de participar en el resurgimiento intelectual de su Patria. Su misión consistía en renovar el pensamiento para que los habaneros educados pudieran laborar inteligentemente por el mejoramiento de su tierra natal. Sus seguidores se extenderían más allá de su propia época y lugar de origen, a través de gran parte de Latinoamérica y hasta bien entrado el siglo XX. Pero esto había de ser un beneficio no anticipado.

El principio fundamental de la filosofía de Félix Varela era su eclecticismo. Él reclamaba el derecho para sí, y para cualquier persona racional, de reexaminar a los filósofos del pasado y desechar o adaptar de acuerdo con su relevancia vigente. Del mismo modo que el Padre Michael O'Reilly había levantado la *Iglesia de San Agustín* combinando cantera nueva con materiales provenientes de capillas derruidas, él construiría así su sistema intelectual preguntándose: "¿es necesario? ¿es válido? ¿es beneficioso?".

Para él, la fe no era una ciega adopción de otras síntesis, bien fueran antiguas o contemporáneas. Era, más bien, una creencia en la naturaleza humana y en el Dios de Quien provenía toda la creación y hacia Quien toda la humanidad tendía. Empleando los términos al uso de la época, Varela afirmaba que toda la sabiduría acerca de este mundo brotaba, no de memorizar silogismos, sino de la observación y el análisis del mundo que nos rodea, y del uso del intelecto para comprender al hombre y su universo.

Dios había dotado a cada criatura de ojos para ver, de oídos para oír, y de una mente para razonar con ella. No se le haga inutilizar ese poder en la mecánica repetición del dictum de hombres desaparecidos hace muchos años. Permítasele que emplee sus talentos para incrementar la suma del conocimiento viviente.

Varela admitía el valor histórico de Aristóteles, quien, desde su introducción en España por pensadores árabes y judíos, había sido el filósofo predominante en la Edad Media, y el que servía de profeta principal en la *Universidad de La Habana* y en la mayor parte de los *Seminarios* católicos. La preeminencia de Santo Tomás de Aquino en el pensar católico no se restableció hasta mucho después, en 1879, cuando fue proclamado Maestro de todos los Doctores Escolásticos y, en 1880, Patrón Universal de los Colegios y las Universidades, mediante pronunciamientos del Papa León XIII.

Es difícil para el estudiante de hoy día, acostumbrado a la discusión abierta, a la experimentación y al método inductivo, comprender la influencia que los que se adherían a la teoría aristotélica tuvieron sobre gran parte de la educación, hasta bien entrado el siglo XIX. La autoridad del Griego había abarcado tanto del conocimiento humano --la lógica, la filosofía, la sicología, la ética, la biología, la astronomía, la política, la literatura, la estética-- y era considerado correcto en tantas de sus conclusiones que, por siglos, pareció necesario asimilar sus trabajos para llegar a ser una persona educada. La aceptación por la Iglesia medieval de la metafísica y las técnicas del filósofo griego, así como la glorificación renacentista de la cultura clásica por el humanismo, contribuyeron a consolidar el auge del aristotelismo en las mentes de los estudiosos.

Entonces aparecieron en la escena europea los recién traducidos tratados del líder peripatético. Y esta gigantesca adición a la literatura no hizo más que enfatizar cuán fácil era ensamblar y convertir sus escritos en una gloriosa síntesis del pensamiento traspasado de generación a generación. Cada maestro-escolástico (*Scholasticus*) trataba de producir su propia síntesis (*Summa*) o, al menos, un comentario personal. Algunos se remontaban a Platón; pero la mayor parte de ellos se solidarizaban con su más eminente discípulo, Aristóteles. Por lo cual, éste alcanzaba tal eminencia exclusiva que merecía el título inequívoco de *Philosophus (el*

Filósofo). Pronto abundaron las *Summae,* y los pensadores se dedicaron a comentarse mutuamente en vez de al *Philosophus.*

La época de Varela no heredó el siglo de oro del escolasticismo, sino lo que se ha considerado más bien no su desaparición, sino su decadencia. El escolasticismo se había aislado del mundo en progreso por diversos estratos de formalismo.

La oposición se produjo lentamente, mostrando los opositores varios niveles de desacuerdo con el elemento intelectual. Por ejemplo, Francis Bacon, a quien Varela reconocía como el que descartó la rutina medieval de la síntesis y el comentario, aceptaba el ideal aristotélico del erudito total. Y emuló a aquél estudiando, también, los fenómenos naturales directamente. La ciencia moderna marcó su inicio cuando los hombres dejaron de aceptar ciegamente las conclusiones de Aristóteles y se dedicaron a examinar en forma directa (como él mismo había hecho) el mundo que les rodeaba, usando los poderes de observación y razonamiento propios, produciendo inventos desconocidos para los griegos. Este era el modo de liberarse --investigación independiente y aceptación de los nuevos descubrimientos físicos-- que Félix Varela recomendaba a la juventud cubana.

Varela clasificaba como las "tres sectas" del aristotelismo a las escuelas de Tomás de Aquino, Duns Escoto y William de Ockham. Más de veintiún siglos después de la muerte del formidable Estagirita, Varela creyó necesario declarar que las obras del enciclopédico griego representaban sólo un paso tremendo; pero, de seguro, no la máxima cima del conocimiento humano del universo. Elogiaba a Galileo, a Francis Bacon y al doctor español Antonio Gómez Pereira por haber rechazado el *yugo aristotélico* e iniciado el verdadero filosofar[21]. Varela alababa a Newton, Leibnitz y al filósofo y matemático alemán Christian Wolff (1679-1754) por haber contribuido al pensamiento científico. Y encomiaba al sacerdote y matemático Pierre Gassendi por revivir la teoría atómica y los principios democráticos de Epicuro, tratando de reconciliar al sereno pensador griego con el pensamiento cristiano. Pero la gloria principal de devolver la filosofía a su merecido lugar, como una ciencia viva, se la concedía a Descartes, que había luchado a muerte con

---

[21] Félix Varela y Morales, **Lecciones de filosofía** (Nueva York: Imprenta Don Juan de la Granja, 1841). La Universidad de La Habana reimprimió el V. I en 1961, y el V. II en 1962. El humanista, filósofo y médico español Antonio Gómez Pereira (1500-1560) nació en Medina del Campo. Para algunos, su verdadero nombre fue sólo Gómez Pereira.

el aristotelismo y erigido, "en tanto que las circunstancias de su época lo permitían", un sistema excelente[22].

Por ser un verdadero ecléctico, un discriminador de lo que, para él, aparentaba resultar genuino y útil, Varela no se suscribía enteramente a las creencias de ningún filósofo en particular. Y, al contrario de Locke y Descartes y Destutt, Conde de Tracy[23], de quienes tomaba algo, él evitaba la atractiva, pero dudosa premisa central. A pesar de que reconocía lo admirable en Locke y en Descartes, rechazaba las conclusiones de extrema *"tabula rasa"* del uno y las "ideas innatas" del otro, concluyendo que el conocimiento proviene de la percepción sensorial y de los procesos mentales a la vez. Él extraía ideas tanto del sensualismo neo-epicureano de Gassendi como del intelectualismo cartesiano que Gassendi atacó. Así mismo, extrajo del positivismo de Condillac[24], que conducía a algunos, sin darse cuenta, al agnosticismo, y de los dogmas de los Padres de la Iglesia, que constituían el verdadero fundamento de la Fe.

Varela combatió contra el fanatismo y la superstición tan enérgicamente como lo hizo contra el ateísmo, considerándolos como las otras caras de la ignorancia. La filosofía resultante no era, como se podía esperar, una mezcolanza, era una interpretación razonada y razonable, que provenía de la cultura católica hispanoamericana, pero nutrida por el pensamiento progresista europeo vigente. Evitando lo extravagante, era atrevida principalmente en su rechazo de conclusiones pasadas de moda, en su declaración de la independencia del pensamiento, en su rebelión contra el estancamiento de los comentaristas que se alimentaban de otros comentaristas, y en su apertura hacia los descubrimientos de la ciencia. Un siglo más tarde, el historiador Juan Álvarez, a pesar de lamentar la

---

[22] Félix Varela, *Instituciones de filosofía ecléctica, publicadas para uso de la juventud estudiosa* (La Habana: Cultural, S.A., ed. 1952), Vol. I, pág. 23.
[23] Pierre Gassendi, de Provenza (1592-1655), filósofo, científico, matemático, clérigo, amigo de Descartes, firme católico. Antoine César Victoire Charles Destutt, Conde de Tracy, nació en 1754 en Bourbonnais, Francia, admirador de Voltaire, senador durante la Revolución francesa.
[24] Etienne Bonnot de Condillac, de Grenoble (1714 ó 1715-1780), propagador de la filosofía de Locke, Abad de Mureaux, preceptor del Duque de Parma (nieto de Louis XV), miembro de la Academia Francesa.

parcialidad de Varela por Condillac, lo calificó como "el cubano más merecedor del título de filósofo"[25].

Puesto que los textos reconocidos tenían poca utilidad para la progresista educación vareliana, éste se dedicó de inmediato a producir los suyos propios. En el primer año de sus actividades profesorales (1812), publicó una serie de proposiciones para ser defendidas por sus alumnos. Entre ellas, su principio de primer orden: "La mejor filosofía de entre todas es la ecléctica, en tanto que no nos regimos por la palabra de sólo un hombre, sino que somos conducidos por la razón y la experiencia, aprendiendo de todos, pero sin abrazarnos pertinazmente a ninguno"[26]. Es interesante observar que en sus *Propositiones Variae* empleó el Latín y el formato escolástico de proposición, demostración, premisa menor, oposición y réplica, con los silogísticos *ergo, quod, enim, sed,* para establecer la tesis con que derribaría al escolasticismo.

En otro folleto publicado el mismo año, Varela enumera 226 proposiciones para ser discutidas, desde metafísica, lógica y de filosofía moral hasta de química contemporánea, de física y de agronomía. Una versión ampliada y mejorada apareció en 1813.

Don Pedro Valera y Jiménez, Arzobispo de Santo Domingo y Primado de las Indias[27], observó en una visita a Cuba la educación impartida por el protegido del Obispo de La Habana y le pidió a Varela que preparara un texto de la nueva filosofía para su Seminario eclesiástico. Su resultado fue dos tomos de sus *Institutiones philosophiae eclecticae ad usum juventutis,* enteramente en Latín, abarcando lógica y metafísica, fechados en 1812 en La Habana[28]. Esta fue la primera gran obra impresa de Varela.

Aunque en lo esencial las *Institutiones* acusaban innovaciones radicales, un tono de escolasticismo medieval perduraba en el uso del Latín universal, y en las clasificaciones del pensamiento, las

---

[25] *Catholic Encyclopedia,* Vol. 7 (New York: Universal Knowledge, and Gilmary Society, 1913-1952), pág. 154a.

[26] Traducción libre del original en Latín, según la cita de José Manuel Mestre y Domínguez, *De la filosofía en La Habana* (La Habana: La Antilla, 1862), págs. 78-79.

[27] Se tiene a Santo Domingo como la cuna del cristianismo en el Nuevo Mundo por ser la primera sede episcopal establecida en América.

[28] Para un resumen en inglés de los escritos y discursos de Varela durante su período cubano, cfr. José Ignacio Rodríguez, "Father Félix Varela, Vicar General of New York from 1837 to 1853", *American Catholic quarterly review,* N° 8 (1883), págs. 466-76.

proposiciones a debatir, las reglas de discernimiento, las premisas, el razonamiento metódico y las conclusiones logradas. En suma, el método deductivo.

Al siguiente año, Varela reveló su primer distanciamiento con el formalismo escolástico. Hasta entonces, toda la educación superior en Cuba se impartía en Latín, medio común de los eruditos y científicos del Occidente. Varela era un capacitado escritor y maestro de la lengua de Cicerón. Sin embargo, se daba cuenta de que, para que la educación adquiriera la prioridad que la época exigía, el obstáculo intermedio del idioma clásico tenía que ser superado. Por tanto, en 1813, con el asentimiento del Obispo Espada, comenzó a dictar sus clases en la lengua vernácula. No, como él mismo subrayó, simplemente por el hecho de innovar, sino por alcanzar una más amplia diseminación del conocimiento. El Latín servía el propósito de ofrecer la lengua internacional de la persona culta. Pero las nuevas ideas y la ciencia moderna afectaban al mundo del hombre corriente, a quien debería facilitársele el poder comprenderlas.

Las *Institutiones* se reprodujeron en 1813 en español, con suplementos sobre matemáticas y física. Sus dos tomos constituían, según Rodríguez, el primer tratado filosófico jamás ofrecido en esa lengua en cualquier parte del mundo[29]. Ambas versiones, la española y la latina, tras numerosas reediciones, fueron publicadas por la Universidad de La Habana en 1952.

En 1814 el Padre Varela produjo dos libros más en español resumiendo los cursos de química, botánica, zoología, fisiología, matemáticas, metafísica, ética y hasta dibujo que dictó en el *San Carlos*. A ellos siguieron *Elenco* (1816), *Lección Preliminar* y *Apuntes Filosóficos*. Así como tres ediciones de *Miscelánea Filosófica* (La Habana, 1819, Madrid, 1821, y Nueva York, 1827). Su *Miscelánea* contenía fragmentos de Destutt de Tracy acerca del entendimiento humano, ensayos sobre gramática, poesía, la ideología de Francis Bacon, Barón de Verulam y Vizconde de San Albano (1561-1626). También contenía el arte de la traducción, la influencia de las emociones en el pensamiento, la importancia de la síntesis histórica, los méritos del razonamiento inductivo y deductivo, la influencia de la nomenclatura, y como hacer una carrera científica más atractiva a la juventud. Además

---

[29] Rodríguez, *Ibid.*, pág. 467.

publicó, dentro del quehacer especulativo, una serie de notas sobre el modo de orientar el espíritu humano, sobre "la lengua latina considerada ideológicamente", y acerca del escolasticismo en sus raíces, maneras y efectos. La edición de 1827 contenía, igualmente, su ensayo con frecuencia citado acerca de las diversas facetas del patriotismo: el interesado, el patriotero, el imprudente y el genuino.

La culminación de los escritos filosóficos de Varela en Cuba fueron sus *Lecciones de Filosofía*, una obra en tres tomos, de la cual José Ignacio Rodríguez nos dice que fue "por muchos años el texto requerido en lógica, metafísica, ética, historia natural y química en los Colegios de Cuba, México y otros países de habla española"[30]. Se publicó por primera vez en La Habana en 1818-1819, con numerosas ediciones subsiguientes en las Américas y en Europa, cuatro de ellas personalmente revisadas y ampliadas por el autor, en Filadelfia en 1824, y en Nueva York en 1828, 1832 y 1841. La Universidad de La Habana la reeditó en abril de 1961, dos años después de que el régimen revolucionario de Castro asumiera el poder.

Las *Lecciones*, como todas sus obras fundamentales después de las *Institutiones*, están escritas en la lengua vernácula. En ellas abandona completamente el método silogístico. Los capítulos constituyen una serie de ensayos razonados. En la cubierta se lee un tema de Condillac: "Escribo sólo para los ignorantes. Puesto que ellos no hablan el lenguaje de ninguna ciencia, pueden más fácilmente comprender el mío. El cual es más apropiado que cualquier otro, por haber sido tomado de la Naturaleza, que les hablará a ellos como lo hago yo".

Una selección al azar de los títulos de las secciones del tomo I muestra la amplitud y tendencia del pensamiento vareliano: "De los Medios de Corregir los Procesos Intelectuales"; "Del Talento, el Genio, el Juicio y el Buen Gusto"; "Observaciones acerca de los Libros y el Método de Estudio"; "Del Uso Apropiado de la Razón y sus Opuestos: el Fanatismo y la Pedantería"; "De la Vida Corporal, la Acción del Espíritu sobre el Cuerpo y los Medios de Conocimiento"; "De la Variedad de las Tendencias Humanas"; "De la Luz de la Razón y el Derecho Natural"; "De las Relaciones del Hombre con la Sociedad"; "De la Naturaleza de la Sociedad y del Patriotismo"; "El Conocimiento que el Hombre tiene de su Creador y sus Obligaciones Consiguientes".

---

[30] *Ibid.*, pág. 468.

Deplorando, de una parte, los crueles excesos de los fanáticos religiosos y, por otra, la licencia criminal de los descreídos en la Francia revolucionaria, el moderado cubano completa este tomo con una exclamación: "¡Ojalá que estas lecciones contribuyan de alguna forma a proteger a la juventud tanto del fanatismo ridículo como de la funesta carencia de religión! ¡Que les inspiren al amor por una religión que les haga felices, y por una Patria que en ellos --sí, en ellos-- deposita toda su esperanza!"[31].

Varela se opuso enérgicamente a los que advertían un conflicto entre la religión y la ciencia. La filosofía y la religión, afirmaba, no eran nada si no eran verdaderas; y, por tanto, se debían tomar en consideración las verdades reveladas por las ciencias físicas y naturales. La liberación de los devotos de Aristóteles se fundamentaba en un cambio de los simples ejercicios intelectuales, a un aprendizaje basado en la observación y en la investigación científica. Los estudiantes que habían ido arribando al conocimiento solamente a través de conferencias y lecturas ahora tenían que ser iniciados en las técnicas de laboratorio. Para comprender su mundo, deberían estudiarlo, no deduciendo conclusiones de premisas establecidas, sino concluyendo, hacia arriba, partiendo de datos recopilados y verificados.

Ya que no existía otro maestro capacitado, recayó en Varela preparar los cursos de física experimental y de química que su método de aprender exigía. Inició personalmente los primeros cursos de la ciencia moderna en Cuba, armando el equipo, construyendo la mayor parte de los aparatos con sus propias manos, probando las fórmulas químicas antes de arriesgar a sus discípulos, recolectando en excursiones campestres especímenes minerales, botánicos y biológicos. Uno de sus alumnos, José Manuel Valerino, ilustró los textos de física escritos por el maestro.

El instructor, aprendiendo junto a sus discípulos las técnicas y axiomas de la nueva ciencia, no podía dejar de comunicar su entusiasmo a todos. Se movía entre ellos sin cansarse, atisbando por los microscopios, ayudándolos a llevar a cabo experimentos químicos, exhortándolos a desafiar las conclusiones anticuadas y a observar por sí mismos. Estos estudiantes más tarde darían fe de la emocionante

---

[31] Félix Varela, *Lecciones...*, *op. cit.* (Universidad de La Habana: Imprenta Úcar García, S.A., quinta edición, 1961), V I, pág. 305.

experiencia de aprender por primera vez, no de la página impresa, sino del mundo que les rodeaba.

Varela era el maestro nato, totalmente dedicado, constantemente rodeado de jóvenes que él alentaba a pensar con un propósito serio. El "Sócrates de Hispanoamérica", como le llamó un autor por la diversidad de sus seguidores y el efecto electrizante que ejercía sobre los mismos[32]. Mucho después de que el destino lo alejara de ellos, le recordaban. Se mantenían en contacto con el "Padre" y se aferraban al magisterio por él ejercido, que transmitieron a los hijos de sus hijos.

"El regenerador del pensamiento cubano". Así honrarían la memoria de Félix Varela las generaciones posteriores de sus conciudadanos. Una relación de sus discípulos incluiría a muchos que alcanzarían fama en Cuba o, como su maestro, en un exilio forzado. Nicolás Manuel de Escobedo, el primero de sus amanuenses en la preparación de las conferencias, llegó a ser un jurista y orador destacado; José Valerino, artista e ilustrador; Felipe Poey y Aloy, abogado, especialista en historia natural y el primer presidente de la Sociedad Antropológica; el vibrante político Gaspar Betancourt Cisneros; el clérigo-filósofo Francisco Ruíz; Cristóbal Madan, quien se dedicó al comercio y fue líder de la causa cubana en Nueva York; Manuel González del Valle, profesor de Filosofía; José María Casal, abogado, editor y escritor. Tales fueron los hombres a quienes Félix Varela pasó la antorcha.

Los más distinguidos entre los discípulos de Varela fueron dos cuyos nombres se sitúan al nivel suyo en los anales del pensamiento cubano, y por consiguiente, en la historia de las Américas. José Antonio Saco, huérfano, maltratado por el destino, continuó las cruzadas lideradas por su mentor y logró fama de periodista y reformador político, principalmente como el autor de una monumental *Historia de la esclavitud*. José de la Luz y Caballero, sobrino del Padre José Agustín Caballero, comparte la fama con Varela en la filosofía y en la educación cubanas. Aunque dejó la carrera eclesiástica después de recibir las órdenes menores, dedicó su talento al bienestar del prójimo, particularmente a la instrucción de la juventud. Por encima de cualquier otro, Luz y Caballero transmitió a las mentes jóvenes las fructíferas lecciones de Félix Varela. Fue el maestro de Rafael María de Mendive y de muchos de los combatientes ideológicos por la libertad que, en 1868, se convirtieron, a su vez, en la inspiración de José Martí.

---

[32] Hernández Travieso, *op. cit.*, pág. 129.

"Siempre que se piensa en la isla de Cuba", escribió Luz y Caballero, "se piensa con veneración y amor en aquél que nos enseñó a pensar primero"[33]. Esta declaración expresa de manera tan acertada la influencia de Varela como "maestro de la educación, maestro de la filosofía, maestro del intelecto y maestro de la revolución"[34], que, en forma sucinta, los cubanos en general la asocian con su nombre: "el que enseñó a los cubanos primero a pensar", el Padre Félix Varela".

El Obispo Espada empleaba su ascendencia como prelado para fomentar el bienestar físico e intelectual, conjuntamente con el espiritual, de su feligresía. Y su protegido, Félix Varela, pronto ascendería a participar de la vida pública. Mientras reformaba los medios de aprendizaje desde su cátedra en el *San Carlos*, manifestaba al pueblo desde la tribuna la necesidad de participar en la política de la Colonia, exhortando a la clase gobernante a demostrar mayor responsabilidad cívica.

Se dice que Varela, a pesar de su apariencia nada impresionante y de su apacible manera de ser, era un orador vibrante. Su estilo era elocuente: ni bombástico ni florido, sino directo, lúcido, con un fuerte poder de transmisión de sus convicciones lógicas, constructivas y, a menudo, de profunda importancia, fervorosamente sustentadas. "Poseía", según un biógrafo, "el alma de un artista, el corazón de un santo y la elocuencia de un orador"[35].

Surgió a la atención pública poco después de su ordenación, con un sermón dirigido a un sector amplio de La Habana. Cuba, una colonia despóticamente regida desde la época de los *conquistadores* por gobernadores nombrados por Madrid, elegía sus primeros delegados a las Cortes bajo la Constitución de 1812. Para los cubanos, constituía un privilegio insólito poder votar en las elecciones españolas. Y el Obispo ordenó la celebración de una Misa del Espíritu Santo para invocar la asistencia divina. Corría el año de 1812, el de la rebelión de Aponte en Cuba, el de la prisión de Francisco Miranda tras breves éxitos militares

---

[33] Rodríguez, *Vida..., op. cit.*, pág. 404.
[34] Emilio Roig de Leuchsenring, *Ideario cubano Félix Varela, precursor de la revolución libertadora cubana* (La Habana, Municipio, 1953), pág. 7. *Colección histórica cubana y americana*, N° 12. Cfr. también Sergio Cuevas Zequeira, "El Padre Varela, Contribución a la Historia de la Filosofía en Cuba", *Revista de la Facultad de letras y ciencias*, N° 3, mayo 1906, Vol. II, págs. 217-20.
[35] William Francis Blakeslee, C.S.P., "Felix Varela 1788-1853", *American Catholic, Historic Society of Philadelphia, Records*, N° 38, 1927, pág. 29.

en Venezuela, el de la atmósfera hostil entre Gran Bretaña y los Estados Unidos por el encarcelamiento de unos marineros, el de la derrota de los franceses en Salamanca por Wellington, el del desacato a José Bonaparte y Fernando VII por la auto-designada Junta de Cádiz. Pero el Padre Varela, en su exhortación pre-electoral, sustentaba la fe en el poder de un electorado consciente. De ahora en adelante, el pueblo debería regir, teniendo la facultad de oponerse a la injusticia y a la guerra. "Buscad sólo la verdad y la paz" era su tema. Él exhortaba a la congregación de creyentes a desechar el interés propio, la superstición y la impiedad que engendraban la violencia. Y les recordaba que el dominio de sí mismo, así como las virtudes personales, eran los cimientos verdaderos del Estado[36]. Sus palabras eran apropiadas para la solemne ocasión. El *Diario del Gobierno de la Habana* y otros periódicos las publicaron con elogios. Y desde entonces hubo pocas fechas notables en que no se dejara oír la palabra del joven profesor del *San Carlos*.

La *Real Sociedad Patriótica*, creada para los jóvenes de virtudes cívicas por Las Casas, acogió las ideas progresistas de Varela y sus energías inclinadas al bien común, y el 24 de enero de 1817 votó a favor de invitarlo oficialmente a convertirse en miembro. Su discurso de ingreso, tal como se conserva en los anales de la *Sociedad* y fue reproducido por su biógrafo Rodríguez en su libro, trataba de "la influencia de la ideología en la sociedad y los medios de corregir su aplicación"[37]. En realidad, era un llamado a la educación universal.

"Es una regla de la naturaleza", decía, "que todos los hombres aspiren a la luz del entendimiento. Es un precepto de la sociedad que los que están encargados de la educación pública busquen los medios de capacitarse para tan ardua función". Los miembros de la *Real Sociedad*, debido a su posición social, tenían el deber especial de encauzar sus talentos al bien común. "Les incumbe a ustedes enseñar a los hombres a pensar desde una temprana edad, o mejor, eliminar los obstáculos al pensamiento". Y propuso medios específicos para lograr esta meta, exhortando a la *Sociedad* a hallar otros, teniendo siempre en mente "la importancia que el razonamiento humano tiene en el bienestar de todos"[38].

---

[36] Rodríguez, *Vida...*, págs. 27-28, reproduce el sermón y describe su efecto.
[37] *Ibid.*, págs. 35-60.
[38] *Ídem*; citas libres de las palabras del Padre Varela, págs. 35 y 40.

La *Sociedad Patriótica* lo eligió a su más importante comité: la *Sección de Educación*. Varela instó a aquélla a auspiciar en el *San Carlos* un curso sobre las Ciencias y las Artes Fundamentales, que incluía matemáticas, arte, química, historia natural, botánica y anatomía. Participó en la labor de fundar escuelas primarias, tratando de mejorar la calidad del lenguaje vernáculo en la instrucción, redactó estudios críticos sobre la **Gramática Española** del Padre Laguardia y *los* **Elementos de la Lengua Española** de don Mariano Velázquez de la Cadena. Escribió una serie de selecciones de lectura para las escuelas elementales, que la *Sociedad* publicó y diseminó. Esta obra, cuyas numerosas ediciones pronto se agotaron, consistía en máximas y reflexiones sobre la conducta privada y la social. Contenía secciones sobre: la Prudencia, la Caridad, la Fortaleza de carácter, la Ira, la Venganza, la Tristeza, la Inquietud, la Alegría, la Beneficencia, la Modestia, la Desesperación y la Templanza, y su designio de conjunto era hacer un llamado a la moderación, al optimismo y al amor al prójimo. Estos breves ensayos eventualmente se incluyeron en el **Progressive Spanish Reader**, publicado en Nueva York por la editorial Appleton en 1856, bajo la autoría del Profesor Agustín José Morales, primo de Varela y miembro de la facultad de la "New York Free Academy", más tarde conocida como "The College of the City of New York" y ahora parte del sistema de la "City University of New York".

En diciembre de 1818, la *Real Sociedad Económica de Amigos del País* --en consideración a la cooperación de Félix Varela en sus actividades patrióticas-- lo nombró "Socio de Mérito". No fue necesaria la votación, pues la distinción fue concedida por aclamación.

Inexorablemente, el siervo de Dios pasaba a formar parte de la historia de su tierra natal y del tambaleante imperio español al cual pertenecía. En tres discursos fundamentales (1818 y 1819) esclareció para los cubanos los principios del gobierno justo y la realidad de su propia situación. El primero de estos discursos lo originó una muerte. Don José Pablo Valiente y Bravo, *Intendente* de La Habana en tiempos de Las Casas, murió en España en 1817. Durante su estancia en Cuba (1792-1799), Valiente había contribuido al progreso de la isla de Cuba, corrigiendo los abusos en las tasas de impuestos, en el servicio público y en la administración de justicia, construyendo muelles, estimulando el comercio, estabilizando la moneda, y apoyando instituciones educacionales y caritativas. Por sus benéficas actividades, la *Sociedad*

Patriótica lo había reconocido de manera especial, otorgándole, como lo haría después con Varela, su más preciado honor.

Al conocerse el fallecimiento de tan distinguido administrador, el Ayuntamiento de La Habana organizó, en conjunción con la Iglesia, un solemne acto religioso, en el cual Varela fue el orador principal. El *Panegírico* pronunciado por el sacerdote-filósofo en esta ocasión, el 10 de marzo de 1818[39], es considerado por muchos como su mejor pieza oratoria. En ella, encomiaba a este funcionario público digno de alabanza, resumiendo los servicios de Valiente a Cuba, primero, de *Intendente* y, después, como miembro del Consejo de Indias. El orador subrayó que Valiente era un hombre que había sacrificado sus propios intereses a los del pueblo. Él había guiado con prudencia la nave del estado a través de circunstancias delicadas, había promovido el comercio, la agricultura y las letras, y había representado los derechos de los habitantes de las colonias en las Cortes. Y cuando surgió la necesidad, al desmoronarse la monarquía española, se había enfrentado a los opresores "como Dión a Dionisio"[40]. En resumen, había sido un adalid de la paz, sabedor de que un hombre instruido no consigue nada usando la fuerza, que la comprensión es tan poderosa que, si no puede convencer, todo otro recurso resulta inútil.

"Un defensor del pueblo, un hombre sabio y culto". En esos términos resumió Varela las virtudes de Valiente, e implícitamente fijó un ideal para su propia carrera y la de la generación entonces ascendente de cubanos.

Varela podía loar al desaparecido *Intendente* con entusiasmo porque admiraba al hombre, se adhería a sus logros, y algún día emularía su oposición a la injusticia real. Al finalizar el año 1818, sin embargo, se le impuso una tarea menos atractiva cuando la *Real Sociedad* le encomendó pronunciar un discurso en alabanza del rey Fernando VII de España.

Era bien sabido que el monarca no podía ser considerado ejemplar, ni como rey ni como padre de familia. Y Félix Varela, con su alto concepto de la dignidad humana y de la moralidad, tenía necesariamente que desconfiar de él. Fernando había intrigado contra su propio padre con Napoleón, se había dejado capturar neciamente por los franceses

---

[39] Rodríguez, *Vida...*, págs. 53-61.
[40] Dión, siracusano y discípulo de Platón, desterró al tirano Dionisio el Joven de Siracusa, en la isla de Sicilia, *circa* 356 A.C.

mientras que España era entregada a José Bonaparte, había disuelto las primeras Cortes verdaderamente representativas, había abolido la única Constitución democrática de su imperio, y había conspirado con la Santa Alianza para suprimir la libertad de sus súbditos. Por otro lado, Fernando disfrutaba de cierta popularidad en Hispanoamérica, que había aplaudido su ascenso al trono tras el reinado vergonzoso de Carlos IV y la anarquía imperial de la era napoleónica.

Cuba, particularmente, tenía motivos para estar agradecida a Fernando VII[41]. Cada una de sus localidades estaba representada en las Cortes por un *procurador*, que fungía, a la vez, de confidente real y que a menudo conseguía privilegios para aquéllas. Uno de ellos era el habanero Francisco de Arango Parreño, quien asesoró a Fernando durante la violenta época de las sublevaciones de las colonias americanas sobre cómo mantener a la Perla de las Antillas leal a España[42]. El rey había exento al cubano Dr. O'Gaban de la persecución generalizada contra los Diputados a Cortes de 1812, y hasta le había concedido preferencia política y eclesiástica. En 1817, por decreto real, se abolió el monopolio del tabaco en la Isla. Al siguiente año, el rey hizo abrir los puertos de Cuba al comercio extranjero no español, eliminó los impuestos arancelarios del oro y la plata, y dictó medidas para fomentar el puerto de Matanzas. Pronto el primer barco de vapor, el "Neptuno", arribó a las costas cubanas, destinado a la travesía Matanzas-Habana[43]. De suma importancia, desde el punto de vista ideológico, fue el tratado del rey Fernando con Gran Bretaña, en 1817, para suprimir la trata de esclavos. Algunos cubanos, como Arango y Parreño, venían pidiendo desde 1790 que se mejorara el tratamiento de los negros. La medida para la supresión de tan nefasto comercio se le atribuía justamente a un cuarto de siglo de agitación desde La Habana. Aunque, por desgracia, dicho tráfico continuaría, de manera ilegal, por muchos años más.

Los directores de la *Sociedad Económica* veían en todo ello motivos para estar agradecidos a Fernando VII, cuya expresión podía redundar en futuros favores reales. En cuanto a Félix Varela, debería exponer la gratitud de aquéllos sin comprometer los ideales propios. Por

---

[41] Rodríguez, "Father Felix Varela, Vicar General...", pág. 469.

[42] Cfr. Andrés de Arango, ed., de las **Obras del Excmo. Señor D. Francisco de Arango y Parreño, *pássim*.** Francisco María de la Luz Arango y Parreño, abogado, nació y murió en La Habana (1765-1837).

[43] Hernández Travieso, *El Padre ..., op. cit.*, donde éste describe los beneficios dados a Cuba bajo Fernando VII, págs. 159-63. Véase también a Rodríguez, en **Vida...**, págs. 74-75.

consiguiente, el "elogio" que el clérigo-filósofo pronunció el 12 de diciembre de 1818, se refiere no tanto al monarca sino a Cuba. Era un cántico de amor a la nación isleña y a la riqueza con que la naturaleza la había dotado en su belleza, en el clima, en sus recursos naturales y en sus pobladores. Este iba a ser un tema favorito, profundamente sentido, de Varela, porque amaba a su tierra natal, y la encontraba tan hermosa que debería ser siempre feliz. Pero, las leyes, continuó diciendo, habían impedido a sus moradores disfrutar a plenitud de las bendiciones de la naturaleza. Ahora, "por fin, la voz de la libertad, de labios de un benefactor, se escucha por doquier. Siembren el tabaco, vendan de acuerdo con su juicio, pongan precio al producto del sudor de su frente, y sean los jueces del valor de su producción. La ley renuncia a un derecho que la desmerece. Bajo un bondadoso monarca no encuentran lugar ni la opresión ni el monopolio"[44]. Se le debe dar crédito al rey, añade Varela, por esta concesión, y también a Francisco de Arango y Parreño, el habanero, entonces en Madrid.

De modo magistral, Varela rindió tributo a Fernando, mientras que sugería a los cubanos el tratamiento que, en justicia, debían esperar de Madrid. El rey no podía ofenderse. Y, con esto, los cubanos recibían un mensaje de esperanza.

La muerte del progenitor de Fernando, que antes de abdicar reinara como Carlos IV, ocurrió a principios de 1819. Se encargó a Varela la elegía fúnebre en la Catedral de La Habana el 12 de mayo de 1819. Resultaba, todavía más, un deber delicado, porque todos reconocían que Carlos había sido un hombre débil y necio, una caricatura de monarca que había entregado sin oposición el país a Napoleón, un padre reñido con su hijo, un marido que condonaba el adulterio de su mujer y colmaba de honores al osado amante de ésta. Su reinado había sido desafortunado para España y para los españoles de las colonias. Pero, aún así, no se habla mal de un recién fallecido.

"No hago el elogio de un hombre, oro por un rey" --con estas palabras comenzó su oración fúnebre:

---

[44] Un panfleto manuscrito de esta homilía se encuentra en la "Biblioteca del Congreso" en los "Folios José Ignacio Rodríguez" (JIRP), Caja 16, bajo el nombre "Vidal Morales", con título "Memorias de la Real Sociedad de La Habana", N° 25. Elogio de S.M. el Sr. D. Fernando VII, contraído solamente a los beneficios que se ha dignado conceder a la isla de Cuba... leído en la Junta general del 12 de diciembre de 1818 por el Pbro. Don Félix Varela". Cfr. *Vida...*, págs. 76-77.

Ruego al Rey de Reyes, que tuvo a bien entregar el cetro a Carlos. Le pido que tenga piedad de Su siervo, y que le perdone sus flaquezas humanas. Como hombre, estuvo sujeto a muchas pruebas y miserias. Trató de continuar la política benevolente de Carlos III, su padre; pero la perfidia de los que lo rodeaban obstaculizó sus esfuerzos. Sin embargo, en veinte años logró mucho: estimuló la agricultura, las comunicaciones, la educación y las artes. De él digo lo que un sabio orador dijo del buen Germánico: 'Tenía un solo defecto, el de ser demasiado bueno para una corte tan corrupta'.

Ahora, por fin, continuaba el orador, las maldades que asfixiaban al rey han terminado para él. La vida le probó duramente. ¡Que el Padre de Misericordia le conceda la paz en la otra vida!"[45].

Se podría llorar con el Padre Varela por el inepto monarca fallecido. Culto, sagaz, elocuente, el panegirista era también un hombre compasivo. De pequeña estatura, se había plantado y mirado frente a frente al regidor del imperio español, viendo en él un ser humano frágil, plagado de problemas tan horribles que, en realidad, no resultaba él de talla superior a los que el Creador le encargara servir. La Habana se paralizó aquella mañana de mayo de 1819 en luctuoso sentimiento por un monarca nada amado. *El Padre Varela*, con consumada habilidad oratoria, había puesto de relieve al sufriente semejante a quien Dios vistiera de la púrpura real.

Si los españoles esperaban que Fernando madurara tras la muerte de su padre, estaban condenados al desengaño. De la metrópoli no se recibieron palabras de alabanza al nuevo rey, sólo de cólera por su tiranía egoísta y petulante. La Inquisición se restableció. Los constituyentes a las Cortes de Cádiz se podrían en prisión o conspiraban en el exilio. La educación, sospechosa de nutrir a los descontentos, languidecía por abandono calculado. Numerosas rebeliones se mofaban del poderío español en Latinoamérica. Las arcas del tesoro real estaban vacías. La Florida acababa de ser vendida a los EE.UU. por casi nada. El ejército, sin paga, se impacientaba, y la ciudadanía se quejaba por falta de pan, de justicia y de dignidad.

El alzamiento estalló en 1820. Los disidentes, capitaneados por el General Rafael del Riego, se apoderaron del caprichoso monarca. En marzo, lo obligaron a restaurar la Constitución de 1812. Se demandó que se reconvinieran las Cortes que Fernando había disuelto en 1814.

---

[45] Rodríguez, *op. cit.*, págs. 96-100.

La Habana reaccionó a las noticias con júbilo, sus líderes cívicos aguardaban esta eventualidad. A la distancia era posible esperar un gobierno representativo, aún bajo Fernando VII. La *Real Sociedad de Amigos del País* creyó pertinente que ahora la juventud aprendiera la ciencia de auto-gobernarse. El Obispo Espada y Landa estaba de acuerdo en que un curso sobre Derecho Constitucional se ofreciera en el *San Carlos*, y ordenó a Varela que se preparara a oposiciones a la cátedra. Este alegó que carecía de preparación en la materia, y que tenía otras responsabilidades previas. Pero la voluntad de Espada prevaleció.

Otra vez las oposiciones --había tres otros candidatos-- y de nuevo Félix Varela brindó ejemplar lección al público y al tribunal de catedráticos. Se le concedió un plazo de meses a fin de prepararse para la nueva cátedra, sin existir material o curriculum anteriores. El Obispo asignó a José Antonio Saco, el capacitado y devoto discípulo de Varela, algunos de sus deberes previos en el *San Carlos*.

Tras medio año de estudio intensivo, Varela presentó el libro requerido. Se titulaba *Observaciones sobre la constitución de la monarquía española*. Su curso sobre Economía política y Derecho Constitucional, el primero de su clase en Latinoamérica, se inauguró en el Aula Magna del *San Carlos* en enero de 1821. Se matricularon 193 estudiantes, y un grupo numeroso de oyentes trataba de seguir sus lecciones a través de las puertas y ventanas abiertas.

Según se describe en sus *Observaciones*, las metas políticas de Varela eran inteligibles, democráticas y pacíficas. En contraste con el clérigo revolucionario mejicano Miguel Hidalgo y Costilla, que consolidó un ejército de insurgentes alrededor del estandarte de Nuestra Señora de Guadalupe, Varela no abogaba, por entonces, ideas separatistas, ni nunca favoreció la rebelión armada. Opinaba, como había declarado a la *Real Sociedad* en 1817, que las ideas razonables, diseminadas de modo enérgico, podían triunfar sin necesidad de las armas.

El curso sobre la Constitución española, establecido por la *Sociedad Patriótica*, auspiciado por el Obispo Espada, y organizado y dictado por Varela, tenía como objetivo enseñar a los cubanos a participar en la arena política. "Yo llamaría esta cátedra", decía el Profesor Varela, "la de la libertad, la de los derechos del hombre, la de las garantías constitucionales... el basamento del gran edificio de nuestra felicidad que, por primera vez, ha reconciliado entre nosotros las leyes y la Filosofía, que ponen freno tanto al fanatismo como al despotismo"[46].

La soberanía y la libertad, dijo Varela, son los cimientos del sistema constitucional. Todo poder proviene del pueblo que, tras haber conferido parte de él al monarca para su propio bien, está obligado a obedecer las leyes. Pero hay ciertos derechos naturales inviolables que la persona no puede ceder, ni al rey ni a la mayoría en el poder, porque su pérdida lo convertiría en un esclavo. El poder queda limitado por esta división, ni el monarca ni las Cortes pueden infringir los derechos y las funciones que competen al pueblo y a los gobiernos municipales. El veto real no es ya absoluto. De este modo se salvaguarda la libertad.

No deben confundirse la soberanía y el gobierno, continuaba diciendo, porque éste es tan solo el que hace efectiva la voluntad del pueblo, donde aquélla reside. La igualdad, que es aliada de la libertad, es de tres clases: *natural* y *social*, que van acompañadas necesariamente de ciertas desigualdades, puesto que la naturaleza no ha hecho a todos los hombres iguales, y *legal*, que concede los mismos derechos a todos los hombres ante la ley, ya sean ricos o pobres, ignorantes o cultos, poderosos o no. La Constitución ha sido escrita para que todos los ciudadanos tengan representación, para que su voluntad se manifieste, y para que sus derechos sean protegidos. El bienestar de todo el pueblo español depende en gran parte de la disposición y eficiencia de los diputados y el monarca, quienes pueden ser separados del poder si fallan de manera obvia en el ejercicio de sus funciones.

Al oponerse al despotismo individual, Varela también advertía contra la tiranía de las masas. En contraste con el mecanicismo de Thomas Hobbes (1585-1679), quien enseñaba que el ser humano carecía de derechos independientes del Estado, Varela sostenía que la injusticia jamás podía justificarse porque la multitud estuviera a favor de ella. Y que la justicia no se obtenía solamente porque las leyes y el Estado así lo dispusieran. La justicia y los derechos individuales eran absolutos porque provenían de Dios y de la naturaleza del hombre, a ellos debían conformarse las leyes y el Estado, tanto en la monarquía como en la república. Para lograr esta justicia natural se requiere un esfuerzo

---

[46] Félix Varela, "Discurso Inaugural", en *Observaciones sobre la Constitución Política de la monarquía española* (Universidad de La Habana: 1944, basada en la edición de 1821, en La Habana), pág. 1.

supremo por mejorar la condición propia, lo mismo por parte del pueblo como de los líderes.

Si Varela, en sus ***Observaciones*** y sus conferencias sobre el gobierno puso altas las normas para los gobiernos constitucionales, también puso gran énfasis en la necesidad de cooperación entre los cubanos de todo nivel y de todas las clases. Como maestro de Filosofía y de Ciencias, había aconsejado que ellos dependieran de su propio razonamiento e intelecto. Ahora proponía un despertar de la concientización social para hacerlos ciudadanos responsables. Para citar a un historiador cubano de mediados del siglo XX:

> Si José de la Luz y Caballero dijo, justamente, de Félix Varela que él fue 'quien nos enseñó primero a pensar', igualmente fue Varela el primer intelectual de su época que advirtió a los intelectuales de su tiempo y de las futuras generaciones que no debían aislarse cínicamente en la torre de marfil de sus especulaciones literarias, artísticas o científicas. Al contrario, por ser intelectuales, tenían el deber superior de involucrarse en los problemas nacionales para iluminar y guiar a su gente, y, en ese sentido, Varela fue también el primero de nuestros intelectuales revolucionarios[47].

Para el filósofo del *San Carlos*, el mundo del intelecto había entrado de manera directa en la arena de la acción política. Y los seguidores de Félix Varela muy pronto exigirían que los guiara personalmente en la lucha por la clase de gobierno que él había soñado para ellos.

---

[47] *Ideario cubano*, pág. 7. Para un recuento de los movimientos políticos que experimentó España entre 1821 y 1826, véase págs. v-xviii y 1-34, Vol. I de Antonio Perala, ***Historia de la guerra civil.***

CAPÍTULO II

TRAZANDO EL CAMINO HACIA LA LIBERTAD

Félix Varela se despedía de su amada tierra natal. Sus compatriotas lo habían elegido Diputado a las Cortes españolas. Con el curso de Derecho Constitucional a medias, y con exigentes estudiantes, así como libros por escribir, no deseaba ser considerado candidato. Pero la orden venía del Obispo Espada. En este momento crucial de conflicto entre tiranía y gobierno representativo, la Isla necesitaba su liderazgo en Madrid.

Obedeciendo a su Obispo, Varela pasó los deberes profesorales a dos colegas: la cátedra de Constitución a Nicolás Manuel de Escobedo; y la de Filosofía a José Antonio Saco. El Obispo le proporcionó $2,500.00 para el viaje a España, suma que devolvió después[1].

Varela se despedía con tristeza de sus apiñados seguidores, de sus parientes en La Habana, de sus colegas en la *Sociedad Patriótica* y de su hermosa Isla:

> El amor de la Patria es una de la principales obligaciones de los españoles (Art. 6 de la Constitución política).
> Mi corazón juró este artículo antes que mis labios, escrito estaba en el gran libro de la naturaleza, y el género humano me lo había enseñado desde el momento en que puesto entre el número de los seres, oí sus voces. No hay sacrificios: honor, placer, es todo cuanto se renuncia en obsequio de la Patria. Hijo de la ilustre Habana, educado en ella, degeneraría de los sentimientos del más constante y generoso de los pueblos, si el temor a los peligros pudiera arrebatarme.

Su despedida tenía acentos de premonición. Sus palabras envolvían a sus bien amados coterráneos como si fuera la última vez:

> Ya sea que el árbitro de los destinos, separándome de los mortales, me prepare una mansión funesta en las inmensas olas, ya los tiranos para oprimir la España ejerzan todo su poder contra el augusto Congreso en que os habéis dignado colocarme, nada importa: un hijo de la libertad, un alma americana, desconoce el miedo. Mis conciudadanos, haciéndome el mayor de los honores, me habéis

---

[1] Las facturas y recibos se reproducen en "Páginas para la Historia de Cuba", de Francisco González del Valle.

impuesto la más grave de las obligaciones. Yo no seré feliz si no la desempeño. Entre tanto recibid mis votos[2].

Varela embarcó el 28 de abril de 1821 en la fragata "Purísima Concepción", capitaneada por Pedro Gorostiola. Llevaba consigo su violín, y como varios de los pasajeros eran miembros de su Sociedad Filarmónica, el viaje se amenizó con música. Tras recuperarse de un mareo inicial, el Padre tocó el violín, Fernando Adot la flauta, y Adolfo Quesada que, en el futuro tendría una brillante carrera musical, los acompañó al clavicordio. Varela entretuvo, asimismo, a los pasajeros recitando o improvisando décimas. Viajaban con él su amigo y discípulo, el seminarista Francisco Ruiz, y dos hijos de su tío Bartolomé Morales y Morales. Sus primos iban a visitar una tía en Sevilla. Uno de ellos, Buenaventura Morales, guardó un diario de la travesía marítima y del recorrido por tierra, *Diario de Viaje e Itinerario del Padre Varela*, que sería citado repetidamente por José Ignacio Rodríguez en su **Vida del Presbítero Don Félix Varela**.

También viajaban rumbo a España, otros dos Diputados: Tomás Gener y Bohígas (1787-1835), natural de Barcelona, que después de enriquecerse como abastecedor de mercancías, se había dedicado a la política en Matanzas, el importante puerto de la costa norte de Cuba, y el joven y erudito jurista Leonardo Santos Suárez. El Dr. Juan Bernardo O'Gaban y Guerra, veterano de las Cortes de 1812, había sido elegido igualmente, pero su elección fue anulada porque habían votado por él hombres de color. Un cuarto delegado, José de las Cuevas, representaba a Santiago de Cuba.

Dos navíos de guerra escoltaban al "Purísima Concepción" en su travesía por el Atlántico. En verdad, era una misión peligrosa. No eran nada los peligros del mar, desde las tormentas hasta los ataques de corsarios, comparados con la incertidumbre que amenazaba en España a los delegados. En aquel momento, el ejército rebelde comandado por Rafael del Riego mantenía bajo control al caprichoso monarca en *La Península* --como llamaban los cubanos a España-- forzándole a tolerar las Cortes. De alterarse el precario equilibrio, existía poca duda de que

---

[2] Félix Varela, "Despedida" de su Patria y compatriotas "para ir a ejercer el cargo de Diputado en las Cortes de 1822-1823". Se publicó en el **Diario del gobierno constitucional de La Habana**, el 18 de abril, 1821. La Universidad de La Habana reimprimió la "Despedida" en **Observaciones**, de Varela, edición de 1944, pág. 155.

Fernando desencadenaría su venganza. Ninguno de los Diputados, ni los de la Península ni los jóvenes de la isla de Cuba, escaparía de ella.

Mientras tanto, los habaneros de Félix Varela lamentarían la pérdida de su joven profeta, con su fe en el poder del raciocinio, su confianza en la bondad intrínseca del ser humano, sus consejos de servicio, control propio y mentalidad abierta. Ya se dejaba sentir un malestar: los comerciantes desconfiaban de los intelectuales, los peninsulares temían una revuelta de los criollos; y los negros se veían atrapados entre sus anhelos de libertad y el hábito de servil sumisión al blanco; entre el idealismo de los abolicionistas y el temor de los blancos a las pérdidas y las venganzas. Algunos dirigían ya su mirada hacia el sur y el oeste; donde la Gran Colombia y México habían declarado su independencia de España, y buscaban otras colonias por liberar. Pero Varela había echado su suerte con el gobierno constitucional, con las Cortes de Madrid, las cuales --esperaba él-- liberarían a su pueblo de la opresión política, así como él lo había liberado de la esclavitud intelectual.

En el *San Carlos*, la conferencia inicial de Saco en el curso originado por su maestro tenía un plan general similar al de Varela; pero su retórica era menos moderada:

> Postrados ante las sombras de Kepler y de Newton, veremos caer la venda fatal con la que los impostores, los mentirosos, los falsos intérpretes de la divinidad, han cubierto los ojos de la multitud de los creyentes. Veremos desaparecer las sombras y las apariencias que se nos han impuesto como la verdad. Entonces, y sólo entonces, el hombre comenzará a ser lo que era cuando salió de las manos de la naturaleza... ya no habrá maestros ni discípulos; ni sabios ni ignorantes; ni ricos ni pobres, sino hijos de la naturaleza. Hijos todos de la ilustre América, somos iguales. No existe otra distinción sino aquélla que proviene del mérito individual y de la virtud[3].

El Padre Varela hubiera corregido aquel exabrupto rousseauniano de no haber estado a 3,000 millas de distancia.

El menudo y joven clérigo de La Habana (todavía no había cumplido 33 años), con la sonrisa luminosa y los grandes ojos pardos y miopes, pronto se sintió en su casa en la tierra de sus antepasados. Los líderes liberales acogieron con entusiasmo al dinámico pensador de Ultramar. Hizo contactos en Cádiz y en Sevilla, continuando hacia la metrópolis,

---

[3] ***Obras de Don José Antonio Saco***, por "Un paisano del autor" (Nueva York: Lockwood, 1853) Vol. II, pág. 417.

Madrid. Allí se relacionó con sus colegas Diputados y con lo mejor de la intelectualidad europea. Y publicó una segunda edición revisada de su *Miscelánea Filosófica*. Al reunirse las Cortes, el primero de octubre de 1822, sus ideas eran bien conocidas y su talento apreciado.

Se nos informa por un colega en las Cortes que el ardiente fervor con que defendía sus convicciones, lo razonable y justo de sus propuestas, la caridad de su enfoque, pronto le distinguieron de entre los demás. Defendió y presentó informes sobre una amplia variedad de temas: el caos e impotencia reinante en España, su poderío naval, el gobierno militar, los conspiradores contra el gobierno constitucional, los prisioneros políticos, la exención del servicio militar a los habitantes de las provincias, las reglas del clero, el gobierno de las provincias de Ultramar, la independencia de las colonias de América, y la abolición de la esclavitud[4].

Existía una urgente necesidad de que las Cortes adoptaran una nueva política hacia las provincias ultramarinas todavía incorporadas a la Madre Patria. Si España iba a estar ahora bajo una monarquía constitucional, el poder autocrático de los gobernadores coloniales, hasta entonces únicamente responsables al rey, tendría que limitarse. No bastaba conque sus ciudadanos estuvieran representados en Madrid, era igualmente necesario que lo fueran en los gobiernos locales. El 15 de diciembre de 1822, Félix Varela y dos de sus colegas sometieron a las Cortes una petición para que una Comisión ad hoc preparara un proyecto de reforma política y económica de los gobiernos provinciales. Varela, junto con Leonardo Santos Suárez, fue nombrado a ella. Y en febrero de 1823 presentó un plan de autonomía virtual para Cuba y otras posesiones allende la mar, que contenía muchos de los principios más tarde citados por Gran Bretaña al conceder gobierno autónomo a sus dominios. El reporte recibió el apoyo favorable de la Comisión, que recomendó su adopción por las Cortes.

Varela previó funestos resultados para España si la justicia no se extendiera a las Colonias:

> Es preciso desengañarnos: mientras los empleos de América sólo sean un objeto de especulación; mientras los moradores de aquellos países sólo vean en los agentes del gobierno a unos aventureros que van a hacer su fortuna en corto tiempo, sin cuidar mucho de los medios que

---

[4] Enrique Gay Calbó, "El Padre Varela en las Cortes Españolas de 1822 y 1823". Universidad de La Habana, 1937, pág. 114.

emplean ni de la opinión de un pueblo a quien piensan dar un adiós eterno, y cuyos clamores nada temen, pues llegan debilitados a los oídos del gobierno, y se confunden por la inmensa turba de protectores que siempre encuentran por desgracia todos los perversos; mientras estos gravísimos males no tengan otro remedio que el triste sufrimiento, conducirán a la desesperación, será imposible afianzar la tranquilidad, remover las quejas y estrechar los vínculos amistosos entre unos y otros países...[5].

El plan de Varela para el gobierno de las Colonias de Ultramar era, en realidad, una Constitución con un preámbulo y 189 artículos, que trataban sobre: 1) la organización, los poderes y las responsabilidades de los gobiernos municipales, 2) la organización, los derechos y los deberes de las diputaciones provinciales, y 3) la selección y las funciones de los gobernadores y demás funcionarios. Los Diputados electos tendrían poder de suspender, en sus lugares de origen, la implementación de las leyes votadas por las Cortes que consideraran perjudiciales a sus compatriotas. Muy a menudo, comentaba Varela, las leyes que parecían justas en Madrid resultaban diluidas al cruzar el Atlántico. "Los delegados", recomendaba, "podrían también suspender a un Gobernador General, negligente en sus deberes para con los gobernados".

El *Proyecto* de Varela para un Gobierno Colonial Autónomo, a pesar de cierto parecido con un Memorial que su maestro José Agustín Caballero había preparado para las Cortes de Cádiz, era infinitamente más detallado, y demostraba como los principios de gobierno autónomo se podrían poner en práctica, y proporcionaba razones de peso para su adopción.

El ***Diario de la Habana*** reportó en el verano de 1823, los debates en las Cortes del *Proyecto* de Varela, solidarizándose con él y denunciando a sus opositores.[6] Muchos reputados de liberales en España, entre ellos, el "divino Argüelles", demostraron ser reaccionarios en cuanto a los problemas americanos. Sin embargo, el informe de la Comisión sobre Gobierno Colonial fue aceptado, artículo tras artículo; y podría haber ganado aprobación final si las mismas Cortes no hubieran llegado súbitamente a un fin nada glorioso. Por más de un siglo, las propuestas

---

[5] Para el texto del "Proyecto" de Varela, véanse sus ***Observaciones sobre la Constitución Política de la monarquía española*** (La Habana: Universidad, 1944), págs. 181-87.

[6] José M. Chacón y Calvo, "El Padre Varela y la Autonomía Colonial" (La Habana: Dirección de Cultura, 1935), págs. 457-59.

de Varela para la autonomía habían de permanecer ignoradas en los Archivos de Indias, hasta que los intelectuales de una Cuba independiente, en honor de su pionero filósofo social, las publicaron.

Un segundo reporte que Varela redactó para la **Comisión de Ultramar** contenía recomendaciones para la independencia de las Colonias en América. No se puso de parte de los que agitaban por el rompimiento de Cuba con la Madre Patria, sino que condenó sistemáticamente la rebelión armada, por creer, como verdadero soldado de Cristo, que las mejores armas eran las del espíritu. Por otro lado, reconocía el hecho de que la mayor parte del imperio español, en el continente americano, estaba irremediablemente perdido. Y, además, que España estaba muy debilitada militar, política y moralmente para reconquistar los territorios que se habían declarado independientes de la Corona. Propuso, por tanto, que se invitara a las nuevas Repúblicas hispanoamericanas a enviar delegados para reunirse, en territorio neutral, con representantes de España, los cuales estarían autorizados a debatir cualesquiera medidas, sin excluir el reconocimiento de la independencia. Los países de habla hispana añadirían a los vínculos del idioma, la historia común y la cultura --que no era posible desvincular-- tratados de amistad para su progreso económico y mejoramiento mutuo. Una vez más, Varela se anticipaba a su tiempo, vislumbrando para España y sus antiguas Colonias una relación semejante a la que se forjara, en nuestra era, con la Mancomunidad Británica de Naciones.

Los insurrectos de América, declaró Varela a sus colegas españoles, anhelan desposarse con la Libertad. Tienen la ventaja de la inmensidad de sus territorios y de poder reclutar numerosos soldados. Si se les sometiera por la fuerza, a un enorme costo y esfuerzo, se liberarían tan pronto como se retirara el ejército invasor. Tienen poco que temer de vosotros como opresores; pero mucho que esperar si os tienen de amigos y aliados. O, mejor aún, de hermanos[7].

A las razonables propuestas de Félix Varela de que Su Majestad graciosamente reconociera los gobiernos de facto de las Colonias, los liberales constitucionales, liderados por Agustín Argüelles, declararon que era "impropio para España el hablar de independencia". Las Cortes rehusaron votar sobre ello.

---

[7] Gay Calbó, "Las Cortes", *op. cit.* págs. 122-24.

El tercer proyecto legislativo de importancia durante el año de Varela en las Cortes se relacionaba con la abolición de la esclavitud. Era un asunto que sentía a fondo porque, durante su niñez en San Agustín, su conciencia se había rebelado contra el mercado de esclavos en la plaza frente a la iglesia. Los cristianos estaban lejos de la unanimidad en la condenación de la esclavitud. Hasta en los EE.UU. republicanos, justo antes de la Guerra Civil, había ministros del culto, tanto católicos como protestantes, que la defendían con fundamentos morales y bíblicos. En Hispanoamérica, donde el racismo era menos profundo que en las colonias británicas, el clero conservador tendía a inclinarse del lado de los hacendados ricos, para quienes el poseer esclavos era tan necesario como para los dueños de plantaciones de las Carolinas y de Virginia. Pero siempre se había sentido en las Colonias españolas, desde los tiempos del Obispo Las Casas, contemporáneo de los *conquistadores*[8], un murmullo de protesta religiosa contra la subyugación de un ser humano por otro. El Padre Félix Varela se hizo oír como exponente de este concepto católico latente, durante las Cortes de 1822-1823.

Los habitantes de la Isla estaban divididos en cuanto al concepto de la esclavitud. Según Rodríguez, los habaneros abogaban desde 1790 en la corte de Madrid por la supresión de la trata de negros esclavos, alegando que este tráfico, auspiciado por el gobierno, era injusto a los seres humanos y dañaba la economía fundamental de Cuba[9]. Se atribuía al procurador de La Habana, Francisco de Arango y Parreño, el haber inducido a Fernando VII a firmar un tratado con Inglaterra en 1817 eliminando la trata. Sin embargo, cuando los Diputados a las Cortes de Cádiz presentaron planes para la abolición en 1811, hubo protestas en la Colonia. Por aquel entonces, la caña de azúcar era el producto agrícola principal, y se necesitaba mano de obra barata para sembrarla y cosecharla. Además, la población de esclavos había aumentado tan considerablemente, durante las dos décadas previas, que los españoles y los criollos, mutuamente recelosos, temían los efectos de la liberación. Mientras tanto, los idealistas cristianos del *San Carlos*, y los intelectuales

---

[8] El Padre Las Casas, nació alrededor de 1474 en Sevilla y murió en 1566. Su padre, Francisco, navegó con Colón en su segundo viaje. Bartolomé vino a Cuba en 1502, fue ordenado sacerdote dominico en 1510, y pronto comenzó una campaña de toda una vida para mejorar el tratamiento de los indios y, después, de los negros de las Américas.
[9] José Ignacio Rodríguez, **Vida del Presbítero don Félix Varela** (Nueva York: Imprenta de "O Novo Mundo", primera edición, 1878), pág. 48.

humanitarios de la *Sociedad Económica* continuaban su campaña contra esta injusticia.

Para Varela, representante de lo mejor del pensamiento de su país en las Cortes, no había término medio en la cuestión de la esclavitud. Era intrínsecamente inhumana y perjudicaba la convivencia social en su Patria. Cuba, declaraba, estaba destinada de origen a la grandeza; pero la existencia de la esclavitud se oponía a su realización. Los habitantes, decía, miraban con horror la esclavitud de los africanos, que se veían obligados a tolerar. La libertad de los negros coincidía con el mejor interés de sus propietarios y la seguridad pública, empero la ley, la única que podía rectificar este mal, lo intensificaba en cambio. La agricultura y los demás oficios habían llegado a depender casi todos de la mano de obra esclava, eliminando a los obreros libres de la economía insular. De rebelarse los esclavos demandando por la fuerza los derechos que les habían sido negados por la ley, su número sería tan preponderante que sería imposible ofrecer resistencia. "Los blancos de la isla de Cuba no cesan de felicitarse por haber acabado con el antiguo despotismo, recuperando los derechos sagrados de los hombres libres. Y, ¿esperan ellos que los nativos de África sean apacibles espectadores de ese júbilo? ¡La furia y la desesperación les fuerzan a buscar las alternativas de libertad o muerte!"

"No nos engañemos", continuaba la *Memoria* de Varela a las Cortes. "La Constitución, la libertad, la igualdad son sinónimos. Y sus solos nombres repudian la esclavitud y la desigualdad de derechos. En vano tratamos de reconciliar estas contradicciones"[10].

Habiendo demostrado sus razones para pedir la abolición, Varela demostró entonces, mediante un minucioso plan, cómo se podría lograr sin violar los intereses de los propietarios y sin afectar la economía. El último censo (1817) indicaba una población blanca de 315,000, y de 240,000 negros, de los cuales más de la mitad eran esclavos. Con una importación anual de 25,000 africanos desde entonces, la proporción era ahora aproximadamente de uno a uno. Más que a otra cosa, los blancos temían la sangrienta represalia que había seguido a la ascensión política de los negros en la vecina Haití. Teniendo en cuenta los intereses de unos y el bienestar de todos, el plan de Varela no sólo abogaba por la abolición de la trata de esclavos, sino que proveía un reembolso a los propietarios, la partición de los grandes latifundios azucareros, la

---

[10] Extractado por Gay Calbó de la *Memoria* de Varela en "Las Cortes", págs. 118-19.

diversificación de la economía rural, y la gradual asimilación de los esclavos a la comunidad de hombres libres. Los historiadores cubanos han subrayado que su país podría haberse evitado mucho pesar si se hubiese adoptado el plan de Varela:

> El Padre Varela, Diputado cubano a Cortes, muchos años antes de que las ideas abolicionistas triunfaran en los EE.UU., concibió, hasta el menor detalle, la emancipación de los esclavos en Cuba... Ni Francia, ni Inglaterra, y todavía menos los EE.UU., a pesar de estar bien informados del curso de los acontecimientos en las Cortes españolas, se manifestaron en favor de ayudar a los delegados cubanos en sus esfuerzos por hacer desaparecer en Cuba la práctica de la esclavitud, que España perpetuaría por otros dos tercios de siglo...
>
> Las consecuencias de la abolición en 1822 hubieran tenido extraordinaria importancia en Cuba; no sólo porque la misma habría asestado un golpe mortal al desarrollo gigantesco de la industria azucarera en curso entonces, sino porque habría forzado la división y subdivisión de la tierra cultivable, estableciendo sobre una base sólida una numerosa población rural que cultivase lo necesario para su subsistencia, como el proyecto del Padre Varela proveía. Y, al mismo tiempo, habría redistribuido la riqueza nacional mientras evitaba su concentración en pocas manos. En suma, la reforma habría revolucionado la economía cubana al redimir socialmente a trescientos mil negros esclavos y habría producido una integración igualitaria de la población de Cuba, sin la necesidad de una inmigración de medio millón más de africanos que fueron arribando hasta 1871[11].

Pero lo turbulento de esa época impidió que el proyecto de Varela se discutiera en las Cortes. De 1827 a 1841, más de 300 cargamentos de esclavos llegaron a los puertos de la Isla. Para 1846, más de la mitad de los 950,000 habitantes eran de color; con la proporción ascendiendo constantemente, según iba llegando un mayor número de barcos negreros, y la inmigración de blancos iba disminuyendo. De aquí que el problema de la abolición se volviera cada vez más complejo. Y, aunque algunos patriotas bien intencionados seguían coincidiendo con la posición de Varela, de que la abolición era absolutamente necesaria, no fue hasta 1886 que la esclavitud desapareció legalmente de Cuba.

La prolongada confusión que la Revolución Francesa y las legiones de Napoleón habían sembrado por toda Europa dio nueva vida a la Santa

---

[11] Herminio Portell Vilá, *Historia de Cuba, en sus relaciones con los Estados Unidos y España,* "1512-1853" (La Habana: Montero, 1938-41) Vol. I, pág. 208.

Alianza, que prometió apoyar la restauración borbónica en los tronos de Francia, España y Nápoles, así como reprimir cualquier renovada agitación por derechos republicanos. Ahora, el monarca español Fernando VII se encontraba virtualmente prisionero de las mismas Cortes que se había visto forzado a convocar. Pero mientras aparentaba cooperar con las Cortes, Fernando enviaba mensajes angustiados a sus "santos aliados", que se habían unido al efecto de mantener una Europa pacificada para siempre bajo los tratados del Congreso de Viena.

En su reunión de Verona, los delegados de Prusia, Rusia, Austria y Francia decidieron que era necesario extirpar el republicanismo español. A comienzos de 1823, un ejército francés de primera clase descendió del norte. Las provincias septentrionales de España recibieron a los invasores como liberadores de la amenaza de los infieles. En poco tiempo, los franceses se acercaron a Madrid y los Diputados a Cortes, sumergidos en la discusión cláusula por cláusula del artículo 156 del *Proyecto de Autonomía Colonial* de Varela, recogieron sus bártulos y huyeron a Sevilla, llevando al rey Fernando con ellos. Fue entonces que se eligió a Tomás Gener, de Matanzas, presidente de las Cortes.

En medio de la mayor agitación, con los representantes del pueblo empeñados en formular mediante debates y decisiones libres la política del Estado --que los cañones de la reacción que los rodeaban pronto destruirían--, Félix Varela escuchó la lectura en las Cortes, el 26 de junio de 1823, de un documento "que históricamente constituye el primer manifiesto de la rebelión de la juventud cubana"[12]. Sus discípulos del curso de Constitución habían escrito a las Cortes alabando su sabiduría y su entusiasmo por la libertad, prometiendo eterna lealtad a la Constitución, repudio de la tiranía, y su apoyo a los que arriesgaban ser calumniados y perseguidos por su consagración a los principios de justicia. "Legisladores inmortales", concluía el mensaje, "reciban ahora la sincera expresión de gratitud y el caluroso afecto de ciertos ciudadanos que, aunque tristemente distantes del escenario de tan notables acontecimientos políticos, desean en sus corazones nada más que la felicidad de la nación, su independencia y su libertad". Estaba refrendado con 43 firmas. Entre ellas, las de futuras luminarias como Domingo Delmonte, Bernardo de Echavarría y O'Gaban, Fernando de

---

[12] Antonio Hernández Travieso, *El Padre Varela,... Biografía del Forjador de la Conciencia cubana* (Miami: Ediciones Universal, segunda edición, 1984), pág. 267. La carta se reproduce de *El revisor político y literario* (La Habana, 14 de abril de 1823).

Castro, José de Bulnes, Juan Francisco Rodríguez, Francisco de Sentmanat, Anacleto Bermúdez, José Duque de Heredia y José de la Luz y Caballero. También se adherían a él varios clérigos y un alférez del regimiento de La Habana. En los tenebrosos días que se aproximaban, este testimonio de apoyo por parte de sus discípulos cubanos había de levantar la moral de Félix Varela.

Algunos Generales desertaban ya de la causa patriótica, de los primeros entre ellos, Enrique O'Donnell, hermano del nefasto Leopoldo, que sería el azote de Cuba. Villas y pueblos aceptaban pasivamente, o con fingidos clamores, las fuerzas extranjeras de apoyo al monarca. Los franceses continuaron su campaña hacia el sur de la Península. En tanto, las Cortes y el rey se desplazaron de nuevo previendo un enfrentamiento final en Cádiz.

Era principio cardinal de la filosofía social católica, enunciada en el siglo XVII por el español Suárez y por el italiano San Roberto Belarmino (1542-1621), y reafirmado por Varela para su centuria, que el monarca que no servía a su pueblo podía ser destronado. Las Cortes de 1823 habían declarado al rey Fernando inepto, carente de patriotismo y, en general, incapaz de regir, y votaron su deposición e instituir una regencia hasta que se hallara un sucesor adecuado. Junto con la mayoría de los Diputados, los tres delegados cubanos, Varela, Gener y Santos Suárez, se sumaron a los proponentes de esta resolución[13].

Apenas se había producido este voto, las tropas francesas dispersaron las fuerzas del movimiento de Riego, sitiando Cádiz por tierra, y atacando por mar. Félix Varela ha dejado constancia de la precipitada deserción de los Generales y la fuga de los Diputados españoles[14]. Argüelles y varios compañeros se refugiaron en Inglaterra. Otros huyeron a Italia sin encontrar refugio allí. Fernando VII, restaurado a su despótico trono por los franceses, tomó temible represalia. El desventurado Riego fue ahorcado, y su cuerpo desmembrado para exhibirlo en cinco ciudades que habían simpatizado con la revuelta. El rey anuló en seguida la Constitución, disolvió las Cortes, y proscribió a todos los Diputados que habían votado por la Regencia. Los sospechosos de ser liberales fueron recogidos y ejecutados sumariamente. Solamente en Barcelona, hubo más de 1,000 víctimas. Francia y Rusia, aunque eran

---

[13] Antonio Hernández Travieso, ***Varela y la reforma filosófica en Cuba*** (La Habana: 1942), pág. 120.
[14] Gay Calbó, "Las Cortes", *op. cit.*, pág. 125

aliadas de Fernando, protestaron contra el inexcusable derramamiento de sangre.

Varela escapó de Cádiz por la noche en una pequeña embarcación, bajo el fuego de un navío de guerra francés. Gener, Santos Suárez y el Padre huyeron a Gibraltar. Allí examinaron su situación. En ninguna parte del continente europeo podrían estar a salvo de los agentes de la reacción. Se veían impedidos de regresar a Cuba, porque la desdichada Isla, con el vengativo Fernando gobernando, no podía esperar clemencia. Varela en particular, porque había encabezado la lucha por la autonomía de Cuba, el reconocimiento de las repúblicas sudamericanas y la abolición de la esclavitud, sería blanco de la venganza real dondequiera que la Santa Alianza ejerciera dominio. Pero en los Estados Unidos de América, ahora en su cuarta década como nación dedicada a la libertad y dignidad humanas, los cubanos que habían arriesgado su cabeza por aquellos principios podían esperar una cordial acogida.

Estaba decidido. Pobres, desilusionados, tildados de traidores, los tres Diputados embarcaron para Norteamérica. Cruzaron el frígido Atlántico en un buque mercante, el *"Draper C. Thorndike"*, que llevaba carga de sal y almendras. Arribaron a Nueva York el 15 de diciembre de 1823, en medio de una ventisca.

Mientras efectuaban la travesía, el Presidente James Monroe, instigado por el inglés Canning, había proclamado en el Congreso la "Doctrina Monroe", advirtiendo a los aliados de España que se mantuvieran alejados del otrora vasto imperio español: "No podemos menos que reconocer cualquier interferencia para oprimirlas (las Repúblicas hispanoamericanas) o para controlar de algún modo su destino por una potencia europea, sino como la manifestación de una intención adversa a los Estados Unidos"[15]. Así, Cuba y sus hermanas latinoamericanas pasaban casi de inmediato de la órbita europea a la de su pujante vecino del Norte. La primera traducción al español de la "Doctrina Monroe", hecha por el cubano Mariano Cubí y Soler apenas dos semanas después de su proclamación, se le remitió desde Baltimore al Presidente Monroe el mismo día que Varela y sus compañeros llegaban a Nueva York[16]. Aquel 15 de diciembre, en Manhattan, los tres refugiados del soleado Caribe avanzaron por entre la

---

[15] Mensaje anual al Congreso, 2 de diciembre 1823; ***U.S. Congress Debates and proceedings, 18 Cong., Sess. 1, Dec. 1, 1823-May 27, 1824***, Vol. I, págs. 11-19.
[16] Portell Vilá, ***Historia de Cuba... op. cit.***, Vol. I, págs. 240-41.

nieve y el hielo hasta la oficina de "Goodhue & Waters", comisionistas de víveres, en la calle South, cerca de Battery Place. Cuando Jonathan Goodhue quedó impuesto de su identidad, llamó a su amanuense, Cristóbal Madan, que había sido un discípulo favorito de Varela en el *San Carlos*. El joven, ahora de diecisiete años, abrazó con afecto y entusiasmo a su antiguo maestro. Cristobalito condujo a los viajeros a una pensión, convirtiéndose en intérprete, guía y patrocinador de Félix Varela, que podía leer el inglés pero no hablarlo.

Existía una comunidad hispano hablante bastante numerosa envuelta en el comercio en Nueva York: comerciantes, banqueros, viajeros, exiliados políticos. Para honrar a los recién llegados Diputados a las Cortes, se propuso un banquete testimonial. Varela y sus colegas agradecieron el honor, pero no lo aceptaron. No era, a su manera de pensar, ocasión de regocijo.

Tenía Varela entonces treinta y cinco años. Era sacerdote, filósofo, educador, orador, jurista, y había demostrado su capacidad en dichas actividades. Hasta el momento, había sido favorecido por la Fortuna: bendecido en su tierra natal, en su familia, en el abundante talento, en éxitos, en oportunidades de rendir servicios, y en la estimación y el amor de aquéllos cuyas vidas había tocado. Ahora, cuando podía ser más fecundo, se le había arrebatado todo. Se sentía un extraño en tierra ajena, exiliado de su querida Patria, que la naturaleza había dotado para ser feliz, y su raída sotana era incapaz de proteger de los vientos helados a su cuerpo asmático y nervioso.

Se enfrentaba a una estadía indefinida en un país cuyo idioma no hablaba; cuyo clima le helaba hasta la médula; cuya gente miraba de reojo a los extranjeros de tez morena que no hablaban su lengua. Tendría que aprenderla. Tendría que hallar cómo subsistir físicamente, así como la manera de dar expresión a su energía intelectual.

Su estancia en Madrid había madurado su entendimiento y enturbiado su espíritu. Había ido a España con afectuoso respeto por la tierra que había engendrado a su valiente padre, a su abuelo don Bartolomé y a sus predecesores en el pensamiento: Suárez y Vitoria, Martínez y Feijóo. La tierra que había brindado asilo a los O'Reilly y los O'Donnell, que había votado la Constitución de 1812, y que había enviado a Cuba a Las Casas de Gobernador y a Espada de Obispo. Un año en las Cortes le había curado del sentimentalismo juvenil. Ahora percibía a España como una nación que se desintegraba, poco dotada para ser imperio: su rey era un débil traidor, sus alabados liberales pusilánimes e insignificantes, sus intelectuales convirtiéndose en leyenda. El juicio crítico de José Miguel Guardia, expuesto en la *Revue philosophique de la France et de L'Etranger* a finales de siglo, era que España, tras la muerte de Jovellanos en 1811, tenía sólo dos grandes pensadores: los cubanos Varela y Luz y Caballero. La filosofía, dijo, había arraigado en Cuba, pero no podía asentarse en España. Los dos eminentes cubanos no debían nada ni a la Madre Patria ni a Latinoamérica. "Les sociétés qui produissent de tels hommes ne sauraient périr", concluía[17].

"España", escribió el agudo Varela, "es ya un cadáver"[18].

El expatriado tenía dos intereses esenciales: su Fe y su Patria. Era sacerdote de la Iglesia universal. La Diócesis de Nueva York, entonces bajo su primer Obispo residente, el irlandés John Connolly, era misionera. En toda la ciudad no había sino dos iglesias católicas pequeñas, la antigua *Catedral de Saint Patrick* en la calle Mott, y la capilla pionera de *Saint Peter* en la calle Barclay, que medía 48 por 80 pies cuadrados. Sus 25,000 feligreses, apenas sobreviviendo en un ambiente anglo-protestante, eran guiados por un puñado siempre cambiante de sacerdotes que eran misioneros de tierras distantes, desarraigados, inquietos, osados en el hablar, y con un líder sin mitra episcopal: el aguerrido John Power, discípulo de Maynooth y el predilecto de la grey irlandesa de *Saint Peter*. El Obispo Connolly necesitaba manos consagradas y leales; pero desconfiaba de las ideas progresistas y la acción política en que estaba envuelto Varela. Antes de invitarlo a ejercer funciones sacerdotales, Connolly requirió de aquél credenciales.

En Cuba, el Obispo Espada libraba su propia batalla. El reformador social había caído en desgracia entre los virreyes reaccionarios que nombrara Fernando. La Iglesia sospechaba de él por su firme apoyo al nuevo pensamiento en el *San Carlos*. Alegando vejez y salud precaria, rogó que se le relevara del cargo, que se permitiera a O'Gaban, su mano

---

[17] Joseph M. Guardia, "Filósofos Españoles de Cuba: Félix Varela y José de la Luz", *Revista Cubana*, Nº 15 (1892), pág. 183. Gaspar Melchor de Jovellanos, nació en Asturias en 1744, autor, jurista, ministro bajo Godoy; falleció en el exilio huyendo del ejército invasor francés.

[18] De Varela a Joel R. Poinsett, desde Nueva York el 27 de enero de 1825, en "Joel R. Poinsett Papers", Sociedad Histórica de Pennsylvania. Citado también por Portell Vilá en "Sobre el Ideario Político del Padre Varela", *Revista Cubana*, pág. 256.

derecha, asumir las riendas. Pero Madrid recordaba a O'Gaban de Diputado a Cortes en 1812, como partidario de Locke, de Condillac y de Pestalozzi, y como enemigo del Santo Oficio de la Inquisición. Por tanto, el Obispo Coadjutor de La Habana fue llamado a España. Se le ofreció otro obispado allí, donde podía vigilársele y mantenérsele bajo control. O una sede arzobispal en las Antillas, donde podía pedírsele que respondiera por Espada. O'Gaban, con más prudencia que humildad, no aceptó aquellos dudosos honores, mientras que el Obispo Espada proseguía sus labores en medio de problemas más urgentes que la acreditación de su protegido Varela. Félix Varela, mientras tanto, no esperaba ocioso. Madan y los cubanos de Nueva York tenían para él un proyecto estimulante. Su Isla natal prosperaba comercialmente gracias a las concesiones al tráfico mercantil que Arango y Parreño había conseguido del rey Fernando. Pero ideológicamente, se encaraba a la desolación. A dos débiles administradores, Nicolás Mahy y Sebastián Kindelán, había sucedido, en 1823, el General Francisco Dionisio Vives, capaz, untuoso, bajo orden de convertir la Perla de las Antillas en una fortaleza que protegiera a la Colonia de ataques externos y de insurrección interna. Vives había ejercido de Embajador de España en Washington, y el puritano Secretario de Estado de Monroe, John Quincy Adams, lo describió como "uno de los hombres más rectos y honorables con quienes he tenido la suerte de estar en contacto político". Muchos nacionalistas cubanos que le conocían más de cerca lo describían como "un militar despiadado, inmoral y cínico"[19].

El nuevo Gobernador descubrió la conspiración de un grupo masónico, "*Los Soles y Rayos de Bolívar*", así llamada porque invitaba a Simón Bolívar a invadir la Isla y anexarla a la tripartita Gran Colombia. Vives se aprovechó de este pretexto para eliminar los últimos vestigios de libertad en Cuba. Se suprimió el curso de Derecho Constitucional ofrecido en el *Seminario*. José Antonio Saco, que postulaba las ideas de su maestro desde la cátedra de Filosofía en el *San Carlos*, tuvo que huir, dejando su puesto a otro discípulo de Varela, más profundo que Saco; pero menos militante, José de la Luz y Caballero. El poeta José María de Heredia y Campuzano también prefirió el exilio, perdiendo Cuba su voz lírica más vibrante en este joven revolucionario. Los intelectuales jóvenes y activos de la Isla, su esperanza de desarrollo y de gloria, tenían

---

[19] Portell Vilá, *op. cit.*, pág.231. La cita de Adams la tomó Portell Vilá de una carta de Adams a Channing desde Quincy, el 11 de agosto, 1837; publicada en el *New York Herald Tribune*, el 22 de agosto, 1933.

que abandonarla o perecer. Ya estaban en Nueva York como fugitivos algunos amigos y discípulos de Varela, Francisco García, Gaspar Betancourt Cisneros y los poetas José María Heredia y José Teurbe Tolón, así como Francisco Sentmanat, un poeta que había suscrito la carta a las Cortes y conspiraba para anexar Cuba a México. Poco tiempo después, llegó José Antonio Saco.

Varela observó que, interpretando cada cual el mensaje del maestro a su manera, sus discípulos fragmentaban los esfuerzos, y se encaminaban en algunos casos hacia la destrucción. Su autoridad moral permanecía sobresaliente para ellos. La Habana podía no escuchar su voz pero sí leer sus palabras. Mientras se resolvía el asunto de su situación clerical en Nueva York, él se dedicaba por completo a los problemas de Cuba.

En aquel tiempo, Filadelfia era considerada la "Atenas de Norteamérica", su centro de vida literaria y científica, así como de la política liberal. También era el cuartel general de una organización secreta y activa de francmasones, cuyos agentes fomentaban agitación pro-republicana, anti-española y, con frecuencia, anticatólica en México, Centroamérica, las Antillas y Suramérica. Los masones de la ciudad de los Cuáqueros dirigían mucha de su atención a Cuba. Con suficiente éxito, alegaban los conservadores de La Habana, como para influir hasta al Obispo Espada. Varela, que había sufrido de asma y tos tuberculosa durante los primeros meses invernales en Nueva York, cambió su residencia a Filadelfia, ya fuera para recuperar la salud o en busca de un clima intelectual más a su gusto.

En Filadelfia publicó una adición a sus *Lecciones de filosofía,* la segunda bajo su firma, aunque una versión no autorizada había aparecido en La Habana durante su ausencia. La edición de 1824, desde la ciudad de los Cuáqueros, contenía un compendio de los recientes avances científicos en Europa y en Norteamérica para beneficio de los lectores de lengua española.

Más inmediato y dramático por su impacto en la vida cubana, así como en la carrera de su creador, fue la revista en español que comenzó a publicarse, en 1824, bajo el título de *El Habanero, papel político, científico y literario.* Los tres primeros números en Filadelfia, y los cuatro siguientes en Nueva York. José Antonio Saco, recién llegado de los trajines políticos de Cuba, probablemente colaboró con él en esta empresa. Y seguramente lo puso al tanto de la agitación interna en la Isla. Excepto por el lúcido estilo de su autor-editor, *El Habanero* no era "literario". Hasta cierto punto era "científico", especialmente en los primeros números. Informaba a la juventud cubana de los recientes esfuerzos por medir la temperatura del agua en las grandes profundidades marítimas, del informe del Profesor William Wollaston a la Real Sociedad de Londres, en junio de 1823, acerca de la acción del magnetismo sobre el titanio, de varias conclusiones de los científicos sobre la velocidad del sonido, de los experimentos del Profesor Benjamín Silliman, de Yale, con el chryoforo de Wollanston, un aparato para ilustrar la congelación del agua mediante su propia evaporación y, además, sobre un nuevo instrumento para calcular la velocidad de los navíos. Saco continuaba sus estudios de química, y Varela sostenía que uno se debía mantener al día en los progresos de la ciencia.

Desde el principio, sin embargo, *El Habanero* fue de manera fundamental un órgano político, y en los sucesivos números se convirtió en ello casi exclusivamente. Representaba el esfuerzo del ex-Diputado cubano por analizar los acontecimientos contemporáneos para sus seguidores; y para aconsejarles sobre la acción a tomar, moldeando "una opinión pública entre los cubanos en relación con la mejor forma de gobierno para el pueblo"[20].

Los títulos de los artículos de *El Habanero* muestran cómo pensaba Varela: "Máscaras políticas"; "Consideración sobre el estado actual de la isla de Cuba"; "Conspiraciones en la isla de Cuba"; "Sociedades secretas en la isla de Cuba"; "Tranquilidad en la isla de Cuba"; "El estado eclesiástico en la isla de Cuba"; "Bombas habaneras"; "Amor de los americanos a la independencia"; "Carta a un amigo respondiendo a algunas dudas ideológicas"; "Paralelo entre la revolución que puede formarse en la isla de Cuba por sus mismos habitantes y la que se formara por la invasión de tropas extranjeras"; "La política francesa con relación a América"; "Diálogo que han tenido en esta ciudad un español partidario de la independencia de la isla de Cuba y un paisano suyo anti-independiente"; "Reflexiones sobre la situación en España"; "Persecución de este papel en la isla de Cuba"; "La comisión militar La Habana"; "Run run"; "¿Necesita la isla de Cuba unirse a alguno de los gobiernos del continente americano para emanciparse de España?"; "¿Es necesario para un cambio político en la isla de Cuba, esperar las tropas de Colombia o de México?"; "¿Qué deberá hacerse en caso de una

---

[20] Paul J. Foik, *Pioneer Catholic journalism* (New York: United States Catholic Historic Society, *Monograph Series*, 1930), pág. 58.

invasión?"; "¿Es probable la invasión?"; "¿Hay unidad en la isla de Cuba?"; "Dos palabras a los enemigos de *El Habanero*"; "Real orden de Fernando VII prohibiendo *El Habanero*"; "Reflexiones sobre la real orden anterior"; "Esperanzas frustradas"[21].

Varela había abandonado su Isla como un español leal, creyendo con fervor religioso y patriótico en el poder del constitucionalismo para reformar la monarquía. Había llegado a conocer el sistema político español de primera mano; pero había encontrado la poco profunda convicción de sus supuestos líderes liberales, y la duplicidad maligna de su rey. Cambiacasacas todos ellos, no sólo por adaptar su política a las vicisitudes del momento, sino por negar lo que habían afirmado poco antes. De cara a la realidad en Cádiz, había perdido las hermosas ilusiones de la juventud. Ahora podía comunicarles a sus *habaneros* que no podían esperar de Madrid más que despojo. Únicamente una resuelta acción personal podría liberarlos. Deberían unirse en un sólo ideario político, y continuar hasta la meta de la independencia sin tener en consideración el costo. Pero primero, tenía él que convencerlos de que deberían aspirar a ser libres para finalmente llegar a serlo. Los patriotas en Cuba estaban terriblemente desunidos.

Había entre los amigos y discípulos de Varela quienes ansiaban la restauración del gobierno constitucional en España y sus colonias. Saco sería más tarde su portavoz. Otros, como Cristóbal Madan y Gaspar Betancourt Cisneros preferían la anexión de la Isla a los EE.UU. Arango y Parreño, consciente de los privilegios que para Cuba había obtenido de Fernando VII, se inclinaba a continuar con la monarquía. Algunos deseaban la emancipación de los esclavos, otros querían negarles los derechos civiles a los negros libres. Los de *"Soles de Bolívar"* abogaban por una invasión desde Colombia. De fallar esto, se adherían a los cubanos que desde México proyectaban que esa nueva, pero ambiciosa república, liberara su Patria.

Félix Varela trataba de discernir qué había de prudente en las cambiantes y peligrosas marejadas de la agitación cubana. Que ellos estuvieran conscientes de los faquires políticos que se aprovechan de su ingenuidad y patriotismo. Que rechazaran las sociedades secretas que dividen al pueblo con inútiles conspiraciones. Que no provocaran al clero a oponerse a su causa. Que se dieran cuenta de que la Patria no

---

[21] Félix Varela Morales, *El Habanero, Papel Político, Científico y Literario* (Miami: Ediciones Universal. 1997).

debe a sus hijos nada, sino que éstos le deben fidelidad, aún a riesgo de prisión y muerte. "Un prisionero vale por mil proclamas". La fuerza moral, exponía, era más efectiva que la intriga. "Nunca he confiado en el patriotismo de ningún pícaro".

La necesidad inmediata en Cuba era la de independizarse. Estaba seguro de ello. Sus convicciones políticas estaban en consonancia con las filosóficas. Aquél que una vez elogiara a Fernando VII, que había contemplado a las Cortes con reverencia, comprendía ahora que en el gobierno, como en la educación, era el pueblo quien debía barrer con todo lo que no fuera beneficioso. Según Manuel Bisbé, hablaba con un tono profético que no se escucharía en Cuba de nuevo hasta Martí[22]. "La independencia de Cuba no es una cuestión de opción, sino de necesidad". En el continente americano se nace con la libertad en la sangre.

No era fácil independizarse de España sin verse de nuevo en cadenas. ¿Era la ayuda extranjera necesaria o tan siquiera deseable? No era ésa su opinión, pero muchos de sus compatriotas lo creían así. Para él, era preferible el largo y tedioso proceso de la auto-liberación. Que los cubanos no propicien la invasión y conquista cuando la meta es la independencia. Si, por otro lado, se sigue el consejo de otros invitando a extranjeros a estas tareas, que se recompense dicha ayuda cuanto antes, para que dejen a los propios cubanos disfrutar de su tan soñada libertad. Su advertencia de que supuestos aliados de afuera utilizarían las crisis internas de la Isla para establecer en ella otra tiranía extranjera, suena hoy como profética.

Varela contemplaba el hemisferio occidental unido en espíritu por el "Principio Americano" de que el gobierno deriva su autoridad, no de la "legitimidad", sino de la voluntad de su gente. "En América no hay *conquistadores*", decía él. "Y si algún pueblo intentase serlo, deberá esperar la reacción de todo el continente". Según una socióloga cubana de nuestro siglo, aquí yace, "en germen, el credo del panamericanismo", en el sueño de un visionario que, al menos en cuanto a Cuba, no se realizaría hasta que la Isla fuera un miembro libre e independiente de la familia americana de naciones[23].

---

[22] Manuel Bisbé, "Los Grandes Movimientos Políticos Cubanos en la Colonia; 2. Independentismo: I. Movimientos Anteriores a 1868". *Cuadernos de historia habanera*, N°. 24 (1943), pág. 9.
[23] Cfr. Rosario Rexach, *El pensamiento de Félix Varela y la formación de la conciencia cubana* (La Habana: Sociedad Lyceum, 1950), págs. 117-18.

El Habanero entraba de contrabando en Cuba procedente de Filadelfia a través de Yucatán y Nueva Orleans, y era distribuido clandestinamente. Cada número tenía hasta 40 páginas, pero sus dimensiones permitían que se incluyera en un sobre de carta. Esta revista provocó violentas repercusiones, y los admiradores de Varela la hacían circular ávidamente, a pesar de que al gobierno del rey --cuando se enteró de su existencia-- se le hacía difícil conseguir un solo ejemplar. No se puede precisar la influencia de dicha publicación. Sin embargo, la lucha cubana por su independencia durante el siglo XIX siguió las normas establecidas por este patriota sacerdote. En su búsqueda de la libertad, la Isla no se arriesgó a invasiones de Centro o Suramérica ni a anexión por los EE.UU. Al contrario, la auto-determinación de romper sus vínculos con España desde adentro siguió creciendo sin cesar, alentada por herederos de la antorcha vareliana, como Luz y Caballero, Rafael María de Mendive y José Martí. España, habiendo fallado tanto en la reconciliación como en la represión, reconoció que su autoridad era insostenible cuando, al finalizar el siglo, los "Rough Riders" norteamericanos proporcionaron el impulso final hacia la independencia de la antigua Colonia.

Inmediata prueba del apoyo de los seguidores de Varela fueron los 4,000 "duros" que se recaudaron para subvencionar los esfuerzos de su empobrecido maestro en el exilio. El gobierno en Cuba planeaba al mismo tiempo reaccionarias medidas. A principios de 1825, apareció un folleto en español titulado "Notas sobre *El Habanero*, revista que el Padre Félix Varela publica en Filadelfia, escritas por un discípulo del propio Varela". El folleto se dio a la publicidad en Puerto Príncipe, financiado por un conjunto de alcaldes, concejales y un fiscal declarados monárquicos[24]. Su intención era desacreditar al autor de *El Habanero*.

El Dr. Hernández Travieso identifica al "discípulo" que escribió este ataque como Juan Agustín de Ferrety; el cual había denunciado la conspiración de los *Rayos y Soles de Bolívar*, vendiendo los planes al Gobernador Vives[25]. Varela había fustigado a este delator, sin mencionar su nombre, en el primer número de su periódico *El Habanero*. El artículo bajo el título "Conspiraciones en la isla de Cuba" incluía una condena dirigida al sistema infame de las delaciones y a Ferrety en particular:

---

[24] Reproducido en *El Habanero*, págs. 222-45.
[25] Hernández Travieso, *El Padre...*, *op. cit.*, págs. 295-332.

La mayor parte de los delatores se anticipan a hacerlo por ponerse a cubierto, pero son cómplices de los delatados, y yo no sé si el Gobierno ignora que los presos, a lo menos la mayor parte de ellos, no son los que sirvieron de base, y los que valían más en la conspiración, y que si las cosas se llevasen con rigor sería menester convertir las ciudades en cárceles[26].

El panfleto de Ferrety, impreso "con permiso del gobierno", declara de entrada que Cuba necesitaba la protección de una potencia europea, que no podía ser otra que no fuera España. "La independencia sería su ruina porque la privaría de su tranquilidad, y también de sus numerosas ventajas sin ningún beneficio"[27]. Su autor, fingiendo lamentar la pérdida de credibilidad de su maestro, declaraba que Varela, que otrora había elogiado al monarca, estaba ahora motivado por el odio y por un deseo de venganza, que ocultaba fingiendo patriotismo. Cuba, decía Ferrety, no podía convertirse en nación independiente porque carecía de la fuerza armada para derrotar al ejército español; ni sus habitantes deseaban cambiar su prosperidad actual por una libertad insostenible. En cuanto a los presos de los *Soles y Rayos de Bolívar*, Ferrety preguntaba con falsa inocencia: "A quien conspira para cambiar la forma de gobierno bajo la cual vive, ¿no se le considera un delincuente en cualquier parte del mundo?"[28]

Varela tenía la respuesta adecuada para un ataque como el de Ferrety. *El Habanero* continuó laborando por la necesidad histórica y suprema de la independencia de Cuba. Él trataba de preparar las mentes de los cubanos para una transición pacífica, bajo la cual estarían en posición de regirse a sí mismos y no ser regidos por otros. Se preguntaba que si él era el portavoz de una minoría demente, y las masas deseaban permanecer españolas, ¿para qué el sacrificio y el sufrimiento requerido ahora de la población por la autoridad en nombre de la "seguridad"? Los que consideran necesario ser o pretender ser enemigos de *El Habanero* deben saber que están mal encaminados, porque este periódico sólo expresa el sentimiento universal, y ese sentimiento no se puede variar.[29]

Para Francisco Vives, Gobernador de Cuba, la lúcida oratoria de Félix Varela constituía una amenaza constante. Vives deseaba al

---

[26] Varela, *El Habanero*, N° 1, "Conspiraciones en la isla de Cuba", pág. 20.
[27] *Ibid.*, "Apuntaciones sobre *El Habanero*", pág. 198.
[28] *Ibid.*, pág. 237.
[29] *Ibid.*, N° 5, "Dos Palabras a los Enemigos de *El Habanero*", pág. 187.

independiente eliminado, sin ostentación, de ser posible. Y sus aduladores lo sabían. Levantaron fondos de 30,000 "pesos" para contratar un asesino. El agente salió de Cuba con pasaje pagado, y llegó a los EE.UU. en marzo de 1825. Una carta de un amigo de La Habana advirtió a Varela del propósito de aquél; pero el sacerdote no permitió que esto interfiriera con sus actividades. Corrió la voz entre los expatriados de Nueva York y Filadelfia. Se les aconsejó que vigilaran al presunto asesino, cuyo infame nombre no se mencionó en público. Medio siglo más tarde, un biógrafo de Varela declaró secamente: "Su identidad es conocida; pero no queremos que pase a la historia, al menos, no por nuestra culpa"[30].

Cuando los amigos de Varela le instaron a esconderse, él se sonrió de su preocupación y siguió produciendo **El Habanero**, alegando que un buen sacerdote no teme la muerte. Ellos notificaron al alcalde y al jefe de la policía, quienes decidieron no arrestar al asesino en potencia sino tomar medidas de seguridad. Según probaron los sucesos posteriores, la intervención de la autoridad pública resultó innecesaria. El presunto asesino re-embarcó para La Habana. Veinte años más tarde, en **Verdad**, el periódico en español que publicaba Saco en Nueva York, Varela reveló cómo se había enfrentado al asesino a sueldo y como lo había convencido de que abandonara su maligna encomienda. El intenso patriotismo del clérigo declarado fuera de la ley resultó superior al poder del dinero y de las armas.

Hacia el pobre diablo que había sido contratado para arrebatarle la vida, Varela sentía compasión. Pero para aquéllos que habían conspirado contra él sólo sentía el mayor desprecio:

> ¡Miserables! ¿Creéis destruir la verdad asesinando al que la dice? ¡Ah! Ella es superior a todos los esfuerzos humanos, y un recurso como el que habéis tomado sólo sirve para empeorar vuestra causa. Nada prueba más la solidez de lo que he dicho que la clase de impugnación que habéis adoptado. Yo podré morir a manos de un asesino, pero aseguro que no ganaréis mucho...Yo no he hecho más que procurar que los hombres se conozcan mutuamente y conozcan su situación, para

---

[30] José Ignacio Rodríguez, en **Vida del Presbítero don Félix Varela**, pág. 233 y Antonio Hernández Travieso, en **El Padre Varela**, pág. 329, dicen que el individuo era un tal "tuerto" Morejón, uno de los matones de Vives, y añaden que los inmigrantes católicos irlandeses a quienes Varela servía como sacerdote intimidaron al asesino a sueldo a que abandonara Nueva York.

que en un caso que por su naturaleza es inevitable, se calmen las pasiones, se impidan los desastres, y saque el país inmensas ventajas, que hagan felices a sus actuales habitantes, y a sus futuras generaciones. Si este es un crimen, he aquí un crimen protector de la humanidad y arreglado a la justicia, he aquí un criminal que se gloría de serlo[31].

Aunque el atentado contra Varela provenía de Cuba, su origen se remontaba a sucesos en España. La Madre Patria estaba decidida a retener el control que pudiera sobre las Colonias de su fragmentado imperio colonial, especialmente manteniendo en un puño a la Perla de las Antillas. Los representantes de Su Majestad en el extranjero recibieron órdenes de vigilar cualquier ayuda destinada a los rebeldes hispanoamericanos.

El Habanero llevaba ya medio año y tres números de circulación, y acababa de trasladarse de Filadelfia a Nueva York, cuando Hilario de Rivas y Salmón, el Cónsul general español en la ciudad cuáquera, comenzó a mostrar un extraño interés en su publicación. Tal vez consciente de que no había sido suficientemente vigilante, trató de echar la culpa a Don Tomás Stoughton, el Cónsul en Nueva York, enviándole una lacónica carta fechada el 2 de enero de 1825:

> Sé de seguro que el Dr. Varela, ex-diputado a Cortes, está publicando un periódico que incita a los habitantes de la isla de Cuba a la independencia, del cual ya han aparecido dos o tres números. Mucho me sorprende que Ud. no me haya escrito nada sobre esto cuando Su Majestad ha encargado a sus cónsules que mantengan la mayor vigilancia en todo lo relativo a las Américas. Encárguese de obtener y enviarme tres copias de cada número[32].

Si su objetivo era intimidar al recipiente, no lo logró. Stoughton, socio en la casa importadora de un acérrimo rebelde irlandés, Dominick Lynch, era uno de los fundadores de la parroquia de *Saint Peter* y amigo personal del Padre Varela. Había vivido y prosperado en Nueva York lo suficiente, a pesar de ser representante de Su Majestad Católica, como para apreciar las ventajas de la libertad al estilo americano, y las injusticias sufridas por los cubanos. Despachó una rápida respuesta, con fecha 5 de enero, a su colega de Filadelfia:

---

[31] Félix Varela, *op.cit.*, "Suplemento al N° 3 de *El Habanero*", págs. 136-38.
[32] Félix Varela, *Observaciones...* (1944), págs. 189-92. Aquí se reproducen completas las cartas de Rivas y Stoughton.

> Tengo el honor de comunicarle que la persona a que se refiere se ha trasladado a ésta desde Filadelfia, donde residió por tres meses enfrascado en la publicación de dos obras: una de Filosofía, y la otra de Política... Me fue fácil obtener prestado el tomo de filosofía, pero del otro nadie me ha podido dar cuenta o lo ha visto. Sin embargo, después de averiguar diligentemente, un español llamado Picard me prestó por un cuarto de hora antes de embarcar para la Habana un ejemplar que dice había obtenido en Nueva York. Era un folleto de unas 40 páginas, en octavo, numerado 1 y titulado 'papel político y literario, por el Padre Félix Varela, impreso en Filadelfia en el año 1824'. Me fue posible únicamente hojearlo... Se me dice que el segundo número vio la luz en Filadelfia con el mismo formato del anterior, pero no me ha sido posible ver una copia.

Rivas no apreció que Stoughton le recordara que los alegatos por la independencia formulados por Varela se habían originado en Filadelfia, e hizo lo posible por salvar su responsabilidad con el gobierno de España. El 7 de enero, remitió al Secretario de Relaciones Exteriores de Su Majestad un ejemplar del segundo número de *El Habanero*, prometiendo enviar otros cuando los obtuviera. La publicación, advertía, "tiene por objeto causar revueltas en la isla de Cuba", y "habla de armas aquí para los insurgentes en cantidades más considerables de las que he tenido información". El Cónsul en Nueva York, añadía Rivas, ha sido remiso en reportar la existencia de esta publicación sediciosa, y alega que no ha podido hallar copias de ella.

Al mismo tiempo, en Cuba, el Gobernador Vives, desconfiando del éxito del planeado asesinato, tomaba medidas severas para impedir la circulación de *El Habanero*. Los ataques a su publicación le causaban más dolor a Varela que los intentos contra su vida, y se lamentaba así:

> Todas las cartas que se reciben de aquella Isla convienen en que mi pobre *Habanero* sufre la más cruel persecución. ¡Pero qué cosa tan particular! Persíguese a *El Habanero* al mismo tiempo que todos confiesan que dice la verdad, y cuando el mismo gobierno da pruebas irrefragables de estar plenamente convencido. Aún los más encarnizados enemigos de la independencia escriben que ésta es inevitable si los colombianos hacen un desembarco, y que este desembarco es aún más inevitable; confiesan que la suerte de la Isla será infinitamente menos ventajosa si debe su libertad a un ejército extranjero, que si la obtiene por solos sus esfuerzos; y sin embargo, el autor de *El Habanero* es un hombre perverso, enemigo de su país, porque ha tenido valor para decir públicamente lo que nadie niega en

privado, sin que el silencio sirva para otra cosa que para dar tiempo a que el mal no tenga cura[33].

En cuanto a sí mismo, Varela mantenía que, tras haber escapado de los atentados de ciertas personas que deseaban deshacerse para siempre de él, ahora estaba "perfectamente curado del mal de espanto"[34].

Comprendiendo que *El Habanero* estaba en lo cierto en avizorar los peligros para Cuba, y no hallando manera de mantenerse al tanto de los planes de rebelión y las amenazas de invasión del norte, del sur y del oeste, Fernando VII decidió pasar la obligación al Gobernador Vives. El 28 de mayo de 1825, el monarca declaró, por Cédula Real de esa fecha, que la Isla estaba prácticamente en estado de sitio; imponiendo la ley marcial, y concediendo poderes de emergencia extraordinarios al gobernador militar:

> Deseoso de prevenir la vergüenza que bajo circunstancias extraordinarias surja de una división del mando, le place a S.M., con la aprobación del Consejo de Ministros, investir a Su Excelencia con el poder que bajo las ordenanzas reales se conceden a los gobernadores de plazas sitiadas... S.M. espera que... S.E. emplee la mayor prudencia y reserva, unidas a una infatigable actividad y firmeza, en el ejercicio de la autoridad concedida. Y confía que, dada la estricta responsabilidad que recae sobre él por esta pleitesía y gentileza de S.M., S.E. redoble su vigilancia del cumplimiento de las leyes, de la administración de la justicia, y de que los leales vasallos de S.M. sean protegidos y recompensados. Y que el castigo sin parcialidad o indulgencia se aplique a aquéllos que, olvidando sus deberes y obligaciones para con el mejor y más benévolo de los monarcas, se opongan a ellas, encubriendo conspiraciones siniestras[35].

La suspensión de los derechos y privilegios civiles, así como las tiránicas medidas de "emergencia" decretadas para el pueblo cubano, se mantuvieron durante gran parte del siglo XIX, bajo sucesivos gobernadores menos distinguidos que Vives, quienes resultaron nefastos por su codicia, su crueldad y su cínico despotismo. Acciones concurrentes del gobierno de Su Majestad muestran que a Félix Varela se le consideraba uno de esos súbditos ingratos que, por "encubrir siniestros

---

[33] Varela, *El Habanero, op. cit,* N° 4, "Persecución de este Papel en la isla de Cuba", pág. 140.
[34] *Ibid.,* N° 4, "Carta del Editor de este Papel a un Amigo", pág. 154-59.
[35] Richard Burleigh Kimball, *Cuba and the Cubans* (New York: Hueston, 1850), págs. 55-56.

complots", habían provocado la ira real contra Cuba. El 11 de mayo de 1825, la Corte Suprema de Sevilla confirmó las sentencias de muerte, con confiscación de bienes, contra Varela y otros 65 Diputados a las Cortes de 1822-1823 sobrevivientes. En cuanto a aquél, la sentencia era una inútil amenaza mientras permaneciera en la Tierra de la Libertad. Sin embargo, Fernando dispuso medidas más efectivas contra la publicación de Varela. El 27 de junio de 1825 dictó otra cédula Real que prohibía la circulación de *El Habanero* en España y sus islas adyacentes; así como instando a sus funcionarios a tomar cuantas medidas fuesen necesarias para asegurar su cumplimiento:

> Don Félix Varela, ex-Diputado de las llamadas Cortes, y refugiado, actualmente, en los Estados Unidos de América, está publicando en aquel país un folleto titulado *El Habanero*, en el que no contento con excitar a los fieles vasallos de S. M. a la rebelión, lleva la osadía al punto de querer vulnerar el sagrado carácter de su legítimo Soberano[36].

Al enterarse del edicto contra su publicación, por un periódico en La Habana, Varela se refirió a él destacándolo de modo directo en el siguiente número. Desde mucho antes había dado a conocer su indiferencia ante las opiniones del monarca: "Quiera o no Fernando, sea cual fuere la opinión de sus vasallos en la isla de Cuba, la revolución de aquel país es inevitable. La diferencia sólo estará en el tiempo y en el modo"[37]. Ahora proclamaba que quien había dictado la orden, o no había leído *El Habanero,* o lo había hecho tratando de hallar en él lo que se ajustara a sus intenciones.

> El autor de *El Habanero* no ha vulnerado ni espera vulnerar el carácter de nadie, y aunque está muy lejos de mirar a Fernando VII como su legítimo soberano,... La rebelión a que yo he incitado a los vasallos de Fernando VII en la isla de Cuba no ha sido otra cosa que un refugio necesario en peligro inevitable... Por opinión, todo el mundo sabe que soy independiente, mas con todo cuidado he dirigido siempre mis reflexiones a un punto en que convenimos los de uno y otro partido, esto es: en la necesidad de salvar la Isla; y con ella, las fortunas y aún las vidas de sus habitantes. ¿Y es rebelión un recurso inspirado por la naturaleza, y sostenido por las sagradas leyes de la auto-conservación? Hablo, sí, hablo aún a los defensores de esos ilimitados derechos de los reyes.

---

[36] *El Habanero, op. cit.* Nº 6, "Real Orden de Fernando VII prohibiendo *El Habanero*", pág. 178.
[37] *Ibid.*, Nº 2, "Tranquilidad de la isla de Cuba", pág. 55.

Tras haber reafirmado la moralidad de su cruzada por la independencia de Cuba, Varela retó al monarca a disputarla. Aunque se niegue por algunos, todas las reales órdenes del mundo no podrán oscurecer las verdades palpables que ha dicho *El Habanero y que continuará diciendo. Pese a quien Pesare*[38].

Varela siguió editando su revista periódica por casi un año después del edicto; desafiando tanto la ira real como las amenazas de muerte. El séptimo y probablemente último número se publicó en la primavera de 1826 en Nueva York. Mencionaba los esfuerzos del Secretario de Estado Henry Clay para que Rusia se pusiera del lado de los EE.UU. en su mediación entre España y sus antiguas colonias liberadas. Señalaba que la armada americana del océano Pacífico se dirigía entonces, al parecer, a las aguas del Caribe. Trataba sobre las condiciones económicas de Cuba y la falsa impresión de estabilidad política creada en ella por el gobierno real[39]. Sin embargo, la censura de prensa impedía que llegara a sus lectores en la Isla. José Ignacio Rodríguez leyó el número 7 en Nueva York en 1876; pero los cubanos que reeditaron *El Habanero* en 1945 no pudieron encontrar ni un ejemplar de este número final.

El embargo fue sólo una de las causas de la desaparición de *El Habanero*. Era difícil publicarlo: sus siete ediciones provenían de cuatro diferentes imprentas de las dos ciudades principales del país. El peligro de muerte para quien ayudara a entrar de contrabando sus copias en la "sitiada" Isla sería suficiente para que su entusiasta editor lo pensara dos veces. Del mismo modo, aquél quizá estimara su objetivo ya alcanzado: había analizado la situación para sus compatriotas, había sentado las bases de una eventual independencia. No podía hacer más porque él era esencialmente un hombre pacífico. Una revolución inmediata en "la fortaleza-Cuba" tenía pocas posibilidades de éxito. La invasión desde el exterior no garantizaría la libertad. Era mejor sembrar la semilla de la libertad, y dejar que el tiempo y la creciente conciencia nacional recogieran los frutos. Mientras tanto, había sido incardinado en la Diócesis de Nueva York, y tenía que laborar en la viña del Señor.

Hoy día, más de un siglo después de su muerte, los compatriotas de Varela lo veneran como el precursor de la independencia de una Cuba no supeditada a país alguno.

---

[38] *Ibid.*, N° 6 "Reflexiones sobre la Real Orden anterior", págs. 179-82.
[39] Rodríguez, *Vida... op. cit.*, pág. 146.

* * * * *

Durante su período como redactor-director de *El Habanero*, sus repetidas aseveraciones de lo deseable y lo inevitable de la independencia movió a los representantes de por lo menos dos naciones, con un interés no necesariamente altruista en la Isla, a tratar de asociarse con él. Uno de ellos fue el polémico diplomático norteamericano Joel Roberts Poinsett, quien, tras años de maniobras secretas en Latinoamérica, habría de ser recordado mayormente como la persona que envió de México a los EE.UU. las primeras semillas de la planta que lleva su nombre: la Poinsettia o Flor de Pascua de Navidad.

Los presidentes de los EE.UU., desde Tomás Jefferson en adelante, soñaban con la anexión de Cuba, siempre que las circunstancias la justificaran a la vista del mundo. Jefferson y Madison consideraron la adquisición de la Isla una necesidad estratégica. Bajo Monroe y John Quincy Adams, el expansionismo había adquirido el aura de un destino manifiesto. Y, con la Florida ya incorporada de manera segura, Cuba parecía ser la siguiente jugada lógica. "América para los americanos", el lema que impulsó la Doctrina Monroe, era para muchos un eufemismo por "América para los Estados Unidos". El Presidente James Monroe era amigo personal del gobernador Francisco Vives, "el gran corruptor de la vida nacional de Cuba"[40], y su intervención en los asuntos internos del país no anunciaba mejoría para los oprimidos. De todos modos, muchos cubanos, pensando en el idealismo de las instituciones americanas más que en su imperialismo económico, dirigieron la vista a los EE.UU. en busca de ayuda para sus problemas internos. Un compatriota de Varela, Mariano Cubí y Soler, hizo la primera traducción al español de la "Doctrina Monroe" y se la presentó al presidente norteamericano. Cubí era fundador de la *Revista Bimestre Cubana*, apreciada no sólo en la Isla, sino además en los Estados Unidos y en el extranjero[41]. Otro cubano bajo el nombre de Bernabé Sánchez había propuesto un plan de anexión que el gabinete de Monroe estudió en sesión especial a puertas cerradas[42].

---

[40] Enrique Gay Calbó, "Colonialismo", *Cuadernos de historia habanera*, N° 23 (1943), pág. 44.
[41] Portell Vilá, *Historia...*, *op. cit.* Vol. I, pág. 240.
[42] Bisbé, *op. cit.* "Independentismo", págs. 10 ss.

Joel Roberts Poinsett era un partidario activo de la anexión. También era liberal y propagador de los ideales de la Revolución Americana en una época en que el "liberalismo" exigía la máxima libertad posible para cada individuo. Como miembro del Congreso por Carolina del Sur, en 1822, había ido en misión presidencial a México (poco antes declarada independiente por el Mariscal Iturbide) y regresado vía Cuba. Además de su servicio diplomático, Poinsett estaba envuelto en el rito de York de la masonería, que había impulsado activamente la educación mediante la lectura de la Biblia e instigado el antagonismo contra España y contra el catolicismo en Latinoamérica. Filadelfia, como hemos dicho, era de donde brotaba la influencia masónica. Y fue allí donde Poinsett conoció a Varela en 1824; aunque éste, en ninguna forma, era masón.

José María Salazar, ministro de Colombia en los EE.UU., los presentó a ambos. Poinsett observó en Varela un líder muy respetado por sus compatriotas, tanto en su tierra natal como en el exilio, y un clérigo católico descontento con el régimen español. No ha quedado constancia de aquella conversación; pero se sabe que Poinsett buscó el trato con Varela, para observar la reacción de éste ante los planes de su país con respecto a Cuba. Los ataques de los piratas desde sitios en el Caribe ofrecían un pretexto a la intervención norteamericana, y los EE.UU., desde 1823 hasta 1825, asignó a David Porter, Comandante en Jefe de su escuadrón de las Antillas, para limpiar las aguas atestadas de aquéllos. A preguntas de Poinsett sobre este asunto, Varela reafirmó, en las páginas de *El Habanero*, su campaña contra la piratería y su acusación al gobierno en Cuba de darle amparo. Pero no admitió la insinuación de que los EE.UU. tomaran acción más allá de lo que la misión de Porter requería.

El sacerdote-patriota contemplaría, a lo más, la posibilidad de una alianza defensiva y comercial de su país con el poderoso vecino del Norte, como lo sugiere un prominente escritor cubano[43]. Pero él sabía que cualquier forma de alianza política degeneraría en una eventual absorción, y Varela no deseaba una relación que pusiera en riesgo su ardiente anhelo de independencia para Cuba. Sus respuestas a los tanteos de Poinsett, escritas a su regreso a Nueva York para ejercer el sacerdocio, a principios de 1825, muestran claramente su posición.

---

[43] Herminio Portell Vilá, "sobre el 'Ideario Político' del Padre Varela", *Revista cubana*, N° 1, (Febrero y Marzo, 1935), págs. 243-65.

Los piratas, decía Varela, nunca desaparecerían a menos que las fuerzas militares norteamericanas fueran ayudadas por enérgica acción interna. Pero España era ya un cadáver, y no podría producir más que corrupción y los detritos de la decadencia. "De otra parte, un nuevo Estado (¡Oh, si lo viéramos surgir en la isla de Cuba!) tiene todo el ardor de la naturaleza en sus brotes; nutre la semilla del honor y de la virtud; y por un impulso irresistible tiende a lo bueno y destruye los gajos venenosos". Varela le dijo a Poinsett que el más poderoso segmento de los que amaban la libertad de su Isla se inclinaban hacia una alianza con los Estados Unidos que fuera ventajosa para ambas partes; pero no hacia la anexión. Que el gobierno que Poinsett representaba no se debía sobrepasar persiguiendo a los piratas al extremo de ultrajar a los habitantes[44].

Varela nunca dudó que, no importa cuán desesperada fuera la situación de su Patria, su destino final era, de manera inequívoca, la independencia. Sospechando de las intenciones de Joel Roberts Poinsett, las esquivó con una plegaria: "Ojalá que el gobierno de los Estados Unidos sea el gobierno de la libertad por excelencia, el ángel guardián de un pueblo que, con no menor amor por la libertad, no es tan afortunado en poseerla". El diplomático de Washington tenía que buscar ayuda en otra parte para extender el poder de los Estados Unidos.

Entre tanto, Poinsett había regresado a México en calidad de primer embajador del vecino del Norte. Por casi cuatro años expuso allí su doctrina liberal y trató de aventajar al encargado de negocios británico Henry George Ward hasta que, en 1828, el gobierno de México pidió la expulsión del provocador norteamericano. En cuanto a Varela, sus credenciales eclesiásticas, enviadas por el Obispo Espada de La Habana, se habían recibido en Nueva York en 1825, permitiéndole al sacerdote ejercer de nuevo su ministerio.

Después de eso, en el mismo 1825, se le presentó al patriota cubano otra ocasión de verse envuelto en asuntos extranjeros por medio de Pablo Obregón, el embajador de México en Washington. Varios clérigos rebeldes habían encabezado la lucha armada de los mejicanos contra España; y fueron fusilados por tamaña osadía. Ellos eran: Hidalgo, José

---

[44] El epistolario entre Varela y Poinsett desde Nueva York, 27 y 28 de enero, 1825. "Joel J. Poinsett Papers". Para una versión masónica de los varios movimientos contra la hegemonía española en Cuba durante la época, véase Francisco J. Ponte Domínguez, *La masonería en la independencia de Cuba*.

María Morelos y Mariano Matamoros. La joven república reverenciaba a estos religiosos mártires de la revolución, y el gobierno veía en el Padre Varela un héroe semejante en potencia, en la liberación de Cuba.

Los círculos de expatriados cubanos en la ciudad de México habían constituido la "Junta para promover la libertad de Cuba", con 19 diputados que representaban las áreas geográficas de Cuba, y con Juan Antonio de Unzueto como Presidente en el exilio. Bajo la aprobación del presidente mejicano, se proyectaba invadir la Isla desde Veracruz, en la península de Yucatán. México tenía un interés estratégico en Cuba tan grande como el de los Estados Unidos. Es más, aquél se consideraba el heredero legítimo del dominio español en el hemisferio septentrional. Obregón, como Poinsett, buscaba el apoyo del líder ideológico de Cuba, que era ampliamente conocido en México por sus textos en Filosofía y Pedagogía. Trasmitió, pues, una invitación del Presidente Guadalupe Victoria a Varela para que éste se trasladara a su país. La misiva presidencial incluía un pasaporte, y se había ordenado a un barco de guerra anclado en el puerto de Nueva York, el *Congreso Mejicano* --recién capturado de España con sus 70 cañones-- que transportara a Veracruz al sacerdote gratis y con todos los honores.

Varela comprendía que la invitación simbolizaba más que un simple tributo de una nación hermana a un patriota cubano. Conocía desde su llegada a Nueva York en 1823, por su discípulo Sentmanat, entre otros, los planes de invasión desde México. Aunque deseaba que España fuera expulsada de la Isla, su ambición primordial era la libertad de Cuba. El poeta revolucionario cubano José María de Heredia se fue a México en 1826 donde, cuando los planes liberadores fracasaron, se convirtió en juez, hasta su fallecimiento a la edad de 35 años. El comandante naval americano David Porter, que se había puesto a las órdenes del gobierno mejicano, atraído con promesas de un alto salario y concesión de tierras, regresó a su patria a los tres años; desengañado y sediento de venganza. Pero el Padre Varela no sucumbió a los incentivos de Obregón. Comunicó su agradecimiento al Presidente Guadalupe Victoria, y permaneció como sacerdote en Nueva York. Si no podía regresar a La Habana, haría en la Tierra de la Libertad su hogar.

Sin embargo, no abandonó sus esfuerzos por Cuba, de la que había jurado seguir siendo ciudadano el resto de su vida. Continuó aconsejando a los expatriados y escribiendo para la juventud de la Isla, iluminando su entendimiento en medio de la prolongada oscuridad imperante, que no desaparecería hasta la ulterior liberación, según lo percibía él ahora.

Para ayudar a la economía predominantemente rural de Cuba a mantenerse al nivel de otros países en la preservación de la tierra arable, tradujo al español *Elements of Chemistry Applied to Agriculture (Elementos de química aplicada a la agricultura)* de Humphrey Davy[45]. También tradujo el *Manual of Parliamentary Procedure (Manual de práctica parlamentaria para el uso del Senado de los Estados Unidos)* de Thomas Jefferson, con notas explicativas y personales[46]. ¡Que los cubanos aprendan cómo funciona el Senado de un país libre! Recopiló y publicó la poesía de Manuel de Zequeira y Arango, el primer poeta que destacó los temas patrióticos cubanos. "Deseo", dijo, "conservar la utilidad de la llama que iluminó su alma"[47]. Continuó revisando y poniendo al día sus populares *Lecciones de filosofía*, produciendo la tercera, la cuarta y la quinta edición en 1828, 1832 y 1841, porque esta obra era ahora lectura de rigor en muchas universidades latinoamericanas.

Por más de dos años (1829-31) Varela colaboró con su discípulo y compañero de exilio en Nueva York, José Antonio Saco, en *El mensajero semanal*, una revista de noticias mundiales que se publicaba en el número 7 de la calle Nassau. De boca de Saco sabemos que el Padre era un socio activo en esta empresa[48]. Aunque algo más moderado que *El Habanero*, su intención era quebrar la censura impuesta por las autoridades españolas, y como a su predecesor, se prohibió su circulación en Cuba. A su regreso a La Habana en 1832, Saco fue nombrado Director de la *Revista Bimestre Cubana*, fundada por Cubí y Soler, convirtiéndola en la publicación más destacada de la Isla. Varela

---

[45] Elementos de química aplicada a la agricultura, en un curso de lecciones en el Instituto de Agricultura.

[46] *Manual de práctica parlamentaria para el uso del Senado de los Estados Unidos*, traducido del inglés y anotado por Félix Varela (New York: Newton, 1826) (Manual de Thomas Jefferson).

[47] Cfr. "Advertencia" de Varela, en *Poesías del coronel Don Manuel de Zequeira y Arango, natural de La Habana.*

[48] Foik, pág. 60; cfr. Saco, *Colección de papeles...sobre la isla de Cuba*, 1960, Vol. I, pág. 231. No se ha determinado aún la colaboración plena de Varela en este Semanario. Durante una fogosa contienda verbal entre Saco y Ramón de la Sagra sobre la poesía de Heredia y los conocimientos de botánica de Sagra, Saco solicitó de Varela una carta testimonial. Varela accedió pero de una manera tan cuidadosa y sucinta que parecía casi brusca: *Colección*, págs. 330 ss. Tal vez, el sacerdote no consideraba correcto ver a un cubano atacando a otro.

colaboró a ella con artículos sobre la gramática española --seguía defendiendo el empleo del lenguaje vernáculo-- y sobre la educación de la mujer. Desde su base en Nueva York, aconsejaba a los redactores de la **Revista Bimestre**, exhortándolos en una carta a Luz y Caballero a que se abstuvieran de contestar ataques que pudieran poner en peligro la revista, para solaz de sus enemigos. "Sería una lástima que sus redactores replicaran, porque preveo en ello la destrucción de la **Revista**. Su única falta, por la cual sus enemigos se la señalan al gobierno: ...es ser la mejor publicación de toda la monarquía"[49].

En los años cuarenta, Varela ocasionalmente escribió para *La Verdad* de Nueva York, "un diario financiado por los patriotas de Cuba para diseminar los principios republicanos y la cultura". En marzo de 1841, el **Repertorio médico habanero** reportaba que un aparato cuyas especificaciones Varela había enviado a La Habana estaba diseñado para "reducir la temperatura y purificar y renovar el aire" en los hospitales, un anticipo de los acondicionadores de aire que se inventarían un siglo más tarde[50].

En 1835, el sacerdote exiliado comenzó la publicación de su tributo a la esperanza: las **Cartas a Elpidio**, en las que continuaba asesorando a la juventud de su Patria contra la ignorancia, los prejuicios y el fanatismo. Ahora era Vicario General de la Diócesis de Nueva York. Pero en sus horas de soledad, cuando revelaba su corazón al escribir, era de nuevo el profesor de Filosofía y Derecho Constitucional del *San Carlos*, exhortando a sus *habaneros* a que fueran instruidos, prudentes y libres.

---

[49] José Ignacio Rodríguez, ***Vida de Don José de la Luz y Caballero*** (Nueva York: "El Mundo Nuevo-La América Ilustrada", primera edición, 1874), págs. 44-45. Aquí se cita la carta de Varela a Luz fechada en N.Y. el 7 de marzo, 1832.

[50] Francisco González del Valle, "Cartas Inéditas del Padre Varela", **Revista bimestre cubana**, julio y agosto, 1942. Se reproduce la carta de Varela a Luz, "Nueva York, 5 de junio de 1839", págs. 67-68. Véase el comentario de González del Valle, pág. 63.

Iglesia de la Transfiguración fundada por el padre Félix Varela.

CAPÍTULO III

EJERCE EL SACERDOCIO EN NUEVA YORK

Durante el siglo XIX, los Estados Unidos eran territorio de misión para la Iglesia de Roma. Hasta la Revolución, Nueva York había proscrito a los sacerdotes católicos y a los que les dieran refugio, bajo pena de multa, prisión o muerte. La vieja iglesia de *Saint Peter,* pionera de la Diócesis, se ubicaba en la calle Barclay, cerca del lugar donde, en 1741, un clérigo inglés había sido ahorcado por fanáticos que lo tomaron por un papista disfrazado. Aunque la Constitución garantizaba la libertad religiosa, los católicos de Nueva York en 1825 eran un reducido porcentaje de la población y, con excepciones notables, representaban el grupo económico y social más bajo. La desconfianza y los malentendidos impedían la comunicación entre los dos segmentos mayores de la Cristiandad, con lo que reinaba una atmósfera de tensión.

Los católicos de la ciudad solamente tenían dos iglesias y unos cinco o seis sacerdotes. Sus Pastores dependían de la ayuda financiera proveniente de París, Viena, Roma y Madrid.

La Iglesia en Nueva York, ya con el predominio (pero aún sin la preponderancia) de los irlandeses, le debía mucho a los católicos hispanos. Don Diego de Gardoqui, el Embajador español en los Estados Unidos, había colocado la primera piedra de *Saint Peter* el 5 de octubre de 1785, incluyendo en su interior monedas españolas. A petición de los síndicos, el rey Carlos III había enviado una contribución de $1,000. En la Embajada española, su capellán, John O'Connell, misionero de Bilbao, celebró el santo sacrificio de la Misa para los católicos de la ciudad hasta que el 4 de noviembre de 1786, en la festividad de San Carlos Borromeo --fecha escogida en honor de Carlos III-- la primera Misa solemne tuvo lugar en el edificio en construcción en la calle Barclay. Ofició Andrew Nugent, capellán privado de José Roiz Silva, un rico comerciante portugués. Asistieron clérigos de las Embajadas francesa y española. El idioma no era obstáculo, porque en aquel tiempo la Misa se celebraba en Latín en todos los países de Occidente, sin el problema de pasajes leídos en el vernáculo. Después del servicio religioso, Gardoqui, con motivo de la inauguración, invitó a un banquete en la Mansión Kennedy, su residencia, ubicada en el número 1 de la calle Broadway --un acontecimiento de gala, al que asistieron altos funcionarios civiles.

Roiz Silva era uno de los cuatro fideicomisarios originales de *Saint Peter*. Don Tomás Stoughton, por largo tiempo Cónsul español en Nueva York y síndico de la iglesia, guardó por muchos años el título de propiedad en su oficina comercial de la calle Little Dock (más tarde "Water"). Cuando el Párroco, el Reverendo William O'Brien, necesitó fondos para completar la construcción, viajó con muchas dificultades a México, regresando con $6,000, así como con varias pinturas, entre ellas, *La Crucifixión*, del artista mejicano José María Vallejo. Esta pintura todavía cuelga detrás del altar mayor de *Saint Peter*. Por tanto, es evidente que el catolicismo surgió oficialmente en Nueva York bajo el patrocinio hispánico.

Stoughton, católico ferviente y prestigioso hombre de negocios, fungía de Cónsul en Nueva York al servicio de Fernando VII, cuando Varela y su ***Habanero*** se trasladaron a la ciudad. Descendiente de un irlandés que huyera a España de la opresión británica, podía comprender las perspectivas políticas del clérigo. Otros de la comunidad hispanohablante, como el lexicógrafo Mariano Velázquez de la Cadena, cuyos ***Elementos de la Gramática Española*** el Padre Varela había reseñado para la *Real Sociedad Económica*, le aseguraron que el sacerdote cubano era educador e idealista antes que conspirador[1].

Dedicándose por entero a su labor misionera en Nueva York, el erudito filósofo habría de descubrir que, a pesar de que la mayoría anglófila de la ciudad veía con rencor sus antecedentes hispánicos y criollos, los católicos estaban inclinados a aceptar con gratitud sus esfuerzos por ellos.

El Obispo John Connolly, de quien se dice que Varela recibió la aprobación diocesana, murió a comienzos de febrero de 1825[2]. El Padre John Power, Párroco de *Saint Peter*, fue designado Vicario General de la Diócesis, con facultades de administrador. Los síndicos de *Saint Peter* y los de la Catedral trataron de que Power fuera el próximo Obispo. Y los de *Saint Patrick*, que votaron por unanimidad el 26 de febrero de 1825,

---

[1] Velázquez se convirtió posteriormente en catedrático de Español en Columbia University. Su ***Pronouncing dictionary of the Spanish and English languages*** (New York: Appleton-Century-Crofts, 1962) sigue siendo la norma en versiones puestas al día.

[2] ***Ceremonies at the laying of the corner stone of a chapel***, pág. 9. Leo Raymond Ryan, sin embargo, dice que Varela fue incardinado en la diócesis por el Vicario General Power: *Old St. Peter's*, pág. 164. Don Tomás Stoughton, el Cónsul español que hizo amistad con Varela, era uno de los síndicos de la iglesia que no simpatizaba con el Obispo Connolly, de ascendencia irlandesa.

transmitieron un memorial, indicando su deseo al Cardenal Prefecto de la Congregación correspondiente en Roma[3]. Varela, que servía en la calle Barclay con el joven y capaz clérigo, se convirtió en seguida en un ayudante inestimable, diciendo Misa, bautizando, escuchando confesiones, visitando a los enfermos, instruyendo a los jóvenes, y aconsejando a los mayores. En el Registro de *Saint Peter,* su primer bautismo data del 24 de febrero de 1825. Su competencia en la nueva lengua aumentaba, no sólo para ejercer sus deberes rutinarios en la parroquia, sino para participar en los inicios del periodismo católico norteamericano. Sin duda, los *Elementos de la lengua inglesa para uso de los españoles* (Nueva York: Long 1810), de su compatriota Velázquez, lo ayudaron a sentirse seguro en su lengua adoptiva.

La metrópolis norteña le debió parecer al docto cubano muy diferente de La Habana. En su tierra natal la religión abarcaba todo: la vida, el amor, el diario bregar, las distracciones. Como lo consignó él mismo, sin el catolicismo, la cultura hispánica estaría vacía de contenido. La Iglesia era elemento preponderante más allá de su esfera religiosa particular, en las artes, la educación y el progreso social. Por otro lado, en la ciudad de Nueva York, la llamada Sociedad para la Educación Pública era de orientación cuáquera y presbiteriana, y sus instituciones, aunque supuestamente sin denominación, estaban imbuidas de la tradición protestante. La ayuda financiera gubernamental, que antes se asignaba a todas las escuelas gratuitas, sin importar su afiliación, se abrogó en 1825. Mientras que el Estado subsidiaba a la Sociedad para Huérfanos de Nueva York (bajo el ritual de la Iglesia Reformada de Holanda), el Asilo de Huérfanos Católicos se enfrentaba a una larga y acerba batalla para conseguir un apoyo similar. Todavía más, el elemento secular de las iglesias protestantes y católicas, por regulación estatal, controlaba las finanzas, así como el contratar y despedir a los maestros y Pastores. El Padre Power vino de Irlanda a *Saint Peter* a invitación de los síndicos legos. El Obispo de Nueva York recibía de los de la Catedral de *Saint Patrick* el salario y los gastos de él y dos asistentes, por un total de $1,200, con la amenaza de retener tan modesta suma de no consultar previamente con ellos cualquier decisión. El latinoamericano Padre Varela, que había sacrificado sin vacilar sus

---

[3] Copia mecanografiada de la apelación enviada por barco de Havre a su Eminencia el Cardenal de la Somaglia, Archivos de la Arquidiócesis de Nueva York (AANY), E-12. Benedict Joseph Fenwick, un jesuita que fue el segundo candidato de los síndicos, fue designado más tarde Obispo de Nueva Inglaterra (Boston) aquel año.

tendencias propias por obedecer al Obispo Espada, encontró el control de las ovejas sobre el pastor como una peculiar inversión de las normas.

Pero sus relaciones con John Power eran cordiales porque ambos clérigos jóvenes tenían mucho en común. Los dos estaban completamente dedicados a su vocación. Los dos eran estudiosos y estaban bien entrenados en la teología. Cada uno había huido de una patria amada víctima de la tiranía política: Power había sido un alumno pionero de Maynooth, el primer Seminario católico de la Irlanda moderna, el cual era tolerado por los británicos para mantener al clero local, leal al Papa, alejado de la contaminación revolucionaria reinante en las universidades del continente.

Ambos sacerdotes, aunque manteniendo fidelidad a sus islas nativas, apreciaban la ausencia del hostigamiento individual sin precedentes observable en los Estados Unidos. Ambos eran elocuentes y altamente ilustrados, moviéndose con facilidad del púlpito a la letra escrita. Al igual que Varela, Power complementaba los cursos que enseñaba con libros de su autoría: un libro de oraciones titulado *La Verdadera Piedad (True Piety)*, una traducción de la Biblia de Royaumont, y el *Directorio de la feligresía (Laity's Directory)*. Ambos se captaban las simpatías por su sinceridad, su inteligencia, su reconfortante carisma personal. La única diferencia significativa les ayudaría a trabajar al unísono. Para John Power lo importante era lograr una posición de autoridad, y dio los pasos necesarios para alcanzar el episcopado, mientras que Félix Varela, contento con sus logros, en seguida dejó para otros una posición más elevada dentro de la Iglesia.

Al morir el Obispo Connolly, encargándose provisionalmente el Vicario General Power de la autoridad eclesiástica, la Iglesia Católica en la ciudad experimentó un gran avance. Se estableció una tercera iglesia parroquial, y se construyó un nuevo edificio para albergar a los huérfanos del Asilo católico en la calle Prince. John Power y el Obispo John England, de Charleston, Carolina del Sur, predicaron sermones con el objetivo de levantar fondos para el orfelinato. Y la compañía de ópera italiana García, con la participación de la señora Malibrán, brindó un oratorio benéfico en la Catedral de *Saint Patrick*. Dos feligreses, George Pardow y William Denman, se ocuparon de publicar *Truth Teller* (comenzando el 2 de abril de 1825), un semanario cuasi-diocesano aprobado por Power[4]. Don Félix Varela anunció en él su disponibilidad para enseñar español, y presentó *The Youth's Friend (El amigo de la juventud)*, una publicación bilingüe que aspiraba, como el *Diccionario* de Velázquez, a "contribuir al entendimiento mutuo entre los que hablan las dos lenguas más esparcidas por el mundo". En la edición del *Truth Teller* de mayo de 1825, Power reconoció al editor de *El amigo de la juventud* como un "caballero ampliamente conocido en el mundo de las letras" y como "el autor de un tratado inestimable de filosofía". La revista de jóvenes, pionera para la Diócesis de Nueva York, representaba la primera de las múltiples publicaciones en inglés del sacerdote cubano. Varela también escribió artículos para el *Truth Teller*, la mayor parte de ellos de forma anónima por su modestia habitual.

Los católicos de Nueva York carecían de casi todo, particularmente de sitios para el culto. *Saint Peter* era tan inadecuado que multitud de feligreses tenían que escuchar la Misa desde la calle. La nueva parroquia de *Saint Mary*, organizada en 1826, se ubicaba en un pequeño edificio de madera con fachada de ladrillos de 45 por 60 pies en la calle Sheriff. Se había adquirido bajo Power de la Séptima Congregación Presbiteriana. Su característica distintiva era una torre con una campana grande, como gustaba a los católicos irlandeses, a quienes se les había denegado el uso de campanas en las iglesias de su tierra natal. Estas dos modestas estructuras, junto con *Saint Patrick* en la calle Mulberry, servían a unos 30,000 católicos confesos en Nueva York cuando Jean Dubois fue consagrado en octubre de 1826 como el tercer Obispo de la Diócesis[5].

El anciano Dubois se encaraba a una tarea difícil. Un francés que en 1791 había tenido que huir disfrazado para escapar el fanáticamente anticlerical Reino del Terror, el nuevo prelado era culto, estudioso y devoto. Había fundado y dirigido el Seminario de *Mount Saint Mary* en Emmitsburg, Maryland, y había ayudado a la Madre Elizabeth Seton cuando ésta organizaba las Hermanas de la Caridad en Saint Joseph. En Nueva York, aunque al principio desconfiaba de las actividades políticas del Padre Varela por la independencia de Cuba, pronto reconoció al culto refugiado que, casi el único entre sus subordinados, tenía un respeto profundo por la silla episcopal que él ocupaba. El camino a recorrer por Dubois estaba plagado de dificultades: algunos de los inmigrantes

---

[4] Los primeros seis números del *Truth Teller* declaran propietario a William E. Andrews, que editaba el magazine londinense del mismo nombre. Cfr. Paul J. Foik, pág. 24ss.
[5] Para la biografía de Dubois, véase Charles G. Herbermann, *The Right Reverend John Dubois, D.D., third Bishop of New York* (U.S. Catholic History Society, 1900).

irlandeses se burlaban de su fuerte acento francés, los rebeldes síndicos lo intimidaban desafiando sus decisiones, y Power lo consideraba un incompetente bien intencionado. El historiador de la Diócesis de Nueva York, el Padre John Talbot Smith, dice que la conducta siempre moderada de Varela fue un factor importante en suavizar las relaciones entre el Obispo Dubois y su Vicario General[6].

Bien pronto en el comienzo del régimen episcopal de Dubois, el sacerdote cubano adquirió para él una iglesia. Cuando fungía de Párroco Auxiliar de *Saint Peter*, Varela supo, por una de las jóvenes domésticas católicas, que los fideicomisarios de la iglesia Episcopal *Christ Church* en la calle Ann tenían interés en venderla. El edificio de ladrillos y piedra tenía dimensiones de 61 por 80 pies, había sido erigido hacía 32 años, y estaba localizado en un área propicia para acomodar el exceso de feligreses de la iglesia en la calle Barclay. Había sido construido por un rico comerciante londinense para su hijo, un ministro fallecido, y la mayor parte de la congregación se había trasladado a una estructura más elegante en la calle Anthony. Un club de equitación ofrecía una suma generosa para adquirirlo; pero los consejeros de la iglesia preferían venderla en un precio mucho menor si seguía siendo una casa de culto. Mediante los fondos donados por Juan Bautista La Sala, Silvestre Alfonso, Francisco de la O García y otros, en marzo de 1827, Varela adquirió, por la suma de $19,000, el edificio, el órgano y demás mobiliario, excepto por una Biblia, así como el cementerio Episcopal adjunto. Según La Sala, Varela lloró al saber que se había cerrado la operación, y se retiró a un rincón a rezar un *Te Deum*[7].

Christ Church (la *Iglesia de Cristo*), solemnemente dedicada en agosto de 1827, se convirtió en el segundo de una serie de edificios protestantes que resultaban pequeños ya, y que fueron convertidos en iglesias católicas en Nueva York. Dubois designó a Varela como su Párroco. Éste, por su parte, para evitar ser controlado por los miembros prepotentes de la feligresía, inscribió la propiedad a nombre del Obispo. De esta manera, Varela inició un procedimiento que después se convertiría en normal entre los católicos del país. Pero, a la vez, provocó

---

[6] John Talbot Smith, *The Catholic Church in New York* (Boston: Hall & Locke, 1905) Vol. I, pág. 78.

[7] John B. Lasala, memorándum para Hughes, fechado "New York, March 7th 1853", describiendo en detalle la vida de Varela (AANY), Archbishop John J. Hughes Papers (AHP), A-3. Lasala da como precio de compra la suma de $18,000.00 dólares.

una protesta de los síndicos de la Catedral que, públicamente, acusaron a su Obispo de violar la ley estatal, y hasta de ser un virtual ladrón.

El Padre Varela, filósofo y revolucionario cubano, se había convertido casi completamente en "Father Varela", el dedicado Pastor americano. Casi, pero no del todo. Continuó acogiendo a los discípulos que se refugiaban en Nueva York, y colaborando con Saco en *El Mensajero*. Además, escribía para la **Revista Bimestre** y preparaba nuevas ediciones de los tres tomos de sus **Lecciones de Filosofía** (1828, 1832, 1842). Pero mayormente se concentraba en redactar artículos para el *Truth Teller* y otras publicaciones de Nueva York. Preparó un Catecismo de la Doctrina Cristiana para las clases de religión. Fundó escuelas diurnas para varones y hembras, en edificios adyacentes a la iglesia de la calle Ann, aumentando el número de escuelas católicas gratuitas que ya existían en *Saint Peter* y en *Saint Patrick*. Contrató algunos maestros para las escuelas, pero la mayor parte de la instrucción en las mismas, así como en su escuela dominical gratuita, la impartía él mismo. Con su ayudante, el Padre Joseph Schneller, ex-jesuita austriaco, publicó *The New York Weekly Register and Catholic Diary (Registro Semanal y Diario Católico de Nueva York)*, leído principalmente por irlandeses-americanos. El irascible Schneller era el director nominal, a cargo de la sección religiosa; pero la influencia generalizada del moderado e intelectual Pastor era evidente en sus numerosas colaboraciones al periódico. La sección secular estaba a cargo del educador y patriota irlandés Patrick C. Casserly[8]. En sus cuatro años de existencia, este periódico, que apoyaba a Dubois contra los ataques de los síndicos de la Catedral de *Saint Patrick* y defendía el catolicismo contra las calumnias de sus enemigos, llegó a superar al *Truth Teller* como el principal vocero de la Iglesia en Nueva York[9]. Después que Schneller lo dejó, Varela comenzó a publicar el *Catholic Observer,* del cual se sabe poco[10].

Los fondos para mantener en funcionamiento a *Christ Church* -- debido a que su feligresía de inmigrantes pobres tenía familiares hambrientos que socorrer en Irlanda-- provenían en su mayor parte de simpatizantes neoyorquinos y del bolsillo del mismo Padre Varela. A su

---

[8] Paul J. Foik, *Pioneer Catholic journalism* (New York: U.S. Catholic History Society, 1930), pág. 121.
[9] *Souvenir of the blessing of the cornerstone of the new seminary of Saint. Joseph,* pág. 164.
[10] Foik, *op. cit.*, pág. 61.

medio-hermano Manuel le iba bien en el negocio de tabaco, los primos Morales se volvían adinerados, y sus discípulos de La Habana no olvidaban al antiguo maestro. Las *Lecciones de Filosofía*, que se usaban ampliamente como texto en toda Latinoamérica, también proveían de una fuente de ingresos que él invertía en su obra espiritual y caritativa en Nueva York.

El Obispo Dubois salió para Europa en septiembre de 1829, en busca de sacerdotes y ayuda financiera para su Diócesis misionera. Nombró a ambos, John Power y Félix Varela, como Vicarios Generales; designando a aquél para que le representara en el Primer Concilio Provincial en Baltimore, que comenzaría el 1ro. de octubre de 1829.

El buen sentido y espíritu de cooperación de Varela concedió la primacía a su colega irlandés. Powell se identificaba como "Vicario General de Nueva York", mientras Varela aparecía en el siguiente renglón simplemente como "Vicario General", en la correspondencia oficial diocesana. A pesar de los rumores opuestos que llegaban a España, los dos "se llevaban muy amigablemente"[11]. Apoyados por una feligresía entusiasta y coadyuvante, los dos Vicarios lograron muchas realizaciones. Fuera de la ciudad, durante la ausencia del Obispo, seis nuevas iglesias fueron consagradas en la Diócesis y una séptima estaba en construcción. Las Hermanas de la Caridad abrieron escuelas para señoritas en la calle Mulberry, en la calle Barclay, y en Albany. Las escuelas de Varela en las calles Ann y John ofrecían, además de las tres asignaturas básicas, instrucción en gramática, ortografía, costura, música con el uso del piano y, de 5 a 6 p.m., lecciones de francés y español[12].

Una piadosa dama le obsequió a Varela la suma de $800.00, que éste invirtió en una guardería infantil y en un asilo de medio-huérfanos para los niños que hubieran perdido a su padre o madre. La institución, originalmente ubicada en la Avenida Sexta, y posteriormente en la Quinta y la esquina de la calle 15 del Greenwich Village, era administrada por las Hermanas de la Caridad. Se levantaron fondos para ella mediante sermones especiales en *Christ Church*, y en eventos sociales. En la festividad de San Patricio de 1834, la Sociedad Benevolente Universal de Irlandeses de Nueva York obtuvo una buena colecta, y Varela brindó por "la organización benéfica de Saint Patrick

---

[11] Smith, *op. cit.*, Vol. I, pág. 78.
[12] Charles G. Herbermann, págs. 320-21, cita del *Truth Teller* de 12 de enero, 1830.

subvencionada por sus propios hijos"[13]. El filántropo Cornelius Heeney --que fuera socio de John Jacob Astor-- también contribuyó con efectivo y con terrenos para los asilos de medio-huérfanos fundados por el Padre Varela[14]. El Asilo, poco antes del fallecimiento de Varela, se incorporó al Asilo Católico de Huérfanos y, con el tiempo, sus edificios se convirtieron en parte del Hospital de San Vicente.

Algo trágico ocurrió durante la administración de'los dos Vicarios Generales. Unos fanáticos saquearon la iglesia de *Saint Mary* en la calle Sheriff, inmovilizaron la valiosa campana, y prendieron fuego al edificio. Fue una pérdida total, y su afligido Párroco, el Padre Luke Berry, el primer sacerdote ordenado por el Obispo Dubois, murió un mes más tarde. Ahora los católicos de la zona se veían de nuevo reducidos a tres iglesias parroquiales.

Pero estos contratiempos no quebraron la determinación de los católicos de Nueva York. Se pusieron en marcha planes para la reconstrucción de *Saint Mary*, cuyo nuevo edificio se consagró el 9 de junio de 1833. La música --la Misa Primera de Hayden-- fue exquisita, el sermón de John Power resonó con elocuencia, y muchos protestantes importantes hicieron acto de presencia en la impresionante ceremonia de inauguración.

El Obispo Dubois permaneció por Europa unos dos años, con visitas oficiales a Roma, y reponiendo su malherido ánimo en su nativa Francia. La Congregación de la Propaganda en Roma le concedió fondos para un Seminario diocesano, y la Sociedad Francesa para la Propagación de la Fe asignó, de 1829 a 1838, más de 120,000 francos a ese efecto. También consiguió libros para una biblioteca diocesana; pero le fue imposible persuadir a clérigos jóvenes a que se dedicaran a la labor misionera con él en América.

Durante la prolongada ausencia del Obispo (de septiembre de 1829 a noviembre de 1831), corrieron rumores de que el mismo no regresaría, que deseaba retirarse a Francia. Tenía ahora más de 65 años de edad. Sus energías habían decaído con las arduas visitas por toda la poco poblada Diócesis, que abarcaba el estado Nueva York y parte del de Nueva Jersey. Su carácter calmado estaba alterado por la constante

---

[13] The *New York weekly register and Catholic diary*, 23 de marzo, 1834.
[14] Panfleto sin nombre de autor, *Cornelius Heeney, 1754-1848*, conmemorando el centenario de su muerte a los 94 años.

batalla con los autoritarios síndicos, y con una clerecía desafecta. Los mismos chismosos que, tal vez ansiosos de que así fuera, anunciaban que no le interesaba ya Nueva York, añadieron la suposición de que, para mortificar a John Power, quería que se nombrara a Varela como su sucesor.

Estas especulaciones alcanzaron suficiente veracidad como para llegar a oídos reales en Madrid. El 14 de marzo de 1830, Francisco Tacón, ministro de España en Washington, escribió desde Filadelfia a Su Excelencia, Don Manuel González Salmón, Ministro de Estado de Su Majestad:

> El eclesiástico emigrado Varela, residente en Nueva York, y del cual traté a V. E. en los despachos núms. 698 y 860, está intrigando actualmente en fraguar una pomposa justificación de su celo apostólico para mandarla a Roma, acompañada de la más eficaz recomendación firmada por muchas personas de aquel pueblo que profesan nuestra Santa Religión, a fin de obtener de S. Sd. le nombre Obispo de Nueva York en caso de conseguir el Ilmo. Dubois, que se halla en Europa, su traslación a una de las Iglesias de Francia; o de resultar vacante otra Silla Episcopal en estos Estados; y como la elección de tan malvado Español a la dignidad que pretende, podría ser muy perjudicial a los intereses del Rey N. S. por los mayores medios que se proporcionarían de sostener sus deseos de alterar la tranquilidad de la isla de Cuba, me apresuro a comunicarlo a V. E. para el debido conocimiento de S. M.[15].

Tacón continuó recordándole al Ministro de Estado que este mismo Varela, que algunos comerciantes de Nueva York recomendaban para la mitra episcopal, había publicado un periódico incendiario incitando a la rebelión a los leales habitantes de Cuba y Puerto Rico. El fallecido John Connolly, primer Obispo residente de Nueva York, había sido recomendado por la Reina de Etruria; y el Obispo Dubois había sido escogido por el gobierno de Francia. En la opinión de Tacón: "Por la propia naturaleza de esta Unión, no hay ni puede haber Concordatos con la Santa Sede. Por consiguiente, las instituciones católicas aquí son misiones que proceden de forma directa de la Iglesia Romana". España debía interceder ahora para evitar más honores a este indigno clérigo español, que ya había sido nombrado Vicario General. Sus faltas

---

[15] Ésta y las subsiguientes cartas aparecen en el libro del Padre Félix Varela, *Observaciones sobre la Constitución Política de la Monarquía española,* págs. 193-98.

"hubieran sido suficientes para expulsarle, o al menos, suspenderle sus funciones eclesiásticas. Pero, en esta República, le han ganado amigos y popularidad".

Esta alarma provocó una serie de misivas entre Madrid y Roma. El Ministro de Estado de Su Majestad escribió al Embajador español en Roma, González Salvador, que Varela, ese "mal español y peor sacerdote, ha mantenido relaciones íntimas y delictivas con algunos de los principales agitadores que han provocado las revueltas y disturbios que afectan los dominios americanos de Su Majestad", y que "envidiando la tranquilidad que esas regiones leales a la Corona disfrutan, ha incitado con sus escritos a los habitantes de las islas de Cuba y Puerto Rico a separarse del imperio de Su Majestad". Este hipócrita clérigo, seguía diciendo el mensaje, se ha congraciado con el Obispo Dubois y ahora busca ser ascendido al episcopado.

El Embajador, a su vez, escribió a Giuseppe Cardinal Albani, Secretario de Estado de Su Santidad, pidiendo encarecidamente que no se realizara el propuesto ascenso de Varela, ya que sería peligroso, tanto al colonialismo español como a la Santa Sede[16].

La respuesta del Cardenal Albani trataba de aplacar los temores del embajador González Salvador. A su oficina no había llegado ninguna propuesta de ascenso del filósofo cubano.

> El nombre del clérigo español Varela, a quien se refiere su mensaje confidencial, es desconocido aquí salvo por su correspondencia con el Obispo de Nueva York durante la reciente estancia de dicho prelado en Roma. Habría sido conveniente recibir la información de Su Excelencia antes de que el Obispo de Nueva York se marchara. Hubiera sido posible dirigir su atención a este sacerdote mucho mejor que ahora a tanta distancia.

Dada la critica situación actual en Francia, explicaba Albani, había poca probabilidad de que el Obispo Dubois fuera transferido a aquélla desde Nueva York.

> Además, si acaso algún día Varela fuese en realidad propuesto a la Santa Sede como candidato, puede Su Excelencia estar seguro de que el

---

[16] Cfr. mensaje mecanografiado "Eminmo. Signor Cardinal Albani, Segretario di Stati di Sua Santitá. Ritorni la confidenziale del Signor Ambasciatore di Spagna sul sacerdote D. Felici Valera (Varela)", 1830. Giuseppe Cardinal Albani, 1750-834, nacido en Roma, fue funcionario administrativo en el Vaticano desde 1814, sirviendo bajo los Papas Pío VII, León XII, Pío VIII y Gregorio XVI.

Secretario papal no ignorará los memorándums sobre él que Su Excelencia nos ha transmitido.

El Embajador informó entonces al Secretario de Estado español que el Cardenal consideraba improbable que el nombre de Varela surgiera para consideración en la selección de obispos. Así terminó el asunto.

En realidad, la preocupación de las autoridades españolas en cuanto a la rumorada ambición de Varela no tenía fundamento. No aspiraba él a la silla episcopal ni en Nueva York ni en ninguna otra parte; todo planteamiento en su favor por sus amigos influyentes debió ser espontáneo y sin autorización suya. Y la prueba de ello es que nada parecido llegó nunca a oídos de Roma[17].

¿De dónde, entonces, provenían los rumores que inquietaban a los ministros de España? La correspondencia entre Madrid y Roma nos da la clave: se refería repetidamente a supuestas diferencias entre los dos Vicarios Generales de Nueva York. Sin embargo, Varela y Power, aunque de culturas y nacionalidades distintas, funcionaban de acuerdo en una serie de proyectos; y el cubano siempre se remitía al parecer de su colega públicamente. Existía, a pesar de ello, una significativa diferencia entre ambos: Power se mostraba descontento bajo el Obispo Dubois, y tendía a quejarse de él en cartas a sus amigos de Roma[18].

Los devotos seguidores de Power, que lo habían propuesto para suceder al Obispo Connolly, y ahora esperaban que suplantara a Dubois, tal vez temían que otro "extranjero" desplazara a su héroe[19]. De estos sentimientos se nutren los rumores.

De que esos temores eran infundados, al menos en cuanto a Varela, lo demuestra el hecho de que el joven Padre John McCloskey, al viajar a Europa en noviembre de 1834, llevaba consigo dos paquetes dirigidos a Roma. Uno del Obispo Dubois, donde pedía el nombramiento de un Coadjutor, y recomendaba para ese puesto al Dr. Charles Constantine

---

[17] Unos seis años más tarde, cuando se rumoraba el ascenso de Varela en el Concilio Provincial de Baltimore, la mayor oposición provino del propio Varela.

[18] Ej. Power propuso en 1833 que la Sacra Congregación para la Propagación de la Fe le traspasara, para terminarlo, la propiedad del Seminario en Nyack que Dubois financiaba con fondos de aquélla. "El Obispo —alegaba él— nunca obtendrá la ayuda de la gente, porque no confían en su prudencia". Véase copia de la carta de Power al Dr. Cullen en Roma, desde Nueva York, Sept. 15, 1833, en AANY, AHP, A-35.

[19] Power tampoco había nacido en EE.UU., y era un inmigrante, igual que Connolly, Dubois, Varela y John J. Hughes.

Pise o al Padre Thomas F. Mulledy, S.J. El otro, dirigido a Thomas Cardenal Weld, era del "Muy Rev. Dr. Power, V.G., cuyos amigos estimaban que los mejores intereses de la región requerían su nombramiento al cargo"[20]. También escribió Power sobre este asunto al Padre Anthony Kohlmann, S.J., un pionero en la administración de la Diócesis neoyorquina, quien usó su influencia con la Congregación de la Propaganda, como lo hizo el Obispo Simón Bruté. Pero Roma tenía conocimiento del antagonismo hacia Dubois por parte de Power y vaciló en el nombramiento de Coadjutor del Vicario General.

Una cuestión de la mayor importancia reclamaba la atención de ambos Vicarios Generales. El anti-catolicismo, que había estado latente durante los liberales primeros años de la República, retornaba ahora a la escena americana con fuerza arrolladora. El Reverendo Charles G. Finney encabezaba una revitalización del protestantismo fundamentalista. Docenas de publicaciones "cristianas" habían surgido, con el principal objeto de atacar y vilipendiar al "Papismo". La Sociedad Bíblica Americana inundaba el país con versiones de las Sagradas Escrituras protestantes modificadas y con denuncias de supuestos enemigos papistas de la Biblia. La inmigración, económica y socialmente desestabilizadora, de hordas de irlandeses pobres alimentaba las llamas de los prejuicios; y la aprobación en Inglaterra, en 1829, de la por muchos años denegada "Ley de Emancipación de los Católicos" provocaba escalofríos entre la mayoría anglosajona y protestante de América.

El Segundo Concilio Provincial de los Obispos Católicos reunidos en Baltimore en 1833 tomó debida nota del peligro, pero se manifestó en favor de mantener silencio y tolerancia:

> No sólo nos atacan a nosotros y a nuestras instituciones de un modo ofensivo y vituperante, falsean nuestros principios, denigran nuestras costumbres, repiten las calumnias cien veces refutadas de los días de rencor y acrimonia en otras tierras, sino que nos denuncian como enemigos de las libertades de la República. Y han proclamado su imaginaria necesidad de no solamente obstaculizar nuestro progreso, sino de hacer los mayores esfuerzos por erradicar nuestra religión... No es ni nuestro principio ni nuestra costumbre pagar el mal con el mal; o

---

[20] John Cardinal Farley, *The life of John Cardinal McCloskey, first Prince of the Church in América,* 1810-1885 (New York: Longmans, Green, 1918), pág. 95.

la burla con la burla: por el contrario, os exhortamos a bendecir a nuestros enemigos[21].

El 2 de enero de 1830, la campaña anticatólica se solidificó con la inauguración en Nueva York de *El Protestante*, una publicación periódica que se manifestaba así:

> El único objeto de esta publicación es: inculcar las doctrinas del evangelio frente a las corrupciones de Roma; mantener la pureza y suficiencia de las Sagradas Escrituras contra las tradiciones monacales, para ejemplarizar el vigilante cuidado de Enmanuel sobre 'la Iglesia de Dios, que él ganara con su propia sangre', y para defender la verdad revelada... contra el Credo del Papa Pío IV y los cánones [sic] del Concilio de Trento[22].

Al frente de esta empresa se situó, en un año, el Reverendo William Craig Brownlee, que también organizó la militante Asociación Protestante de Nueva York, y pronto se destacó como el principal antagonista ministerial de los católicos, en lo que Ray Allen Billington critica como "La Cruzada Protestante".

Power y Varela se encargaron de contestar el reto de *El Protestante*. Ambos eran teólogos bien entrenados, así como hábiles en la polémica, tanto en el uso de la pluma como de la palabra hablada, y capacitados para refutar las exageraciones con hechos, el insulto personal con la dialéctica. Ellos y otros sacerdotes diocesanos se enfrentaron con el Dr. Brownlee en la tribuna de conferencias --el foro público antes de que la radio y la televisión la suplantaran-- en Broadway Hall, en Clinton Hall, y en la iglesia del Reverendo Dr. Archibald Maclay en la calle Mulberry. Los tópicos debatidos, según se propusieron por los protestantes, indicaban cuan parcial era el pensar de la mayoría de aquel momento: "¿Es la jerarquía romana el hombre pecador, el hijo de la perdición que el apóstol Pablo predijo en su Epístola a los Tesalonicenses?" "¿Está justificado enajenar a la gente de las Escrituras por el clero católico?" "¿Es el Papa el hijo maldito de la perdición?" Y otras proposiciones similares.

Según el Dr. Hernández Travieso, en una de las discusiones el enojado John Power declaró que su Iglesia no estimaba prudente permitir

---

[21] Peter Guilday, *The national pastorals of American hierarchy*, 1792-1919 (Westminster, Md.: Newman, 1954), pág. 78.

[22] Ray Allen Billington, *The Protestant crusade 1800-1860* (New York: Mcmillan, 1938), págs. 53-54.

que cualquier católico interpretara la Biblia por sí mismo. Cuando la oposición se aprovechó de este reconocimiento por el Párroco de *Saint Peter* como prueba de que la Iglesia prohibía la lectura de la Biblia, según ellos venían afirmando, Varela salvó la situación mostrando una Biblia en versión inglesa aprobada por el Papa en 1609 --37 años después del Concilio de Trento-- y otra en francés publicada en 1764, autorizada asimismo por el Vaticano. Entonces, presentó una larga lista de Papas y Obispos, de varias épocas, que aprobaban la lectura por la feligresía de las Santas Escrituras. Así, "como un mago de encantamientos había sacado a Power de apuros y cerrado de paso la boca a sus impugnadores"[23].

El *Truth Teller* y algunas revistas protestantes abrieron sus páginas a estos debates. Se acordó que cada publicación recogería los argumentos de ambas partes. El *New York Observer*, un virulento órgano nativista de los hermanos de Samuel B. Morse --famoso por la introducción del telégrafo-- acogió las listas gustoso, pero menos como proveedor de noticias que como polemista. Unos meses más tarde, concluyó la batalla de las palabras, según Billington, porque el Dr. Brownlee atacaba de manera tan abusiva que los propios lectores de *Truth Teller* pidieron que no se incluyeran sus artículos. A Brownlee se le dijo: "En lugar de argumentos, usted utiliza la falsedad, las palabras soeces, los improperios, la calumnia repugnante y la reiteración de una fábula obscena"[24].

De entre sus protagonistas católicos, los Padres Power, Varela, Joseph A. Schneller y Thomas C. Levins, el intelectual cubano fue el más medido y erudito en sus exposiciones. Evitando la retórica y la invectiva personal, citó cada capítulo y versículo bíblico, así como hechos históricos, para corregir a sus adversarios y para iluminar a los ingenuos e ignorantes de su propia profesión de fe. Se dice que Varela se distanció de la polémica entre el *Truth Teller* y el *Observer* debido a que su ecuánime juicio estaba por encima de la hostil contienda[25]. Pero organizó una serie de conferencias semanales sobre doctrina cristiana, en las que los sacerdotes de la ciudad participaron, para que los católicos

---

[23] Antonio Hernández Travieso, *El Padre Varela* (Miami: Ediciones Universal, 1984), págs. 379-383.
[24] Citado por Billington, pág 64.
[25] William Francis Blakeslee, C.S.P. "Félix Varela, 1788-1853". American Catholic Historic Society of Philadelphia, *Records*, N° 38 (1927), pág. 39.

conocieran mejor su fe antes de intentar defenderla[26]. Publicó un folleto con las diferentes interpretaciones de la Biblia diseminadas por la "New York Bible Society", probando que, puesto que diferían tanto en sus textos, no podían ser parte de la Revelación Divina. Habría de volver a este tema unos años después con una más amplia demostración en su *Expositor*. Con Schneller, su ayudante en "Christ Church", expuso también doctrinas del catolicismo no bien comprendidas en su órgano parroquial, el *New York Weekly Register and Catholic Diary*. El lema de dicha publicación era: "Todo lo que deseáis recibir de otros, dáselo a ellos"[27]. El primer editorial garantizaba que sería "totalmente en favor de la idea republicana, inflexiblemente imparcial y completamente irlandés". Sólo en la ciudad de Nueva York había entonces unos 40,000 irlandeses.

El *Register* incluyó en sus primeros números una clara "Disertación sobre la antigüedad de la doctrina católica" autenticada con datos y escrita por el P. Félix Varela. Reprodujo párrafos en apoyo del Dr. Brownlee publicados en el *Journal of Commerce* y opiniones en contra por el *Evening Post* y la *National Gazette*. Pero se negó a publicar una carta firmada por "F. H." por ser muy dura hacia cierto clérigo protestante de Nueva York, recordándole al autor de la carta que los hombres se deben abrazar mutuamente con "brazos abiertos en ternura y afecto fraternales"[28].

Un notable triunfo del *Weekly Register and Catholic Diary* fue exponer lo que había de fraudulento en *Las terribles revelaciones de María Monk*, el libro ampliamente vendido que enajenaba a los americanos contra los católicos en general, y contra sus conventos en particular. La publicación en el *Register* de declaraciones juradas y otras pruebas provenientes del Canadá incitaron a William L. Stone, del *Commercial Advertiser*, a viajar a Montreal para investigar la cuestión. Aunque anticatólico, Stone no pudo menos que publicar datos que probaban, mediante pruebas concluyentes, que *Las terribles revelaciones* no eran más que una patraña mal intencionada[29].

En una época de intolerantes antagonismos religiosos, Varela fue un pionero del ecumenismo, capaz de un diálogo no violento, asombrando a

---

[26] Hernández Travieso, *op. cit.*, pág. 380.
[27] *New York weekly... op. cit.*, tomo I, N°. 1, 5 de Oct., 1833.
[28] *Ibid.*, 12 de oct., 1833.
[29] Foik, *op. cit.*, pág. 120.

sus oponentes con su cultura, su paciente exposición y su liberalismo. El Padre John Hughes, de Filadelfia, más tarde Obispo y Arzobispo de Nueva York, hizo una humillante jugada a los editores de *The Protestant*: bajo el seudónimo de "Cranmer". Remitió una serie de exageradas pero supuestamente verídicas relaciones de hechos delictuosos cometidos por los católicos, que aquéllos publicaron con credulidad, hasta que su autor reveló que se trataba nada más que de una patraña. John Power respondía ataque con ataque. Varela, sin embargo, revelaba ser una clase de católico seguro de su fe, de amplias miras y apto para exponerla, pero, a la vez, era respetuoso de la duda sincera, como se hace en el mundo de hoy.

Durante la década de 1830, los católicos se enfurecieron con el deliberado y no castigado incendio, por una turba, del convento y la biblioteca de las Ursulinas, en Charlestown, Massachusetts. Y en Nueva York se sospechaba de delito de incendio en la destrucción de la iglesia de *Saint Mary* en la calle Sheriff, del Seminario fundado por el Obispo Dubois en Nyack, y de la escuela de las Hermanas de la Caridad en la calle Mulberry. Sin embargo, el ecuménico Varela, escribiendo desde Nueva York a sus amigos cubanos, hablaba de la Iglesia universal y sugería tolerancia:

> Cuando me hablan de la congregación católica de este país, que ella se compone de los que vienen a nuestros templos y de muchos que van a los heréticos sin saber a donde van ni por qué van. Pero, ¿quiénes son éstos? ¿quiénes son los verdaderamente inocentes, que sin embargo de creer las herejías no son herejes? He aquí un punto que dejamos a la justicia divina, siguiendo el consejo del Apóstol: 'quién eres tú que juzgas un siervo ajeno, está en pie o cae para su señor'. He aquí el verdadero tolerantismo. No condenamos a nadie, antes por el contrario, los suponemos a todos inocentes hasta que den pruebas de no serlo. Decimos que los herejes no tienen parte con Cristo y en esto no hacemos más que sostener la doctrina evangélica, pero no investigamos quiénes son herejes; como si dijésemos que condenamos el latrocinio sin averiguar quiénes son ladrones[30].

El estilo dialéctico de Félix Varela queda demostrado en una revista de la cual publicó unos seis números en respuesta a *The Protestant* durante los años 1830 y 1831. Su título, ***The Protestant's abridger and***

---

[30] Félix Varela y Morales, *Cartas a Elpidio, sobre la impiedad, la superstición y el fanatismo en sus relaciones con la sociedad* (La Habana: Universidad, 1944-45), Tomo II, pág. 140.

annotator (El condensador y anotador del Protestante), muestra su propósito. El prólogo, moderado, amistoso y de tono esperanzado, absuelve a la mayor parte de los no-católicos del fanatismo evidente en *The Protestant:*

> Se puede colegir que el *Protestant*, un periódico semanal, es el vehículo de un ataque de todas las sectas cristianas contra la Iglesia Católica; pero, en realidad, se quiere que sea y es dirigido por los líderes de una de ellas, y no ha obtenido la aprobación general de los protestantes, en cuanto muchos de ellos lo consideran una empresa calumniosa, falta de tacto e inútil. En él no se omiten ni el insulto ni la injuria personales. Se les llama a los católicos *filisteos no circuncidados*, y a sus sacerdotes impostores. Mi religión, mi honor y mi cargo me obligan a convertirme en el comentador del *Protestant*, y a demostrar que éste está, por lo menos, equivocado[31].

A la acusación del *Protestant* de que "el aumento del papismo en los Estados Unidos es alarmante al combinarse con el profundamente arraigado establecimiento de *esa denominación anticristiana del sur del Canadá*, y los constantes esfuerzos de los devotos del Hombre del Pecado", Varela respondía sin alterarse: "¡Y *The Protestant* lo incrementará apoyando una *causa humana* de manera humana. Es decir, empleando un lenguaje insultante!".

A la afirmación de que la Iglesia Católica cree que no existe salvación posible fuera de ella, Varela replicaba en espíritu de universalidad: "No existe sino una Iglesia, que es la Católica, y no hay sino un bautismo, no importa si es impartido por un hombre o una mujer, sea católico, hereje o pagano. Quienquiera que sea bautizado es miembro de la Iglesia". Muchos miembros de las sectas cristianas "pertenecen en realidad a la Iglesia Católica Romana". En cuanto a los paganos, que nunca han oído de la Iglesia, serán condenados únicamente por pecados "cometidos contra las leyes de la naturaleza"; y si sus vidas son justas, "serán unidos en caridad con el mismo Señor. ... se unirán a la única Iglesia de Jesucristo, a esa Iglesia cuyo Vicario en la tierra es el Obispo de Roma, aunque no tengan ninguna noción de ese Obispo ni de esa

---

[31] *The Protestant's abridger and annotator* (New York: Bunce, 1830-31), N° 1, pág. 2, "Anuncio". Muchos protestantes se habían revelado cooperadores de los católicos: el comité de la iglesia *Trinity* había ofrecido terrenos en la calle Barclay para la de *St. Peter*, y los síndicos episcopales de *Christ Church* habían vendido a Varela su edificio por un precio muy inferior a lo ofrecido por otro comprador; el Obispo Dubois tenía buenos amigos entre la clerecía anglicana, y había varios notables conversos.

ciudad"³². En relación con el destino de los niños no bautizados, los teólogos no estaban de acuerdo; pero Varela declaraba que no podía pensar que fueran a sufrir en la otra vida.

Aunque la doctrina de la infalibilidad papal no se había promulgado aún, muchos católicos se suscribían a ella, y los protestantes la atacaban como el dogma más peligroso. Decía *The Protestant* en sorna: "Un supuestamente infalible Ganganelli, de *nociones equivocadas*, abolió la Orden de los Jesuitas; pero el fallecido Papa, otro infalible, la ha restablecido. Dos contradicciones llanas prueban una infalibilidad. ¿Quis credat? (¿A cuál creer?)"

"La infalibilidad del Papa", respondía Varela, "no es un artículo de fe. Por el contrario, se niega por muchos teólogos católicos sin la menor censura por parte de la sede romana. Hasta aquéllos que admiten la infalibilidad del Papa, nunca dirán que es infalible sino en cuestiones de fe y moralidad, y no cuando da su opinión como *Doctor privado* sino cuando decide como cabeza de la Iglesia". Aquí Varela se anticipaba a las limitaciones que serían insertadas en el pronunciamiento promulgado por el Concilio Vaticano I, 4ta. Sesión, el 18 de julio de 1870, cuarenta años más tarde³³ y unos meses antes de que el Concilio se disolviera debido a la Guerra Franco-Prusiana.

"Si alguien se atreviera a decir que la infalibilidad del Papa es un artículo de fe", continuaba Varela, "sería inmediatamente considerado hereje por el Papa mismo", es más, puesto que el establecimiento de una orden religiosa no es un asunto de fe o de moral, "*The Protestant* ataca a un enemigo ficticio"³⁴. Así, en pocas palabras, aclaró que la infalibilidad papal no era un dogma entonces, que si se declarara dogma de fe, su aplicación sería limitada, y que, ya que la restauración de la Orden de los Jesuitas no tenía que ver con la fe y la moral, no estaba relacionada con la cuestión de la infalibilidad del Papa.

---

[32] *Ibid.*, pág. 11.

[33] La oposición a la declaración de infalibilidad, por considerarla extemporánea e impolítica, la tipificaban en Inglaterra Gladstone y Newman; y en Norteamérica siete obispos de la Iglesia que se opusieron en el Concilio --Domenec de Pittsburg, Fitzgerald de Little Rock, Kenrick de St. Louis, McCloskey de Louisville, McQuaid de Rochester, Mrak de Marquette, y Verot de Savannah, Vicario de la Florida. Se pueden hallar traducciones del decreto, o de parte de él, en Geddes MacGregor, The Vatican revolution: en *Décrets et canons du Concile oecumenique et general du Vatican, en latin et en francais avec les documents qui s'y rattachent*; en la *Catholic encyclopedia*, 15: 308a; y en Anne Fremantle, ed. de *The papal encyclicals in their historical context.*

[34] *The Protestant's... op. cit.*, N° 1, pág. 12.

Tan serena, tan documentada, y en muchos puntos tan sorprendente era la explicación por Varela de su fe que el Reverendo Brownlee, felicitando a su audiencia por haber escuchado tan liberales sentimientos de labios de un clérigo católico, tildó sus pronunciamientos de "jesuitismo español", y lo acusó de exponer mal la doctrina de su Iglesia. "El señor Varela expresa sus propias ideas y no la doctrina de la Iglesia Romana. Y si lo cogieran en Roma, lo quemarían en vida. Se expresa de esta manera sólo porque está en América". El público se rió de esta humorada, y hasta Varela no pudo menos de sonreír.

"Estoy seguro", añadió un colega de Brownlee, "de que este caballero (Varela) no durará 24 horas más de sacerdote sin ser suspendido en sus funciones por su Obispo"[35]. Años más tarde, Varela se sonreiría recordando lo vehemente de aquel vaticinio.

Ambas predicciones, la católica y la protestante, acerca del Obispo Dubois resultaron ser incorrectas. El venerable prelado ni renunció a su puesto en Nueva York ni censuró a su valiente sacerdote. Dubois regresó con el invierno, tarde en 1831, al combate desigual con los financieramente omnipotentes síndicos, contra los laicos que designaron director de la escuela de la Catedral al Padre Thomas C. Levins, después que el Obispo lo había suspendido por insubordinación. Según sus problemas administrativos aumentaban y su energía disminuía, el acosado prelado dependía cada vez más de su leal e inteligente clérigo cubano.

A Dubois se le respetaba por el elemento culto no católico. Habiendo estudiado inglés con Patrick Henry, mantenía amistad con el Presidente James Madison y los Randolph de Virginia, y se le describió por el Presidente Jackson como "el caballero más cabal que he conocido jamás"[36]. Varias conversiones sobresalientes tuvieron lugar durante su era de prelado, y los líderes políticos del estado de Nueva York, DeWitt Clinton y William Henry Seward, se mostraron comprensivos para con el progreso de la Iglesia. El docto Dubois no estaba a favor de los sañudos debates religiosos que parecían solamente exacerbar los sentimientos. Pero se sentía complacido con las razones moderadas y bien

---

[35] Varela, *Cartas... op. cit.*, Tomo II "la *superstición*", págs. 146-47.
[36] *Archdiocese of New York*, folleto del centenario, 1950, pág. 5. Cfr. también ALS, Varela, "To the Most Reverend The Archbishop of Baltimore [James Whitfield]", desde "New York, September 23, 1829", en Archivos de la Arquidiócesis de Baltimore.

documentadas aducidas por Varela, que resultaban instructivas para los católicos y desalentadoras para los enemigos de la Iglesia.

Una epidemia de cólera, que paralizó la ciudad en 1832, causó que se prohibieran las asambleas públicas y se cerraran las escuelas e iglesias. Los hombres de negocios prósperos enviaron a sus familias a refugios rurales --al norte de la calle Canal-- y muchos de ellos cerraron sus tiendas por tiempo indefinido. John Power, sin embargo, se mantuvo en su puesto en *Saint Peter*, cuidando de los moribundos y de los afectados por la plaga. Al Obispo Dubois, que regresaba de una visita pastoral extenuante por la parte norte del Estado, se le aconsejó que no volviera a la ciudad. Pero él continuó su labor eclesiástica en *Saint Patrick*, de la calle Mulberry, prefiriendo compartir la crisis con su grey. En cuanto al frágil Varela, como el redactor de su obituario recordaría en el *Freeman's Journal,* dos décadas después, "prácticamente vivía en los hospitales". Visitaba los buques cargados de inmigrantes sospechosos de traer la plaga a la ciudad. Rogaba y alegaba razones para que se le admitiera a la zona de cuarentena, a fin de llevar el consuelo de los Sacramentos a los enfermos. La gente del país se quejaba de los refugiados irlandeses, que eran ahora los que traían la epidemia, así como la pobreza y el papismo. Pero alababan con cierta envidia la devoción desinteresada de la clerecía católica por sus desafortunados hermanos.

La epidemia cesó y la vida de la ciudad reanudó su ritmo. El Obispo Dubois consagró la nueva iglesia de *Saint Mary* en las calles Grand y Ridge para reemplazar la destruida por el fuego. Un incendio destruyó la escuela de las Hermanas de la Caridad en la calle Mulberry. Otro más, de origen sospechoso, consumió, aún sin terminar, el Seminario diocesano del Obispo, en Nyack, y con ello la ayuda financiera lograda en dos años de peregrinaje por Europa. Falto de escuelas donde educar a su feligresía, el prelado católico trató, en 1834, de entrar en alianza con la Sociedad de Escuelas Públicas de la Ciudad de Nueva York, de orientación cuáquera. Pero, aunque se trataron cortésmente, la alianza no llegó a producirse.

Félix Varela, siempre constante en sus deberes pastorales, enseñando, defendiendo la fe, publicando un periódico semanal, escribiendo sin cesar para la juventud de Cuba y para los jóvenes y viejos de Nueva York, compartía también la carga del Obispo. "Se le enviaba frecuentemente a puntos distantes del Estado", dice Shea, "a zanjar dificultades, a examinar las acusaciones presentadas y a representar al Iltmo. y Rvdmo. Obispo en los más delicados asuntos"[37].

En una ocasión, dejó Nueva York en una misión de misericordia. La ciudad de Boston, rencorosa y no arrepentida tras la quema del convento de las Ursulinas de Charlestown por los oriundos del lugar, se preparaba a ejecutar por el delito de piratería a un capitán de barco español, Don Pedro Gibert, y a nueve miembros de la tripulación. La capital intelectual de Nueva Inglaterra, comenta un historiador católico con tristeza, podía exonerar a los que quemaban y saqueaban conventos, pero no sentía piedad por los marinos españoles[38]. El Obispo Benedict J. Fenwick hizo venir a Varela para que un sacerdote que hablaba su lengua proveyera a los convictos de solaz espiritual. El 11 de junio de 1835 el clérigo cubano acompañó a los hombres hasta la horca y, mientras se les apretaba el nudo de la soga al cuello, sus palabras resonaban por sobre la multitud: "¡Españoles, ascended al cielo!"[39]

No se ha podido probar que Varela estuviese descontento en Nueva York y que buscase otro curato, aunque estos rumores llegaron a Roma. Su dedicación al bienestar de sus correligionarios en Nueva York era, en cuanto a él concernía, absoluta y definitiva. Cuando se abrió la puerta a un posible regreso a su amada Cuba, no aceptó dicha oportunidad.

En 1832, Mariano Ricafort sucedió al estricto Gobernador Vives, y se esperaba una distensión de los controles. Por entonces falleció Fernando VII, pasando el trono a la hija pequeña de su cuarta consorte, Isabel II, y España de nuevo se vio con demasiados problemas internos para poder ejercer una política de mano fuerte en las islas. Miguel Tacón, gobernador militar desde 1834 hasta 1838, comenzó su odiado régimen, irónicamente, con una amnistía para los prisioneros políticos.

Los exiliados iban paulatinamente regresando a Cuba.

Tomás Gener, después de escapar con Varela de las desafortunadas Cortes de 1823, había entrado en sociedad con la casa Appleton de

---

[37] John Dawson Gilmary Shea, *The Catholic churches of New York City* (New York: Goulding, 1878), pág. 689.
[38] John Dawson Gilmary Shea, *History of the Catholic Church in the United States...1521-1866* (New York: McBride, 1886-92), Vol. 3, 487.
[39] Germán Arciniegas, *Caribbean, sea of the new world*, tr. por Harriet de Onís, pág. 356. Para detalles acerca de los piratas y el juicio sensacional, cfr. Henry K. Brooke, *Book of pirates*, págs. 171-83. Otrosí véase *Report of the trial of the Spanish pirates, by a Congressional Stenographer*.

Nueva York, había escrito un libro sobre los negocios bancarios, y había obtenido un doctorado honorario en Derecho de la Universidad de Columbia[40]. Al igual que Varela, había dado asilo y ayudado a muchos refugiados hispanoamericanos. Ahora regresaba a Matanzas, donde moriría poco después, el 15 de agosto de 1835[41].

José Antonio Saco, que colaboraba con Varela en *El mensajero semanal*, transfirió sus actividades a La Habana en 1832, convirtiéndose en el director de la influyente *Revista bimestre cubana*. Pero, al tratar de establecer una Academia de Literatura progresista, tropezó con la ahora reaccionaria *Sociedad Patriótica* bajo el muy censurado Dr. O'Gaban. En dos años, Saco escapó vía Falmouth, Inglaterra, a Madrid para mantener desde allí la necesidad de reformas sociales en Cuba. El poeta y patriota José María Heredia, cuyos méritos cívicos Varela y Saco habían defendido de los ataques de los monárquicos en las páginas de *El mensajero*, aprovechó la oferta de Tacón y, en 1836, volvió a la Isla por unos pocos meses en 1836; pero regresó a México en un exilio voluntario.

Varela, sin embargo, no cedió a la tentación. Su protector, el progresista Obispo Espada y Landa, acababa de fallecer, y los administradores diocesanos ulteriores temían ofender al gobierno y otros intereses creados. La cátedra de Derecho Constitucional había sido eliminada del San Carlos. Las represivas leyes que se habían dictado en tiempos de Vives se ponían en vigor con un propósito siniestro. El nombre de Tacón se convirtió en anatema, en sinónimo de codicia y despotismo cruel. Saco lo calificó de "servil en España y tirano en Cuba ... un nuevo Nerón, un Calígula moderno"[42]. Lo que más amaba Varela, fuera de su parroquia neoyorquina, era Cuba; pero no estaba dispuesto a sacrificar sus principios para continuar su vida en la Patria lejana. Era mejor permanecer en Nueva York, donde uno podía expresar sus opiniones sin temor a represalias.

---

[40] Herminio Portell Vilá, *Historia de Cuba, en sus relaciones con Los Estados Unidos y España* "1512-1853" (La Habana: Montero, 1938-41) Vol. I, pág. 241.

[41] Cfr. Varela, carta de condolencia a la viuda de Gener, "Nueva York, septiembre 3 de 1835", en "Cartas Inéditas", pág. 66. El co-diputado con Varela, José Leonardo Santos Suárez y Pérez, que nació en Santa Clara en 1795, y que había estudiado Derecho bajo aquél en el *San Carlos*, murió en Madrid en 1874. El *Diccionario Biográfico Cubano*, de Peraza, menciona a los tres.

[42] Citado por José Antonio Saco en sus *Memorias*, edición de Espasa, N° 58, pág. 1477.

En las noches invernales en que la ciudad dormía paralizada por el hielo, este hijo del caluroso Caribe, en medio de su soledad, se sentía en comunión íntima con su Patria y escribía a Saco y a los otros vinculados a él en La Habana:

> Yo velo cuando todos duermen y trabajo cuando todos reposan. Yo gozo la vida cuando todos dejan de gozarla, y sólo me veo libre cuando la sociedad importuna yace encadenada. Todo está tranquilo, y puedo ya escribir; pero mi ánimo nada encuentra que lo excite. En estos silenciosos momentos (porque son las doce de la noche) al través de las tinieblas que cubren la helada naturaleza, mi activa imaginación sólo me presenta árboles esqueléticos, lagos congelados, montañas de nieve y campos desolados. Pero entonces un grato recuerdo me saca de esta región de inercia, y me transporta al vergel de las Antillas, donde todo está animado. Veo aquellos árboles frondosos, aquellos inquietos arroyuelos, aquellos copados montes, y aquellas floridas llanuras. Estas delicias de mi imaginación se aumentan por el contraste que con ellas forma la vista del pequeño aposento donde escribo, a beneficio de una buena chimenea que no dista de mí una vara, y aún estoy más próximo al lecho, cubierto con mantas pesadísimas. Pero yo estoy entre ustedes, a todos veo, a todos hablo[43].

En ese estado mental y bajo esas circunstancias escribió sus *Cartas a Elpidio*. El primer tomo salió a la luz en Nueva York en 1835; el segundo en Madrid en 1836 y en Nueva York en 1838. Y un proyectado tercer tomo no se publicó, o tal vez no se escribió, porque su pluma estaba ocupada en escribir en lengua inglesa. Las *Cartas* eran para sus amigos jóvenes de La Habana, quizás dirigidas a José de la Luz y Caballero o a José María Casal o a otros discípulos; pero probablemente a todos los jóvenes de mente abierta, ya que "Elpis" es la palabra griega que significa "esperanza". Eran de carácter filosófico, aunque de tono personal, ofreciendo vislumbres de su permanencia en América y exponiendo sus maduros juicios sobre los problemas de la sociedad. Hacían hincapié en la necesidad de la religión: una religión de amor, constructiva, realista, con amplias miras, y conocedora del valor inestimable del ser humano como fundamento de una sociedad justa. Varela previno en particular contra los demagogos que se nutren de la falta de fe y propósito moral de alguna gente, o que se aprovechan de la superstición, la ignorancia y el fanatismo.

---

[43] José Antonio Fernández de Castro reproduce la nostálgica carta de Varela a los redactores de la *Revista bimestre Cubana*, fechada en "Nueva York, 28 de febrero de 1832", en *Medio siglo*, págs. 37-39.

El mundo, dice Varela en sus *Cartas*, es testigo a menudo de la glorificación de la maldad y la persecución de la bondad. Esa tendencia se incrementa con la carencia, entre las masas, de una fe real y esencial en lo bueno y la verdad. La ausencia de tal fe ocasiona el malestar social, destruye el valor de la gente, y sirve de trampolín al despotismo.

Pero quienes se mofan, prosigue el sacerdote, no deben ser atacados con palabras duras, porque también ellos son obra de Dios, y su dignidad humana ha de ser respetada:

> ¿Cómo deben, pues, tratarse los impíos? Según las máximas del Evangelio: con caridad y dulzura, y al mismo tiempo con firmeza. Esta debe manifestarse, no por medio de persecuciones --que la razón y la experiencia prueban que solo sirven para encender más el fuego devorador de la impiedad-- sino por un carácter noble y decidido por parte de los creyentes...
>
> Nada más opuesto a la conversión que el insulto, y desgraciadamente lo vemos practicado por hombres muy piadosos, cuando se trata de atacar a los impíos. Suelen ponerse en ridículo imitando a sus enemigos en la truhanería y creen que haciendo reír un poco a los que no dudan de la verdad de la religión, convencen a los que la niegan. Este es un medio anti-evangélico que sólo sirve para satisfacer pasiones humanas, y tomar venganza de insultos recibidos...
>
> Estas palabras me recuerdan una doctrina de San Agustín,... 'Distíngase --dice este Padre-- en el criminal la obra de Dios y la obra del Diablo; el hombre es obra de Aquél, y el pecado de éste. Amemos, pues, al hombre y aborrezcamos el crimen'. En ningún caso se debe, mi Elpidio, odiar a ninguna de las obras creadas por el Ser Supremo[44].

'Quéjanse con razón los impíos, --recordaba Félix Varela-- de la crueldad con que muchas veces han sido tratados'[45]. Su consejo de respeto mutuo, escuchado a menudo en la época del ecumenismo, sonaba como un clarín solitario en una era en la que los protestantes, solivantados por las mentiras de "María Monk" y los temores de los mal informados, convocaban mítines enormes contra la "infiltración papista", en una ciudad donde los católicos, tratando de defenderse, invadían las manifestaciones públicas anticatólicas con piedras y botellas.

---

[44] Varela, *Cartas... op. cit.*, Tomo I "La *impiedad*", págs. 93-95.
[45] *Ibid.*, I, pág. 141.

En el segundo tomo de las **Cartas**, Varela dedicó su atención a *la superstición*, que consideraba en términos generales como el substituto de la religión que "se opone a cualquier reforma y no reconoce abusos":

> Aprisionado el entendimiento y atemorizado el corazón, queda el hombre reducido a un estado de locura sin más ni más. En vano claman los verdaderamente religiosos y sensatos por las reformas necesarias para el bien de la patria y de la religión,... una muchedumbre de ilusos, guiados por una banda de teólogos... sale al frente, grita, insulta, atormenta, y persigue defendiendo con denuedo la causa del Diablo, mientras se presenta como promotora de la de Dios y como su hueste contra la impiedad. No queda ni reputación ni honor que no ataquen,...

Félix Varela, hombre de nuestro tiempo, se quejaba de que los intolerantes ofenden a los que ellos atacan, impiden el progreso y perjudican también la causa que pretenden apoyar, repeliendo a sus verdaderos defensores indignados...

> Exasperados los buenos atacan a estos supersticiosos, mas no siempre con prudencia, y así causan muchos escándalos, que sirven de fundamento a nuevas persecuciones y perpetúan el odio en todas las clases de la sociedad. Por lo regular viene a reducirse todo a una guerra de injurias y de calumnias, prodigándose nombres odiosos, que fijos en la memoria, conserva siempre encendida la llama de la discordia[46].

Los líderes de la Iglesia en La Habana y en Madrid no compartían el punto de vista de Varela en relación con la superstición y el fanatismo. Ellos querían que los fieles permanecieran dóciles, y desconfiaban de la libertad de pensamiento. Las muertes del Obispo Espada y del Padre José Agustín Caballero, que falleció en 1835, habían puesto punto final a la era del catolicismo liberal cubano. ¿Por qué, preguntaba Varela a Luz y Caballero, no se venden las **Cartas** en Cuba como sus obras anteriores? ¿Era debido a su estilo o a sus opiniones?[47] Por lo menos, un *varelista* se quejó de que el admirado maestro-filósofo escribiera de un modo tan fluido e informal[48]. Sin embargo, el problema principal no eran las **Cartas**, sino la jerarquía religiosa cubana que ocultaba la obra bajo el nombre de Varela, con un silencio oficial eclesiástico que persistiría por más de un siglo.

---

[46] *Ibid.*, II, págs. 11-12.
[47] Del Padre Varela a José de la Luz, "Nueva York, 2 de junio de 1835" y "Nueva York, 5 de junio de 1839", en "Cartas Inéditas", págs. 67-68.
[48] De Félix M. Tanco a Domingo del Monte (Delmonte), 1836; del Monte, **Centón epistolario**, N° 7, pág. 62.

En contraste con muchos pensadores de su tiempo, Varela no hallaba que la religión fuera inconsistente con la experimentación científica y los cambios sociales. Por el contrario, evadiendo la religiosidad y el fanatismo, veía en la religión una regla de vida subyacente, un esfuerzo para abrir al hombre la creación divina y para conducir a la humanidad a una mayor realización de la potencialidad que Dios le da. Esta religión requería una sociedad libre. Él afirmaba, como San Pablo: "Donde está el espíritu del Señor, allí hay libertad"[49].

De acuerdo con Varela, "la religión es esencial a la sociedad; es beneficiosa a la raza humana; es el cimiento del suntuoso edificio del Estado". Así califica la actitud de Varela hacia la religión un cubano del siglo XX. Pero tiene que ser "una religión de la verdad, una religión del progreso social y de la realización plena de la capacidad del hombre, una religión --usando sus propias palabras-- 'que propenda a la participación humana y a gloriarse con el progreso de la ilustración' "[50].

Se observa una nota de nostalgia en las *Cartas*. Aunque la quiebra de la fe era quizás más ominosa en otras partes, la intolerancia y la superstición, que él lamentaba, se evidenciaban en la América anglosajona en todas partes. Había encontrado suficiente reto en Nueva York como para exigir la total dedicación de sus energías. Aquí, dónde tenía libertad y amigos, así como una difícil labor por delante, había resuelto vivir el resto de su vida. Sin embargo, su corazón continuaba palpitando por Cuba:

> Acaso no hay un hombre más afecto que yo a este país (los Estados Unidos), en el que he permanecido por tantos años, a pesar de haber corrido peligro mi vida en los primeros a causa del clima y de haber sufrido infinitas privaciones por no saber su idioma. He tenido en este tiempo varias y honoríficas invitaciones para situarme en otros países, y a ninguna he accedido. Luego que me fue familiar la lengua de este pueblo me he relacionado en él y adquirido tan buenos amigos, que sin ingratitud jamás podré ser insensible a sus atenciones y favores. Yo soy en el afecto un natural de este país, aunque no soy ciudadano ni lo seré jamás por haber formado una firme resolución de no serlo de país alguno de la tierra, desde que circunstancias que no ignoras me

---

[49] Varela, *Cartas... op. cit.*, Tomo II, pág, 172.
[50] Roberto Agramonte, "El Padre Varela 'El primero que nos enseñó a pensar' ". Universidad de La Habana, N° 13, junio-julio 1937, págs. 64-87.

separaron de mi Patria. No pienso volver a ella, pero creo deberla un tributo de cariño y de respeto no uniéndome a otra alguna[51].

Sin embargo, cuando su hermana María de Jesús, a quien no había visto por más de veinte años, le escribe una carta melancólica instándolo a visitar a sus familiares, él le pide que se someta a la voluntad de Dios. "Mi separación de mi Patria es inevitable, y en ello convienen mis fieles amigos. Acaso yo he tenido la culpa por haberla querido demasiado; pero he aquí una sola culpa de la que no me arrepiento"[52].

Su hermana tendría que contentarse con su retrato en miniatura que, a petición de ella, le enviaría cuando pudiera pagar por él.

---

[51] Varela, *Ibid.*, II, pág. 100.
[52] De Varela a "Mi querida hermana", desde "Nueva York, 30 de diciembre de 1842", en "Cartas inéditas", págs. 70-71.

CAPÍTULO IV

FUNDA LA IGLESIA DE LA TRANSFIGURACIÓN

Las actividades sacerdotales del exiliado cubano le dejaban poco tiempo para sentir lástima de sí mismo. Se llevaban a cabo excavaciones para una nueva construcción en la calle Ann, contigua al costado oeste de la "*Christ Church*" (Iglesia de Cristo). Esta pared parecía quebrarse, pero los inspectores la encontraron sólida.

El domingo 27 de octubre de 1833, mientras el Padre Joseph Schneller distribuía la Sagrada Eucaristía, un disturbio se escuchó en el coro. Una enorme fisura se había extendido por toda la pared interior. Cuando un viento súbito sacudió las celosías, se oyó gritar que la iglesia se derrumbaba. Cundió el pánico, la congregación salió corriendo del edificio y, en la estampida, varias personas resultaron heridas.

La *Iglesia de Cristo* estaba condenada a ser demolida. Un comité de laicos, formado por el Dr. William Macneven, Robert McKeon, John Everard, John Doyle y el Dr. Mariano Velázquez, analizaron la situación. Una segunda inspección concedió a la estructura una breve tregua; pero el Obispo Dubois no estaba seguro de que debían celebrarse servicios en ella. El edificio había sido erigido 40 años antes, los cimientos se resentían por la proximidad de las excavaciones aledañas, y un intento de apuntalarlo no dio resultado[1]. El Padre Varela arrendó un local cercano, primero, en el segundo piso de la casa marcada con el número 208 de la calle William y, después, en la número 45 de la calle Ann. El 2 de agosto de 1835, el entresuelo del segundo piso del número 33 de la misma calle fue bendecido como una capilla. Se nos dice en la biografía que escribió José Ignacio Rodríguez sobre Varela que la *Iglesia de Cristo* sufrió dos incendios, de los cuales, el segundo --tal vez el Gran Incendio del 16 de diciembre de 1835; el más desastroso hasta esa fecha en cualquier ciudad de EE.UU.-- obligó a buscar otra ubicación.

De estos arreglos provisionales surgieron dos parroquias. Los síndicos de la *Iglesia de Cristo* consiguieron un terreno en la calle James,

---

[1] The *New York weekly register* 1, Oct. 26-Nov. 30, 1833, *et al.*

y un sólido edificio de estilo romanesco fue erigido en el mismo. La nueva *Iglesia de Cristo* --que se denominaría después *"Saint James Church"*-- costó, incluyendo el solar, $59,000, y estaba destinada a durar más tiempo que ningún otro edificio eclesial de la metrópolis. Su amplio sótano, construido para albergar la escuela, se convirtió en salón de mítines de la Asociación Católica, la cual hizo campaña en los años cuarenta por obtener ayuda estatal para la educación privada. Se dedicó la iglesia de *Saint James* en septiembre de 1836, y Dubois nombró como su Párroco a Andrew Byrne, un clérigo irlandés que había fungido de Vicario General de la Diócesis de Charleston[2].

Algunos de los feligreses de Varela se trasladaron a la iglesia de *Saint James*, pero la mayor parte de ellos --dado que iban a la iglesia caminando-- la encontraron muy distante. Aún más, se sentían unidos a su Pastor por su liderazgo enérgico, por su compasión poco corriente y por el fulgor de su bondad. Ya entonces, sus virtudes se iban convirtiendo en legendarias.

La reformada Iglesia Presbiteriana del Rito Escocés situada en la calle Chambers, del otro lado del parque, estaba a la venta en subasta pública. John Delmonico pasó frente a ella mientras esto ocurría. Oriundo de Suiza, Delmonico había sido capitán de un buque que hacía la travesía entre los EE.UU. y Cuba, y había prosperado en el negocio de importación de vinos, antes de asentarse en el giro de restaurantes con su sobrino Lorenzo. Era, además, un católico devoto, y admirador ferviente del Padre Varela. Sabiendo que su Pastor necesitaba una iglesia, Delmonico, casi en un súbito impulso, participó en la puja con una oferta que fue aceptada por los presbiterianos.

El importe de la compra fue de $55,000.00. Los fondos para ella se recolectaron entre los ahorros personales del sacerdote cubano, la contribución monetaria de sus antiguos discípulos cubanos, y los sustanciales donativos del mismo Delmonico y de otros feligreses. El edificio era de ladrillos, sus dimensiones 50 por 70 pies. Al fondo, en el número 23 de la calle Reade, estaba ubicada una casa que Varela compró para residencia pastoral. Este sería su hogar por el resto de su estancia en Nueva York, y sirvió de albergue a los sacerdotes visitantes de otros

---

[2] La historia de las tres iglesias de Varela en la ciudad de Nueva York se narra en John Dawon Gilmary Shea, *The Catholic churches of New York City* (Nueva York: Golding, 1878), págs. 389-401 y 686-96.

países, así como a los compatriotas cubanos que venían en busca de consejo.

Como para proclamar su creencia en la transcendencia de lo espiritual sobre lo material, el Padre Varela nombró esta casa de culto de segunda mano la *Iglesia de la Transfiguración de Nuestro Señor*. Para los fieles, era simplemente "la iglesia del Padre Varela". Se dedicó el 31 de marzo de 1836 y, según un historiador, "pronto tuvo una grande y leal congregación que, bajo la orientación de su excelente Párroco, mostró la influencia de su santa fe".[3] En cumplimiento de las leyes estatales, y para proteger al Obispo Dubois de ataques semejantes a los que siguieron a la adquisición de *Christ Church*, Varela transfirió el título de la propiedad a los fideicomisarios en marzo de 1837.

Desde ese momento, de la iglesia de la *Transfiguración* irradiaría la labor vital de Félix Varela. Y ésta sería una potente existencia, proyectando su influencia más allá de su lugar y momento en la historia. Su amor por la humanidad, que brotaba del amor al Cuerpo Místico, alentaba los corazones y derribaba cualquier barrera. Las comunidades católicas, en aquel tiempo, y mucho después, tendían a agruparse en clanes étnicos: se vio a los inmigrantes irlandeses abandonar el templo cuando el Obispo Dubois predicaba; los alemanes, los italianos y los polacos exigían predicadores que hablaran en sus lenguas nativas[4]. Por otro lado, la iglesia de la *Transfiguración* simbolizaba una amistosa Liga de las Naciones. Sus primeros síndicos eran de muchas nacionalidades: Félix O'Neill, John Delmonico, François Everard, John P. García, Michael Burke. y Mariano Velázquez, el eminente lexicógrafo cubano-español, que servía de tesorero. Los sacerdotes asistentes también provenían de muchas tierras: Joseph Schneller, austriaco; Dr. Charles Constantine Pise, cuyo padre italiano se había casado con una filadelfiana; John Freitas, portugués; Lewis Terhykowicz, polaco; Bernardo Antonio Llaneza, cubano graduado de Rose Hill (Fordham) que regresaría más tarde a La Habana; William McClellan, otro irlandés de Rose Hill. Y, desde 1842 hasta 1846, un cartujo italiano, Alexander Muppietti, quien, como el Padre Varela, era venerado por los fieles. Muppietti, agotado por la labor misionera en Turquía, se dirigía hacia el

---

[3] *Ibid.*, pág. 689.
4 *Ibid.*, pág. 493. La iglesia de *St. Mary* en la calle Grand tenía una feligresía de lengua alemana que, en 1835, se reunía en el sótano.

sur cuando conoció al sacerdote cubano, y se radicó en Nueva York como ayudante de este espíritu fraternal.

El Padre Varela y su iglesia resultaron pioneros en la historia de la Diócesis. Aunque era anterior a la época de las congregaciones laicas, él vislumbró la importancia de éstas. Organizó la Sociedad de Abstinencia Total[5], casi una década antes de que el Padre irlandés Theobald Matthew comenzara a administrar "la promesa" a los auditorios americanos. Las damas de la parroquia, mediante la "Caridad Femenina" o la "Sociedad de Costura", entregaban ropa para los necesitados del Asilo de Medio-Huérfanos, que se había incorporado oficialmente el 2 de mayo de 1835, como el "Asilo para ayudar a los Hijos de Viudas y Viudos Pobres"[6]. Varela había fundado esa sociedad en la *Christ Church*, el 4 de marzo de 1833, con el nombre de "Sociedad de Damas de la Caridad"[7].

Para complementar las enseñanzas de la escuela dominical, el sacerdote cubano usaba el *Children's Catholic Magazine* que, en una época cuando solamente poder leer y escribir era un importante factor, logró tener una circulación que se decía era de 13,000 lectores[8]. Esta publicación mensual, fundada en marzo de 1838 por dos prominentes laicos, John George y Cornelius H. Gottsberger, en su primer número erróneamente empleó una versión protestante para la versificación de los Diez Mandamientos; y el Padre Varela fue llamado a proveer supervisión clerical[9]. Aunque pequeña y orientada para niños, cuya prosa y poesía a menudo imprimía, la revista pudo, a pesar de todo, llamar la atención de semanarios de la oposición anticatólica como el *Protestant Vindicator* y el *Churchman*. También recibió elogios de los católicos el *Truth Teller*, el *Herald*, el *Advocate* y el *Pilot* de Boston; así como de la publicación seglar *New York Gazette*. En el verano de 1838, la revista alertó contra las calumnias anticatólicas, en particular contra los irlandeses, en libros de textos y de la biblioteca suministrados por la Public School Society de

---

[5] *Freeman's journal and Catholic register*, 20 de marzo, 1841.
[6] James Rooselvelt Bayley, *A Brief sketch of the history of the Catholic Church on the island of New York* (New York: Dunigan, 1853), pág. 156.
[7] 1er. Reporte Anual, *New York weekly register*, mayo 24, 1834.
[8] John B. Sheerin, C.S.P., "The development of the Catholic Magazine in the History of American Journalism". United States, Catholic History Society (1953).
[9] Martin I. J. Griffin, " 'The Children's Catholic Magazine' of New York, 1838-39".

Nueva York[10]. Esta revelación impulsó a los síndicos de las escuelas católicas, a principios de 1840, a requerir ayuda para sus instituciones; y condujo a la famosa crisis escolar de 1840 a 1842 y, eventualmente, a la creación del sistema de escuelas públicas de la ciudad de Nueva York.

El *Children's Catholic Magazine* solamente duró dos años (de 1838 a 1840), pero en enero de 1841 hallamos a Varela anunciando su sucesor: *The Young Catholic's Magazine,* en la revista *Freeman's journal*[11].

La institución conocida como la "misión parroquial", también comenzó con Varela. Todavía no existían sacerdotes especializados en este campo; pero el Párroco de la *Transfiguración* con frecuencia programaba, para la semana anterior a una festividad religiosa, una serie de sermones edificantes e instructivos. Sabiendo que la Sagrada Eucaristía es el centro de adoración de la práctica católica, él preparaba a sus feligreses, especialmente de esta manera, para la fiesta de Corpus Christi.

Más importante que todo era el ejemplo personal del Párroco de la *Transfiguración* como factor vivificante de la parroquia. Se entregaba por entero a su trabajo eclesiástico y, cuando sus familiares de La Habana le pidieron que acogiera para su educación a un sobrino, rehusó aceptar, alegando que estaba en su casa tan poco tiempo que el niño se sentiría abandonado[12].

Su diaria visita al Hospital de la Ciudad de Nueva York fue su rutina por casi 25 años. La administración era protestante; los pacientes predominantemente católicos pobres. La política de Varela de "caridad que abre las puertas", y su humildad desbordante, le ganaron el acceso sin obstáculo todo el tiempo y a todas horas para consolar a los pacientes. Pero cuando su propia enfermedad puso fin a esta misión humanitaria, se impusieron nuevas regulaciones restringiendo las visitas de los

---

[10] Paul J. Foik, *Pioneer Catholic journalism* (New York: U.S. Catholic History Society, 1930), pág. 161.
[11] El 9 de enero, 1841, *et al.*
[12] De Varela a su hermana, "Nueva York, 30 de diciembre de 1842", en "Cartas Inéditas", pág. 70.

sacerdotes asignados al hospital, a menos de que hubieran sido llamados oficialmente[13].

Varela era la personificación del altruismo, el antecedente, como más tarde señalarían sus compatriotas, del venerable Obispo Miriel en *Les Misérables* de Victor Hugo. Los ingresos que le enviaban de Cuba, así como las contribuciones de amigos prósperos, los empleaba en seguida para las necesidades de su iglesia y de sus pobres feligreses. Al leer *Les Misérables*, escribe un historiador reciente, "uno se imagina que, si Hugo hubiera conocido a Varela, no habría retratado al obispo sino al clérigo cubano: el Padre Varela"[14].

Sus actos de benevolencia, no importa cuánto tratara de ocultarlos, se convirtieron en el rumor de la ciudad. Cuando una madre angustiada se le acercó, pidiendo limosna al sentarse éste a la mesa, le dijo: "Dinero no tengo, pero tome esta cuchara de plata, la última que me queda de mi país, y véndala, obtendrá lo necesario para alimentar a los suyos". Al instante, la lavó y se la entregó. Este acto caritativo casi resultó contraproducente: la cuchara tenía grabadas las iniciales del sacerdote. Y la policía acusó a la pobre mujer de hurtarla. El sacerdote tuvo que ir a la estación para confirmar su inocencia. Después de otro incidente similar, la policía comprendió la generosidad de Varela con sus posesiones y, contra sus deseos, la prensa neoyorquina publicó su caridad.

En lo peor del invierno, una mujer, cubierta con un chal deshilachado y apretando en sus brazos una criatura, caminaba por la calle Chambers pidiendo limosna. El frío era intenso, y un viento helado soplaba por el parque. La mujer llevaba la cabeza descubierta porque el chal apenas cubría el infante en su pecho. Ambos, la madre y el hijo estaban lívidos del frío. Adelantándose, un caballero se aproximó a ella despojándose del abrigo. A la vez que echaba un vistazo a su derredor, para estar seguro de que nadie lo observaba, lo arrojó sobre la temblorosa pareja. En seguida cruzó la calle; apretando el paso para escapar de las exclamaciones de gratitud de la madre. Dos comerciantes, casuales

---

[13] Este cambio de actitud por parte del hospital generó abundante correspondencia. Cfr., por ejemplo, la copia del Memorial del Rev. Henry O'Neill a los síndicos del hospital, s/f, AANY, AHP, A-14.

[14] Francisco González del Valle, "Varela, Más que Humano", págs. 7-25 en *Vida y pensamiento de Félix Varela, Vol. I* (La Habana: Historiador, *Cuadernos de historia habanera*, N° 25, 1944).

testigos de tan humanitario gesto, siguieron al hombre que resultó ser su Párroco que entraba en la iglesia de la *Transfiguración*[15].

El ama de llaves de la residencia del Padre Varela, en la calle Reade, se veía enfrascada en una constante lucha por mantenerlo abastecido de las necesidades más elementales. Lo que tuviera más a mano --el reloj, los cubiertos, la vajilla, la ropa de cama, sus propias vestiduras-- él se lo regalaba a los necesitados. Para eludir la vigilancia de su leal y preocupada ayudante doméstica, a menudo suplía a los que venían pidiendo limosna a través de una ventana lateral o la puerta posterior[16].

En una ocasión, cuenta Cristóbal Madan, la solícita mujer resultó más lista que su patrón. Ella sabía que su vestuario era inadecuado para el invierno que se aproximaba, que no había mantas en la casa, y que acababa de recibir un obsequio en metálico. En consecuencia, inventó la historia de un culto forastero, recién llegado a la ciudad, carente de los medios para adquirir un vestuario para conseguir un empleo de acuerdo con sus talentos. Con su habitual compasión, Varela le entregó el dinero para el desafortunado caballero. Inmediatamente, la doméstica invirtió la suma para proveer al Pastor de ropa interior, ropa de cama, y algo con que envolverse. ¡Cuál sería su sorpresa al descubrir que era él mismo el objeto de su propia caridad!

Como éstas, se repetían las leyendas del hombre que, siguiendo los pasos de su Maestro, obtenía bendiciones celestiales para la feligresía de la iglesia de la *Transfiguración*.

El anciano Obispo Dubois notaba que sus fuerzas eran cada vez más insuficientes para las exigencias de su vasta Diócesis. En 1837, sintiéndose muy enfermo para viajar, escogió al Vicario General, Félix Varela, para que lo representara como procurador al Tercer Concilio

---

[15] *Ilustración americana de Frank Leslie*, Nueva York, 3 (N° 56, 12 Nov., 1867) pág. 59. "El Padre Varela: Un Episodio para la Historia de Cuba", interesante recuento por un cubano discípulo anónimo de Varela, citado en *Vida del Presbítero don Félix Varela*, y en "Más que Humano".

[16] José Ignacio Rodríguez, "Father Felix Varela, Vicar General of New York from 1837 to 1853", *American Catholic quarterly review*, 8 (1883), pág. 474. Adelaida O'Sullivan, a quien Varela estimuló en su vocación religiosa, se refirió muchos años después a su persistente caridad para con los menesterosos: correspondencia de Madan a Rodríguez, mayo 27, 1877, JIRP, Caja 14.

Provincial, que se reunió el 16 de abril en Baltimore[17]. Los Obispos Francis Patrick Kenrick, coadjutor de Filadelfia, y Simon Guillaume Gabriel Bruté de Rémur, de Vincennes, Indiana, solicitaron --sin éxito-- que se permitiera a Varela asistir a las sesiones privadas, a votar y a firmar los cánones legislados por el Concilio en nombre de Dubois[18]. Aunque en desacuerdo con la decisión, Varela trató de glosar la cuestión en una carta a su enojado Obispo; a quien aconsejó no tomar acción alguna por el desaire hasta que él personalmente le presentara los hechos[19].

También estaba presente en Baltimore como teólogo consultor del Obispo Anthony Blanc, de Nueva Orleans, el Padre Agustín Verot[20], que muchos años más tarde --cuando él y Varela llevaban muchos años de enterrados-- causaría involuntariamente desasosiego a los compatriotas del sacerdote cubano.

Dubois pidió al Concilio que le nombrara un coadjutor para ayudarle en la sede de Nueva York. Se mencionó el nombre de Varela porque se sabía que el Obispo y muchos de los feligreses favorecerían dicho nombramiento. Pero España consideraría ello una afrenta; al igual que los partidarios del otro Vicario General, John Power; cuyo ascenso apoyaba en el Concilio el Obispo John England, en tanto que el Obispo Kenrick se oponía[21].

La mayor oposición a la elevación de Varela al episcopado provenía de él mismo. Sus íntimos amigos, Juan Manuel Valerino y Cristóbal Madan, más tarde dirían a su biógrafo que Varela se situó firmemente en contra de tal preferencia[22], y que nunca mostró mayor diligencia en la prosecución de cualquier meta, que como lo hizo para evitar el honor episcopal.

---

[17] Peter Guilday, *History of the Councils of Baltimore, 1791-1884* (New York: McMillan, 1932), pág. 112.

[18] Del Obispo Kenrick al Dr. Cullen en Roma, "Philadelphia, May 22, 1837", American Catholic History Society of Philadelphia, *Records*, 7 (1896), pág. 294, reproducido del original en los Documentos Americanos de los archivos del Irish College de Roma.

[19] ALS, de Varela al "Ilmo. y Rvdmo. Señor", fechada el 23 de abril de 1837 en Baltimore, AANY, AHP, A-14.

[20] Guilday, *Hist. of the Councils...*, *op. cit.*, pág. 114.

[21] De Kenrick a Cullen, "Philadelphia, May 22, 1837".

[22] José Ignacio Rodríguez, *Vida del Presbítero don Félix Varela* (Nueva York: Imprenta O' Novo Mundo, 1878), pág. 222.

Tampoco fue seleccionado Power, como deseaban muchos católicos de New York, sino John Hughes, un clérigo irlandés incardinado en Filadelfia, que estaba presente en el Concilio en calidad de teólogo consultante. Hughes devino Obispo Coadjutor de Nueva York en 1838, y administrador en 1839. Entre tanto, Power y Varela siguieron fungiendo de Vicarios Generales, mientras el Obispo Dubois se siguió debilitando físicamente de manera evidente.

El Obispo Hughes estuvo en Europa entre los últimos meses de 1839 y la mitad de 1840, en busca de ayuda financiera para su Diócesis misionera. El Obispo Dubois, a quien él había sucedido, veía con tedio pasar sus últimos años, preparándose para la eternidad. Fue durante esta época de administración conjunta de la Diócesis por Power y Varela que surgió la Crisis de la Ayuda Escolar.

La Sociedad para la Escuela Pública, aunque era una organización privada, había monopolizado casi enteramente los fondos para la educación pública. Pero las escuelas de la Sociedad programaban sermones por Pastores protestantes, a los que tenían que asistir todos los alumnos; incorporaban en el currículo oraciones, himnos y homilías protestantes; y en sus libros de texto abundaban las referencias al catolicismo en tono despectivo. Por otro lado, las escuelas parroquiales católicas, limitadas a insalubres sótanos de iglesia o a salones arrendados, carecían de fondos suficientes, de personal educativo y, a menudo, tenían que utilizar los mismos textos inaceptables de la Sociedad.

En 1834, el Obispo Dubois había hecho un gesto inútil por eliminar el prejuicio anticatólico de la Sociedad. Cuatro años después, en julio de 1838, el *Children's Catholic Magazine,* cuyo editor era el Padre Varela, hizo una advertencia en un artículo titulado "Libros escolares que contienen ataques contra la religión católica"[23]. Así que el esfuerzo por eliminar la intolerancia en las mal llamadas escuelas públicas de Nueva York, y por el cual el Obispo John Hughes ganaría años más tarde tanto fama como notoriedad, realmente comenzó bajo Dubois, con el apoyo intelectual de su Vicario General cubano.

Cuando el Gobernador William Henry Seward se dirigió a la legislatura de Nueva York en enero de 1840, suscitó la esperanza de que se restaurara la ayuda estatal a las escuelas religiosas, que se les había

---

[23] Griffin, "The Children's...", *op. cit.*, págs. 164-65

negado desde 1825[24]. Los síndicos de las escuelas parroquiales, bajo el liderazgo del Vicario General Power, comenzaron una campaña para obtener asistencia pública. En el desagradable conflicto que siguió, entre los protestantes organizados por la Sociedad de un lado, y del otro por los católicos de Power y, poco después, por el Obispo Hughes, Félix Varela sobresalió como reflexivo y seguro, pero a la vez conciliador.

Varela pidió copias de los libros de texto de la Sociedad para la Escuela Pública a fin de investigar más quejas; y los síndicos de ésta, ansiosos por atraer jóvenes de todas las creencias, en seguida accedieron, prometiendo que: "Cualquier sugerencia o comentarios que el Rev. Sr. Varela tenga a bien hacer, por sí mismo o a nombre de sus asociados, tras haber examinado dichos libros, recibirá la más seria y respetuosa consideración de esta Junta"[25].

Fiel a su palabra, la Sociedad para la Escuela Pública nombró un comité con el fin de examinar los pasajes que Varela consideraba objetables; y para eliminar de los libros, de los cursos y de la biblioteca cualquier otro insulto a la doctrina o la nacionalidad de los católicos. Esperando obtener la cooperación del otro Vicario General, obsequiaron a John Power una colección completa de los libros escolares. El Consejo Común acababa de fallar contra la petición de que se asignara una cuota de los fondos para las escuelas a los católicos. Para consolidar su victoria, la Sociedad buscaba consejo con el objeto de hacer sus escuelas aceptables para todos. El Vicario General Power, sin embargo, no admitía derrota. Aunque recibió cordialmente a la delegación de aquélla, dejó que pasaran dos meses antes de contestar su petición de sugerencias de cambios en los textos. Cuando por fin respondió, fue en una airada carta abierta hecha pública en el *Freeman's Journal*, órgano diocesano fundado por él el 4 de julio de 1840, para suplantar el *Truth Teller*, cuyos redactores consideraban ventajosa la integración de niños de diversas creencias religiosas en la escuela primaria americana. La clarinada de Power marcó el inicio de una guerra a muerte con la Sociedad para la Escuela Pública.

---

[24] Joseph J. McCadden, "Governor Seward's Friendship with Bishop Hughes". New York Catholic history review, 47 (abril 1966), págs. 160-84.
[25] Para la resolución de los síndicos, fechada el 24 de marzo, 1840, véase William Oland Bourne, *History of the Public School Society of the City of New York* (New York: Putnam, 1873), pág. 325.

Varela, cuyo *Weekly Register* había sido víctima de una serie de incendios, había fundado en septiembre de 1839 otro periódico, el *Catholic Register*, que recibió durante su periplo europeo el Obispo Hughes, manteniéndolo informado del asunto de la escuela pública. El nuevo *Register*, que pronto tuvo más de 2,000 suscriptores, contenía, además de "una sencilla y lógica explicación del magisterio de la Iglesia", secciones dedicadas a las artes y las ciencias, y un resumen semanal con noticias de Europa y América, de interés para los católicos. Por no contar ya con la ayuda del Padre Schneller, Varela se ocupaba de escribirlo y editarlo él mismo[26].

En las columnas del *Register*, Varela defendió la tesis de que las escuelas públicas subvencionadas por los contribuyentes eran en realidad protestantes, y que, ya que los católicos pagaban su cuota de los impuestos, deberían en justicia recibir parte de los fondos educacionales para sus escuelas. Él opinaba que la religión, por ser la base de la ley y la moralidad, era esencial a la enseñanza, especialmente en una República donde el buen gobierno dependía de un electorado educado y virtuoso. También fustigó a aquellos católicos que confundían el asunto con consideraciones políticas, y defendió que deberían unirse ideológicamente en la necesidad de ayuda equitativa a las escuelas de cualquier fe que profesaran. Hughes, en carta a Varela desde Dublin fechada el 1ro. de junio de 1840, le agradecía el informe de los acontecimientos en la Diócesis:

> Muchas gracias por la constancia de su amabilidad en proveerme de copias del *Catholic Register* durante diferentes etapas de mi recorrido por Europa. Para apreciar lo valioso de esa atención, uno debe de estar o imaginar encontrarse en mi lugar: ausente de una situación que reclama la atención y los afectos del corazón. La vista se recrea con lo que observa; el oído se encanta con lo que escucha, pero el recuerdo y los sentimientos íntimos constantemente regresan a otros lugares, sonidos y objetos más queridos e interesantes para uno. Ahora, de todo eso, un periódico es como un daguerrotipo y nada puede ser más agradable que encontrarse con, o ser seguido por tales comunicaciones en tierras distantes[27].

---

[26] Foik, *Pioneer... op. cit.*, pág. 150.
[27] John R. G. Hassard, *Life of the Most Reverend John Hughes*, D.D., first Archbishop of New York (New York: Appleton, 1866), pág. 220.

La mayor preocupación del Obispo parecía consistir en recaudar fondos y materiales educativos para una universidad y un seminario diocesanos. Pero se mostraba igualmente complacido con los esfuerzos en pro de ayuda financiera para las escuelas parroquiales. "Nada puede ser, en principio, más cruel e injusto que imponer a un padre católico un impuesto que se ha de emplear en pervertir la mente de su hijo bajo el título de educación pública"[28].

Hughes había sabido, por las columnas del *Register,* que algunos católicos se oponían a la subvención porque, en calidad de demócratas, no podían aceptar una medida que Seward --un Whig-- parecía apoyar. Como los Vicarios Generales, el Obispo lamentaba la intromisión de la política en este asunto; pero Varela apaciguó los ánimos anunciando en su publicación que todos los católicos estaban unidos, como debería ser siempre, en algo tan esencial a la fe.

A las dos semanas de su regreso a Nueva York, el Obispo Hughes presidía las sesiones de la Asociación Católica y monopolizaba la batalla contra la Sociedad para la Escuela Pública. No sólo silenció a los laicos que abogaban por las escuelas mixtas, sino a los líderes en su lucha por obtener ayuda para las escuelas católicas. John Power abandonó la ciudad por motivos de salud. El Reverendo Padre Henry J. Browne, que ha sacado a la luz muchos de los documentos concernientes a la crisis de las escuelas, reconoce a Varela como "el primero que expuso ideas que serían el germen de la campaña encabezada por el Obispo después"[29]. Pero debe anotarse que, si bien muchas de las ideas eran de Varela, el método seguido en dicha campaña era cien por cien de Hughes. El Obispo estaba decidido a acabar con el monopolio de la Sociedad para la Escuela Pública, que impedía la ayuda estatal a las escuelas parroquiales; y, a su vez, prometió no enseñar religión durante las horas regulares de escuela. Más importante aún, deseaba someter de una vez por todas a las facciones de laicos que tantos dolores de cabeza le habían ocasionado a su predecesor, declarando lo que él llamó una "guerra santa" contra los

---

[28] Henry J. Browne, "Public Support of Catholic Education in New York, 1825-1842", págs. 30-31, citando de una carta de Hughes a Varela, en *Catholic register*, 25 de junio, 1840.

[29] *Ibid.,* pág. 41.

redactores del *Truth Teller*, calificándolos de "traficantes miserables" en la "credulidad" de los católicos, y en su "vil publicación"[30].

Tan enérgicas fueron las denuncias a la Sociedad formuladas por el Obispo, tan vociferantes las manifestaciones en las que habló, que las cuestiones primordiales en discusión: "¿Era esencial la religión a la buena educación?" y "¿Deberían las escuelas afiliadas a las iglesias, por tanto, recibir ayuda estatal?", fueron opacadas en la controversia. El odio, ya instigado por el calumnioso libro de amplia circulación titulado *Las terribles revelaciones de María Monk*, ahora subvertía el sentido común de la comunidad. La Sociedad para la Escuela Pública, forzada a ceder autoridad a una Junta de Educación elegida, arrastró consigo la última esperanza de que se concedieran fondos públicos a las escuelas elementales que enseñaban religión; y surgió la generación de los "Know-Nothings" (No Sabemos Nada) --anti-Hughes, antipapistas, y furiosamente anticatólicos. Los católicos de Nueva York habían logrado un frente unido bajo un beligerante y capacitado portavoz. Pero también habían tenido que pagar un alto precio con el incremento de la hostilidad general y con la pérdida del liderazgo laico[31].

Varela, que concebía la religión como necesaria a la educación, y deseaba tan sólo eliminar el prejuicio anticatólico, se alejó del conflicto educacional al hacerse cargo el Obispo Hughes. El cubano no aparece entre los prominentes legos y clérigos que en silencio se situaron al lado de Hughes mientras éste arengaba a la Junta de Concejales sobre las ofensas de la Sociedad para la Escuela Pública. Su *Catholic Register* se convirtió en 1841 en el *Freeman's Journal*, con el visto bueno del Obispo Hughes. Por un tiempo, Varela siguió escribiendo en la sección del antiguo *Register* que se incluía en el más extenso *Freeman's Journal*.

En el mes de abril de 1841, Varela inició otra publicación: *The Catholic expositor and literary magazine: a montlhy magazine (El expositor católico y literario: revista mensual)*. Con él colaboraba el Reverendo Dr. Charles Constantine Pise, poeta, dramaturgo, novelista, y el único sacerdote católico que sirviera de capellán del Congreso. Un

---

[30] *Ibid.*, págs. 35-36. Browne cita de la carta de Hughes a Seward, New York, 29 de noviembre, 1840, en la Biblioteca de la Universidad de Rochester. Documentos de William H. Seward.
[31] Joseph J. McCadden, "Bishop Hughes Versus the Public School Society of New York".

decenio antes, Pise había dirigido en Baltimore, durante el año de su existencia, el *Metropolitan*, una prestigiosa publicación que ha sido llamada la primera revista católica en la América del Norte[32].

Siguiendo la pauta de sus redactores, el *Expositor* era literario y filosófico. Pise traducía para la revista *Les soirées de Saint Petersbourgh*, publicado en 1821 por el monárquico ultramontano Conde Joseph Marie de Maistre. El codirector Varela, que estimaba que el antagonismo de Maistre con respecto al materialismo lo había inclinado al extremo en la teoría de las "ideas innatas", trató de equilibrar el contenido con un ensayo titulado "En torno al Origen de Nuestras Ideas"[33]. También publicó Varela críticas de las ideas ultraliberales de Lamennais, cuya excomunión por el Papa en 1832 lo había conducido a virulentos ataques contra Roma[34], y del transcendentalismo de Immanuel Kant, que acepta las realidades materiales y metafísicas sólo en cuanto las percibimos. El sacerdote cubano consideraba al filósofo alemán como un gran pensador que había ideado un sistema magnífico y coherente sobre la premisa imposible de que las cosas no se pueden percibir como son en realidad; que todo conocimiento depende de cómo se miran y se contemplan aquéllas. Un siglo más tarde, en 1944, los historiadores cubanos reproducirían, en su propia lengua, estos ensayos de su filósofo Varela.

La inclinación erudita del Padre Varela lo había llevado a intentar comparaciones textuales de varias versiones bíblicas. Algunas sectas protestantes disidentes (Presbiterianos, Metodistas, Bautistas, Unitarios, Cuáqueros) sostenían que la salvación unipersonal dependía, entre otros factores de la lectura de las Escrituras, mediante las cuales Dios se dirigía al individuo receptivo a ellas. Aquéllas se habían declarado a favor de la educación universal, en las escuelas Sabáticas y en las escuelas públicas gratuitas, para que "cada niño aprenda a leer la Biblia" y a interpretarla por sí mismo. Las lecciones sobre las Escrituras dictadas en la Sociedad para la Escuela Pública de New York --de orientación presbiteriana y cuáquera-- llevaban en la primera página la declaración

---

[32] Sheerin, *op. cit.*, pág. 7.

[33] *Catholic Expositor*, enero de 1842. Para el análisis de este ensayo de Varela, así como de la "Carta a un italiano... sobre las Doctrinas de M. de Lamennais" y del "Ensayo sobre la Doctrina de Kant", 1841-43, cfr. *Reforma filosófica*, págs. 125-58.

[34] Cfr. John M. Farley, *Cardinal, Abp. of N. Y., History of St. Patrick's Cathedral* (New York: Society for the Propagation of the Faith, 1908), págs. 114-17.

de "sin notas ni comentarios", subrayando el hecho de que ninguna Iglesia, con sus reclamos de autoridad, debería interferir entre el lector y su inspiración personal. La *Iglesia Católica Romana* no era, como con frecuencia alegaban los fundamentalistas protestantes, anti-Biblia y, por tanto, anti-Dios; pero afirmaba la importancia de la tradición y de la autoridad, sosteniendo que los laicos sin suficiente conocimiento de la exégesis bíblica no eran siempre capaces de interpretar correctamente la Palabra Divina. Varela había señalado a los síndicos de la Sociedad para la Escuela Pública que el principio de "sin notas ni comentarios" era la causa fundamental del debate entre protestantes y católicos. Y ellos, por respeto a su sinceridad, habían hecho una gran concesión al expurgar la frase de los textos. Sin embargo, la volvieron a incluir durante lo más acalorado de la controversia con el Obispo Hughes.

Varela escribió para el *Expositor* "Las cinco diferentes Biblias distribuidas y vendidas por la American Bible Society", una obra no tanto de exégesis como de comparación de textos, llevada a cabo con su habilidad como teólogo y filólogo. Demostró, por ejemplo, que la Biblia en español distribuida por la Sociedad no era sino una traducción de la aceptada versión católica; y que algunas de las ediciones rechazaban como faltas de inspiración divina y autenticidad libros completos que se incluían en otras. El mensaje que recibía el lector individual, subrayaba él, dependía de la edición que en particular consultaba. Siendo por tanto relativo, ¿cómo podía estar dotado con la certeza de la revelación divina?[35].

Además de este interesante material intelectual, Varela proveía a los lectores del *Expositor* de lúcidas respuestas a problemas de interés general e inmediato. A los católicos en Nueva York, como a los de cualquier parte de los EE.UU., se les acusaba de su lealtad al Papa sobre la debida a su ciudadanía americana. Entre los 1840 y los 1850, el temor de que el Papa y sus sacerdotes católicos conspiraban para una despótica subversión de la América libre, se convirtió en una manía política. Félix Varela consideraba el amor a la patria y el amor a Dios como los hijos de una madre única. En "Religión y Patriotismo", afirmó que el genuino patriotismo es siempre religioso; y que si un soberano católico atacara a

---

[35] *Catholic Expositor and literary magazine*, 1 (July 1841), págs. 137-45, "Las Cinco diferentes Biblias distribuidas y vendidas por la American Bible Society, fueron comparadas por el Rev. P. Félix Varela, D.D.", en los números de agosto y diciembre, 1841. Varela hace una comparación de las cinco ediciones protestantes.

los EE.UU., aunque fuera el mismo Papa como regidor de los Estados Papales, los católicos estadounidenses lo rechazarían con el mismo vigor combativo que habían mostrado contra Inglaterra, "contribuyendo con sus vidas y sus bienes a preservar la independencia nacional"[36].

En 1844, cuando una petición de ayuda financiera estatal para las escuelas parroquiales de Filadelfia provocó disturbios en los que varias iglesias católicas y una valiosa biblioteca fueron quemadas, muchas personas perdieron la vida. El Padre Varela aconsejó a sus lectores mantener control y contrarrestar el odio con el amor. Mientras el Obispo Hughes arengaba a los feligreses a defender sus iglesias con armas de ser necesario, el clérigo cubano trató de calmar los ánimos mediante un editorial del *Expositor* : "Y, quién sabe, pero quizá de las cenizas de nuestras iglesias y edificios surja un monumento que, recordando los horrores del fanatismo, se levante como un aviso y advertencia para las generaciones futuras". En cuanto a nosotros los católicos, sigamos el buen consejo del *Catholic Herald* (fundado por Hughes cuando era sacerdote en Filadelfia), "perdonemos y olvidemos, y, con amor de cristianos, mostremos la benéfica influencia de la Religión; la cual, halla un hermano aun en la faz del enemigo". Sabemos, continuaba Varela expresando su deseo, que nadie con más cordialidad se adherirá a este sentimiento que el Obispo Hughes[37].

Consolando la preocupación de su hermana en Cuba por el incendio de las iglesias, le escribía: "Ahora ya ha pasado, y sólo ha servido para incrementar el número de conversos a la Iglesia"[38].

El *Expositor* se publicó por casi cuatro años; un término de tiempo sorprendente si se considera su calibre altamente intelectual y sin compromisos, así como el generalizado empobrecimiento y la falta de cultura de la población católica de Nueva York, especialmente entre el sector de inmigrantes. Durante varios de esos años, Varela editó el *Young Catholic's magazine (Revista de los Jóvenes Católicos)*, que sucedió a su popular *Children's Catholic magazine*.

Félix Varela era ahora un líder destacado de los católicos norteamericanos. Sus trabajos se citaban en el **United States Catholic**

---

[36] Cita del *Catholic Expositor*...en *El Padre Varela*, de Hernández Travieso, pág. 440.
[37] *Catholic Expositor*, 6 (Junio, 1844), pág. 240, "Observaciones del redactor".
[38] "Cartas Inéditas", pág. 71, carta fechada en "Nueva York, 26 de julio de 1844".

Miscellany de Charleston, un pionero semanario católico[39]. Sirvió de Vicario General de Nueva York sin interrupción, bajo los obispos Dubois y Hughes, desde 1837 hasta su fallecimiento en 1853. En 1841, se le concedió el grado de Doctor en Teología Sagrada por el Seminario de Saint Mary de Baltimore. De este modo, se hizo oficial el título de "Dr. Varela" que los neoyorquinos desde hacía tiempo le habían otorgado al referirse a él. También en 1841, publicó en Nueva York una quinta y revisada edición de su obra más leída, las *Lecciones de Filosofía*.

El domingo 28 de agosto de 1842, se convocó el primer Sínodo Diocesano de Nueva York en la *Catedral de San Patricio*, con la asistencia de casi 70 sacerdotes. El Obispo Hughes ofició el Santo Sacrificio de la Misa y declaró que "los promotores eran los Reverendos Padres Drs. Power y Varela"[40]. El 10 de marzo de 1844, cuando John McCloskey, nativo de Brooklyn, antiguo feligrés de *Saint Peter* y primer presidente del Saint John's College, Fordham, fue consagrado Obispo en la Catedral, con los Obispos John Hughes, Richard Whelan de Richmond y Benedict Fenwick de Boston presidiendo la ceremonia, "el sacerdote asistente --para citar las palabras de un futuro Cardenal norteamericano-- fue el famoso patriota cubano Padre Félix Varela"[41]. Otros dos clérigos fueron ascendidos a la prelacía al mismo tiempo: los padres Andrew Byrne, Párroco de *Saint James* (vástago de la *Christ Church* de Varela), y William Quarter, de la antigua *Saint Mary*; y "el efecto se intensificó por el elocuente discurso de John Power"[42]. Los Vicarios Generales, Varela y Power, dos pilares del catolicismo y admirados líderes de sus rebaños, por razones de estado, no llegarían nunca a ser obispos. En 1846, Varela asistió como teólogo representante del Obispo Hughes, y con el Obispo F. McCloskey (más tarde el primer Cardenal americano), al Sexto Concilio Provincial de Baltimore.

Entre las amistades personales de Varela se encontraban muchos de los más prominentes laicos católicos de Nueva York: el comerciante John Baptist Lasala; Joseph O'Connor y su yerno Edward Shortell,

---

[39] Agosto 9, 1834, pág. 45, "Respuesta a los argumentos contenidos en un fragmento de una carta del fallecido Charles Butler al Dr. Fletcher, sobre el método apropiado de hallar la verdadera religión. Publicada en el *Birmingham Catholic Magazine* e incluida en el último número del *Register*. Por el Rev. Félix Varela".
[40] Shea, *Catholic churches... op. cit.*, pág. 96.
[41] Farley, pág. 147.
[42] Shea, *History of the Catholic Church in the United States...1521-1866*, 4, pág. 105.

constructores de iglesias; la familia Delmonico, dueños de restaurantes famosos; y la familia de André Parmentier, destacado horticultor belga y fundador del Jardín Botánico de Brooklyn. También fue promotor de varias vocaciones religiosas, la más notable la de Adelaida O'Sullivan, quien, por su consejo, entró en el Convento de las Carmelitas Descalzas de La Habana y, más tarde, fundó su propio convento en España[43]. Su hermano, John L. O'Sullivan fue el que atrajo a Orestes A. Brownson a Nueva York.

Varela se mantenía atento y, cuando era necesario, crítico a las tendencias filosóficas populares de la época. Su compatriota cubano, Mariano Cubí y Soler, fundador de la *Revista Bimestre Cubana*, se había convertido en un entusiasta "frenólogo". Después de disertar y escribir sobre la nueva ciencia para audiencias ansiosas por escucharlo en la Nueva Inglaterra, Cubí estableció una escuela de "frenología" en Francia. Varela analizó esta teoría en un apéndice a la quinta edición (1841) de sus *Lecciones*, subrayando que, aunque se consideraba "ciencia", él la tenía como una aberración. Ya antes la había criticado en la *Miscelánea Filosófica*, y ahora la discutía sólo por la popularidad de que gozaba. Era una cosa absurda del materialismo descartar los múltiples talentos de un Voltaire o excusar la conducta de un asesino, basándose únicamente en la configuración craneal de éste. No sólo era inútil la "ciencia frenológica" (porque, ¿quién puede cambiar la forma del cráneo?), sino que resultaba también ilógica, porque deducía inválidamente, basándose en similitudes superficiales[44].

Las *Lecciones de Filosofía* de Varela y otros textos suyos siguieron siendo materiales básicos en los seminarios cubanos. Aunque su persona y su *Habanero* habían sido censurados, no así sus obras eruditas. Sus discípulos de La Habana, empleando sus libros y exponiendo los principios filosóficos que él forjara, continuaban explorando su opinión en cuestiones debatibles. El 22 de octubre de 1840, trató en una extensa carta los problemas que le habían planteado José de la Luz y Caballero, Francisco Ruiz y Manuel González del Valle, este último iniciador de los estudios filosóficos modernos en la Universidad de La Habana. Había

---

[43] Leo Raymond Ryan, *Old St. Peter's, the mother church of Catholic New York, 1785-1835*, págs. 124-25.

[44] Félix Varela, *Lecciones de filosofía* (quinta edición corregida y aumentada por el autor en Nueva York, 1841). La Universidad de La Habana reimprimió esta edición en 1961, Tomo I, págs. 308-25.

dudado en contestarles porque se había distanciado por años de las cuestiones filosóficas. Pero, a insistencia de ellos, se enfrentó a tres tópicos controversiales.

(1) ¿Debe la enseñanza de la Filosofía comenzar con la Lógica o con las Ciencias Físicas? Su respuesta era que las dos estaban interrelacionadas y que se podían enseñar a la vez. La Lógica es necesaria para llegar a conclusiones científicas correctas; pero los estudiantes prefieren la Física, porque la disfrutan más, y a menudo aprenden Lógica mediante dicho estudio sin darse cuenta de ello. Aunque Varela seguía concediéndole primacía a la Lógica en sus *Lecciones*, el profesor disponía de libertad de comenzar con el segundo tomo, que trataba de la Ciencia.

(2) ¿Debe admitirse la utilidad como el principio y norma fundamentales de la conducta? A esta pregunta, Varela contestaba que no existía hasta ahora un solo filósofo que se atreviera a negar que *un bien verdadero* es la *verdadera utilidad*, y que lo que *aparenta bien* es una *falsa utilidad*. El *bien verdadero* es lo que es conforme con la naturaleza de las cosas, y por tanto, con la Voluntad Divina, que es su origen. Las acciones que tienen por objeto el *bien verdadero* son justas, y las que se dirigen a una *aparente utilidad* son malignas. Básicamente, los "Utilitarios" y sus oponentes están de acuerdo en esto; y el debate se basa mayormente en una cuestión de semántica.

(3) ¿Debe adoptarse el sistema de Cousin? Los círculos educacionales de La Habana estaban fascinados con las teorías de Victor Cousin, el renombrado ministro de Educación Pública de Francia. Cousin, como Varela, era un ecléctico, un convencido de la importancia de la educación para todos y de la libertad de pensamiento. Pero él afirmaba que la verdad puede ser percibida por la intuición; mientras que Varela subrayaba la importancia de la experiencia sensorial, la observación y el razonamiento personales. Durante sus días de estudiante en el Seminario San Carlos, decía Varela, todos los discípulos de José Agustín Caballero habían sido *cousinianos* --aunque entonces Cousin no era sino un joven sin clara definición de su teoría-- porque ellos sabían de la extremada teoría cartesiana de las ideas innatas. O'Gaban, por el contrario, daba importancia a la teoría de las percepciones sensoriales. ¿Y cuál era la trascendencia de todo esto?, se preguntaba Varela. Cousin y sus seguidores, eventualmente, no serían más que nombres olvidados. Tanto el *innatista* como el *sensualista* debe encaminar la instrucción

hacia el conocimiento de las Ciencias. Y el debate sobre qué sistema era el correcto se convertiría en un asunto de curiosidad filosófica. Aunque a Cousin se le podría tildar de panteísta, no nos alarmemos --decía Varela-- si otros siguen su sistema. Evitemos esas inútiles divisiones, y prosigamos con el importante asunto de la educación.

Refiriéndose a la frenología, en una nota adicional a esta carta, Varela comentaba que ésta "estaba pasando, como toda moda". Se admiraba de que José de la Luz y Caballero y José de la Luz Hernández parecían haberla tomado en serio. Si alguna vez él mismo, añadía con sorna, fuera examinado como un modelo para aplicar la teoría frenológica, le encontrarían un bulto anti-frenológico en la cabeza, o una prominente sinuosidad cerebral de incredulidad frenológica[45].

La filosofía propia de Varela aspiraba a ser selectiva, progresiva, abierta a las ideas nuevas, pero no pendiente de ellas; amplia, equilibrada; atenuada por la observación, la meditación y el raciocinio, y por una consideración de las necesidades individuales y sociales del hombre. Como ecléctico, aceptaba la verdad donde la encontrase, y evitaba edificar un grandioso sistema filosófico. Si nunca llegó a alcanzar fama entre los pensadores americanos, se debió en parte a que el mundo anglosajón de aquel tiempo no buscaba la sabiduría entre los católicos hispanos; y porque su reflexión filosófica era imparcialmente multifacética y nada dramática.

Progresivamente, la mente visionaria del sacerdote se inclinaba a lo práctico e inmediato. El cuidado de sus deberes pastorales demandaba su tiempo, y monopolizaba sus pensamientos. Su colaborador en el *Catholic expositor and literary register*, el Dr. Pise, partió para Europa, y la revista dejó de publicarse en 1844. Después de eso, Varela no escribió ningún otro ensayo filosófico en su lengua adoptiva.

Espiritualmente, la iglesia de la *Transfiguración* prosperaba. En cuanto al aspecto financiero, era confuso. El Informe de los síndicos del 1ro. de diciembre de 1840 declaraba un déficit anual de $1,103.75 en un presupuesto de gastos de $4,753.75[46]. Félix Varela había invertido su

---

[45] José Manuel Mestre y Domínguez, *De la Filosofía en La Habana* (La Habana: "La Antilla", 1862), págs. 93-110.
[46] Manuscrito firmado por Thomas S. Scanlon, presidente de la junta de síndicos de la iglesia de la *Transfiguración* y por Edward P. McGloin; AANY, records eclesiales, iglesia de la *Transfiguración*, "1ro. de diciembre, 1840".

patrimonio en la compra y mantenimiento de la iglesia; en qué medida no se sabe. Sus amigos personales, españoles, irlandeses, franceses, suizos y americanos, ya ricos, habían sido más que generosos. Sin embargo, dentro de la tradición liberal de la joven República, había dejado su administración a los feligreses elegidos. En otras iglesias, el Obispo Hughes había considerado necesario oponerse a los laicos cuando, apoyándose en la legislación estatal, trataron de imponerse a la autoridad eclesiástica. En la iglesia de la *Transfiguración*, sin embargo, los miembros del consejo seglar le pidieron al Párroco que se reuniera con ellos; y cuando accedió, lo eligieron presidente.

Varela era un hombre lleno de esperanza. "No importa. ¡Adelante!", le gustaba decir. "El sol brilla para todos, sin distinción"[47]. Los tiempos eran terriblemente difíciles para los católicos de Nueva York. La victoria de ellos sobre la Sociedad para la Escuela Pública había repercutido en calumnias y odio. Los Nativistas los asediaban económica, social y políticamente. Famélicas hordas de víctimas del hambre arribaban de Irlanda, ignorantes, sin un centavo, y afectados por la plaga. Para ellos, también, la Iglesia y sus obras de misericordia debían subsistir.

Saint Peter Church, con su excelente edificio nuevo en la calle Barclay, escapó a ser subastado sólo por la enérgica intervención del Obispo Hughes. El abogado John Jay, que había previamente presentado una moción para una cláusula constitucional que privaría a los católicos de sus derechos, en 1843, amenazó con poner a la venta con descuento los bonos no redimidos de la iglesia de *Saint James*, la iglesia gemela de la *Transfiguración*[48]. A través de su "Church Debt Association" (Asociación para la Deuda de las Iglesias), y con fondos provenientes del extranjero, el Obispo adquirió ésta y otras iglesias diocesanas al borde de la quiebra.

En la iglesia de la *Transfiguración*, los feligreses y el Padre Varela seguían logrando un milagro de supervivencia. Sus necesidades personales eran sencillas --algunos se preguntaban cómo podía existir-- pero las necesidades de la parroquia eran insaciables. Los archivos de dicha iglesia lo revelan hurgando de aquí y allá los fondos para evitar que desapareciera el coro; pagando $225 para reparaciones de un vitral

---

[47] Rodríguez, "Father Felix Varela...", *op. cit.*, pág. 474.
[48] ALS, del abogado de John Jay al Obispo Hughes, "New York, May 18, 1843. Despacho de abogados N° 55 Wall Street", AANY, AHP, A-16.

sin reclamar reembolso; encargándose de pagar, de su propio peculio, a acreedores necesitados; aceptando la propiedad de varios de los utensilios sagrados en lugar de $600.00 --un año completo de su salario-- que se le debía; persuadiendo a Nicolás Cádiz a asumir una "hipoteca" sobre el órgano; solicitando, sin éxito, un préstamo de una organización en Holanda que había socorrido a *Saint Peter*, en la calle Barclay; y recibiendo un voto de agradecimiento de los síndicos por "sus recientes enormes esfuerzos para ayudar a la iglesia, solicitando contribuciones voluntarias"[49]. Algunas de dichas contribuciones venían de La Habana, en respuesta a la campaña de un joven coadjutor, Bernardo Antonio Llaneza.

Aún así, las exigencias para el pago de los préstamos continuaban, y los síndicos no encontraban mejor solución que seguir pidiendo prestado. El Obispo Hughes se oponía con vigor a esta acción. La corporación de la antigua parroquia de Varela --ahora localizada en la iglesia *Christ* (o *Saint James*) en la calle James-- se veía en un enredo legal por haber asumido demasiadas hipotecas. Y, tratando de evitar la repetición del mismo error, Hughes transmitió esta advertencia a la Junta de Síndicos de la *Transfiguración*:

> Tengo entendido que Uds. están a punto de conseguir un préstamo mediante bonos e hipoteca sobre la iglesia de la *Transfiguración*, y deseo expresar que considero esa acción no beneficiosa desde el punto de vista financiero, y más que dudosa en cuanto a su moralidad. Cada pagaré que los síndicos expidan a los acreedores pobres debe considerarse como una hipoteca, y no comprendo cómo pueden expedir nuevas obligaciones crediticias sobre algo que responde a otra por su completo valor. Si podéis pagarlas *todas* mediante el préstamo, está bien. Si podéis substituir la vuestra u otra fianza por la diferencia entre lo que la iglesia debe y el monto del préstamo, no pongo objeción. Pero debo advertirle, otra vez, que no debe ser mediante un procedimiento que no exonere a la iglesia sin pagar más que a unos en totalidad, y se deje a los otros sin nada. Esto se hizo con *Saint James*, y fue considerado deshonesto y vergonzoso. Si no se puede pagar a todos los

---

[49] Cfr. Manuscrito de las actas de la iglesia de la *Transfiguración*, 1840-43, *passim*. El voto de agradecimiento está fechado el 8 de febrero de 1843.

acreedores, por lo menos todos deben compartir a prorrata la pérdida. Es sólo así como podéis rescatar el honor de la Junta[50].

Finalmente, el lunes de Pascua de Resurrección, el 8 de abril de 1844, la congregación reunida en el sótano de la iglesia de *La Transfiguración*, escuchó un informe completo de los síndicos sobre recibos, gastos, y deudas. Y solemnemente le pidieron a Félix Varela que actuara como síndico único. Esta acción había obtenido la aprobación previa del Obispo Hughes. Varela aceptó, y una semana después los laicos traspasaron la propiedad total y su deuda completa a "nuestro amado Pastor... como corporación unipersonal o fideicomisario para beneficio de la congregación de esa iglesia"[51].

El reporte financiero del primero de noviembre de 1844 mostraba un presupuesto apenas equilibrado, con $3.37 en caja. La deuda se había reducido en $3,812.97 durante el año, y quedaban por pagar reclamaciones por la cantidad de $222.60; dejando una deuda de casi $46,000. Varela les pidió paciencia a sus acreedores; así como desistir de incurrir en el costo adicional de juicios contra la iglesia[52]. Los archivos de este período indican que Varela "prestó" a la iglesia de *La Transfiguración* la cantidad de $467.50, mientras que sus donaciones alcanzaban a más de $612.00.

Las damas de la parroquia, atareadas a la vez con los necesitados del Asilo de Huérfanos, se apresuraron a ayudar a su Pastor. Instituyeron una feria de una semana para reducir la deuda; recaudando en algunos años hasta más de $2,000. En 1845 se rumoraba que *La Transfiguración* adeudaba la suma de $64,000. Temeroso de que la feria se considerara un gesto inútil, Varela hizo publicar un anuncio en el **Freeman's Journal** para aclarar el asunto: la deuda total era de menos de $39,000[53]. De nuevo los esfuerzos del elemento femenino lograban resultados sustanciales.

---

[50] Copia de la carta de John Hughes, Obispo de Nueva York, fechada en "New York, Oct. 23rd., 1843", a los síndicos de las iglesias de *La Transfiguración* y *St. Peter*, AANY, AHP, A-10.

[51] Manuscrito de las actas, 15 de abril de 1844.

[52] Circular impresa, "Recibos y gastos de la iglesia de *La Transfiguración* desde el 10 de octubre, 1843, al 1ro. de noviembre, 1844", con cinco párrafos de comentarios y apelación del Párroco; AANY, records eclesiales.

[53] **Freeman's journal and Register**, 29 de nov., 1845.

Durante el año 1845 los recibos incluían $200 en donaciones provenientes de La Habana y $150 en contribuciones personales de Varela. El reporte del 22 de Junio de 1846 indicaba que la deuda se había reducido a la cantidad de $36,322.62[54]. El Padre Varela progresaba en sus esfuerzos financieros, pero era difícil para un hombre dado a considerar el dinero como algo de menor importancia.

La naturaleza había dotado a Félix Varela de un cuerpo frágil y una aparentemente infinita reserva de energía nerviosa. Su delicado físico latino nunca llegó a adaptarse a los severos cambios climáticos de Nueva York. Desde su primer invierno en Manhattan, había padecido de una tos persistente. Pero en su obsesión de servir al prójimo y a Dios, no se preocupaba de los síntomas de la enfermedad. En toda clase de tiempo, de día o de noche, estaba dispuesto a responder a las llamadas de auxilio de los enfermos y los pobres. Siempre se desplazaba caminando, a menudo sin protección alguna contra los elementos. Mientras otros dormían, se mantenía ocupado con la pluma en la mano; porque para él escribir era más importante que descansar. Su mente continuaba alerta, y su espíritu desafiaba el cansancio.

"Tres o cuatro enfermedades", decía en broma, "compiten por abatirme". La constante tos empeoraba, y la gente susurraba la temida expresión: "Tuberculosis". Los ataques de asma le impedían la respiración que, a veces, lo paralizaban por varios minutos. En dos ocasiones, desde 1839, los periódicos de La Habana habían reportado su muerte. "A la tercera va la vencida", decía él[55]. Cuando llegó al extremo de sentirse exhausto, viajó a Saratoga Springs, donde renovó sus energías con las aguas minerales[56].

El tercer reporte de su fallecimiento sería tal vez en 1845, porque el 12 de marzo de ese año escribió a su hermana en La Habana, haciendo constar que, no sólo estaba vivo, sino que se sentía más fuerte que nunca antes, y que creía que alcanzaría una edad avanzada[57].

---

[54] Reporte impreso de la Iglesia de la *Transfiguración* firmado por el Párroco y fechado "Nueva York, 22 de junio, 1846; del 17 desde abril, 1844"; AANY, records eclesiales.

[55] De Varela a sus hermanas, "Nueva York, 20 de enero de 1839", en "Cartas Inéditas", pág. 67.

[56] A su hermana María de Jesús Varela, "Nueva York, 26 de julio de 1844", en "Cartas Inéditas", pág. 71.

[57] *Ibid.*, pág. 72.

En 1846, asistió con el Obispo Hughes al Concilio Provincial de Baltimore, en calidad de teólogo. De vuelta a Nueva York, se vio envuelto en seguida en la labor demandante de la parroquia. "La Iglesia de la *Transfiguración*", escribía su joven ayudante, el Padre William McClellan el 26 de agosto de 1846, "es ya famosa por su multiplicidad de actividades, asistencia a los enfermos, confesiones, solicitantes, confraternidades, etc.". En cuanto al Dr. Varela, "él sigue corriendo al mismo paso, y con las mismas peculiaridades"[58].

Pero el avejentado sacerdote no podía mantener el paso que se imponía él mismo. Visiblemente, no estaba bien, su sonrisa, sus ojos luminosos se habían tornado en una máscara de su sufrimiento. Se decía que sus pulmones se habían arruinado. Cuando el invierno llegó, sus amigos, temerosos por su vida, le obligaron a volver a sus antiguos predios de San Agustín; cuyo saludable clima atraía a los inválidos y a los avanzados en años.

Unos pocos meses en la vieja ciudad española calmaron los dolores del Padre Varela. Aparentemente recuperado, se trasladó de nuevo a Nueva York con la primavera, resumiendo la rutina febril sin tener en consideración su precaria condición física. Otra vez el invierno lo forzó a desplazarse hacia el Sur para una estancia más larga. Desde San Agustín, se mantuvo en contacto con su parroquia, que administraba McClellan en su ausencia.

Para el verano de 1849, una nueva oleada de energía lo indujo a seguir lo que le pedía el corazón: volver a la *Transfiguración*, donde la comunidad cubana de Nueva York, siempre leal al "padrecito", se alegró de que volviera con nuevas fuerzas. "Nunca lo habría creído", escribió Gaspar Betancourt Cisneros a José Antonio Saco, "si no lo hubiera visto con mis propios ojos. Cuando partió para la Florida, no hubiera apostado un dedal que viviría; no se podía escuchar su conversación frente a frente. Ahora habla por siete, y da gusto la manera en que se ríe y bromea". Betancourt Cisneros expresó solamente una queja: aunque

---

[58] De McClellan al "Rev. y querido amigo". Archivos de la Universidad de Notre Dame, en copia fotostática de la Browne Collection. McClellan, recién ordenado, fue el sucesor del admirado ayudante de Varela, el Padre Muppietti.

Varela preguntaba a menudo por Saco y otros discípulos, estaba "entera y exclusivamente dedicado a su parroquia y a sus irlandeses"[59].

Pero pronto tuvo una recaída. El ansia de reanudar sus deberes pastorales lo había traicionado. Su atormentado físico no podía seguir las demandas de su espíritu. Al surgir el invierno, se sintió aquejado de nuevo. Rígido del dolor, ahogándose con cada aliento, no podía recostarse ni reclinarse. En 1850, traspasó el título de propiedad de la iglesia de la *Transfiguración* al Obispo Hughes, quien fue elevado a primer Arzobispo de Nueva York ese año; y les dijo el que sería su último adiós a los que en dicha ciudad lo amaban como amigo y mentor. Terminaría sus días en San Agustín, prestando servicios sacerdotales allí mientras el Señor le diera fuerzas para respirar.

Se encontraba ahora de nuevo en la escena de su infancia: el castillo de San Marcos, el cementerio de Tolomato, donde Rita Morales y otros de sus parientes reposaban; donde un sepulcro contenía los restos mortales de su antiguo maestro, el Reverendo Michael O'Reilly. La península de la Florida había sido ya americana por una generación: las antiguas familias españolas se habían ido, las estrechas calles habían adquirido nombres en inglés; pero la iglesia española de San Agustín, construida por Michael O'Reilly de coquina y con las ruinas de las antiguas capillas de misiones, dominaba la plaza. Y la columna erigida en celebración de la Constitución liberal de 1812 se mantenía enhiesta, testigo de la negativa de los pobladores españoles de obedecer la orden del rey Fernando, de 1818, de demolerla. Félix Varela, el expatriado que había dado la mitad de su vida a los que nadie quería en Nueva York, podía aquí sentir la suave brisa de su país.

Se hallaba a una distancia de apenas un día o dos de Cuba, cuya ciudadanía nunca había renunciado. Y, sin embargo, no esperaba regresar a su tierra natal. El profeta de su liberación no agacharía la cabeza ante el destino de la Isla. La esclavitud, cuya declaración de ilegalidad había pedido públicamente en las Cortes, se mantenía más arraigada que nunca. El Obispo Espada había fallecido y, con él, se había sepultado su programa de progreso social. Sus sucesores, bajo la influencia de Madrid, habían derivado hacia la reacción. La cátedra de Derecho Constitucional era un recuerdo dudoso en el San Carlos y, en 1841, el

---

[59] Cartas de Gaspar Betancourt Cisneros a Saco desde Nueva York, 3 de junio y 17 de julio, 1849, en *Medio siglo*, págs. 111-19.

Gobernador Gerónimo Valdés había dado vigencia a una antigua ley para confiscar los monasterios. Y hasta la "Sociedad Económica" --antes llamada "Sociedad Patriótica de Amigos del País"--, bajo el otrora liberal O'Gaban, le había vuelto la espalda al cambio. La ferviente voz lírica de José María Heredia, a quien Saco y Varela habían defendido en *El Mensajero* contra los ataques de los partidistas gubernamentales, reposaba mudo en una tumba en suelo de México. Las Cortes españolas habían expulsado a Saco y otros diputados cubanos al declarar la Isla como una simple posesión, sin derecho a que sus habitantes coloniales tuvieran representación ciudadana. El General Leopoldo O'Donnell y Jorris, el más despreciado de una larga sucesión de tiranos enviados por Madrid, se había convertido, en 1844, Capitán General de La Habana y Gobernador de la Isla. A la crueldad de Tacón, él y su consorte añadieron corrupción y codicia sin límites. Entre las disposiciones de O'Donnell se encontraba un nuevo decreto de condena a Félix Varela.

Los patriotas se debatían mutuamente. Algunos deseaban la revolución desde adentro, y otros temían que esto llevara a la creación de un caudillo implacable. La insurrección negra de 1844, y la conspiración secesionista de Narciso López (1849-1851) habían resultado en una represalia feroz y una mayor presión del torno.

Cristóbal Madan y sus compañeros expatriados clamaban más que nunca por la anexión a los EE.UU. como la única ruta hacia la democracia. Estimulado por dicha posición, y por el deseo de los sureños de admitir otro Estado esclavista, el Presidente James Polk, en 1848, ofreció comprar la isla por $100,000. Pero, en contraste con la Florida una generación antes, la "Perla de las Antillas" no estaba a la venta. José Antonio Saco, que se aferraba a la esperanza de mejoramiento bajo la dominación española, escribió en un editorial de *La Verdad* de Nueva York, declarándose contra la anexión, especialmente si incluía la perpetuación de la esclavitud. Y Madan publicó invectivas en contra de aquél. Viéndose rebatido en lo que creía el mejor curso a seguir, Saco abandonó *La Verdad* a los anexionistas y cambió América por Europa, donde, concentrándose en otro aspecto de la libertad, preparó una monumental historia de la esclavitud. Luz y Caballero, también fiel a las enseñanzas de su maestro, prefirió la lenta pero segura ruta de la liberación mediante los principios inculcados a través de la educación.

Félix Varela se aferró a su premisa: La gran mayoría de los cubanos querían ser libres y algún día serían libres. Pero la clase de habaneros honorables, inteligentes y patrióticos que él preveía no surgiría durante su vida. La levadura necesita tiempo para producir su efecto. Mientras tanto, su debilitado brazo todavía sostendría la antorcha en la tierra donde, a pesar de animosidades e injusticias, la Ley proclamaba iguales a todos los ciudadanos.

CAPÍTULO V

LA LLAMA COMIENZA A EXTINGUIRSE

Los servicios pastorales del Padre Varela en San Agustín, interrumpidos dos veces por viajes de regreso a Nueva York, se extendieron por seis años. Los documentos escritos son escasos. Hay pruebas, sin embargo, de que, como ayudante del Reverendo Edmond Aubril en la iglesia de *San Agustín*, llevó su religión, al igual que en la de la *Transfiguración*, directamente a su gente, instruyendo, consolando, e inspirándolos. Como sus feligreses del Norte, los católicos pobres del antiguo pueblo floridano pensaban que el Señor les había enviado a uno de sus elegidos.

Un historiador contemporáneo de los primeros tiempos de la Iglesia Católica en la Florida enumera a Félix Varela como uno de los tres nombres más importantes de mediados del siglo XIX; los otros dos eran nativos de la Florida, provenientes de la colonia menorquina, que llegaron a Obispos en 1874[1].

Un clérigo de Savannah, donde Varela se hospedó por unos días mientras viajaba desde Nueva York, describe así la súbita aparición de Varela después de la Misa en la iglesia de *San Juan Bautista*:

> Mientras me quitaba los ornamentos sagrados en la sacristía, un hombre de aspecto corriente, casi diminuto, entró, algo mojado por la lluvia, con la sencillez y facilidad de quien está acostumbrado a los sitios más recónditos del templo, pero no enteramente justificado por su apariencia. Su vestimenta estaba desgastada y raída, los zapatos pesados parecían pequeños sarcófagos y hacían pensar en Napoleón con botas militares por primera vez, su cuerpo esmirriado, su faz angulosa y descarnada, de tez trigueña, casi como un indio. Un par de gafas doradas montadas en la prominente nariz captaron mi atención, y parecían fuera de lugar dentro del conjunto. Con voz dulce y apagada respondió a mi mirada de curiosidad silenciosa: 'Deseo decir Misa. Soy un tal Varela'[2].

---

[1] Michael V. Gannon, *The cross in the sand; the early Catholic Church in Florida, 1513-1870* (Gainsville: University of Florida Press, 1965), págs. 156-57.

[2] Jeremiah J. O'Connell, O.S.B., *Catholicity in the Carolinas and Georgia: leaves of its history...A.D. 1820-A.D. 1879* (New York: Sadlier, 1879), pág. 510.

El Padre Jeremiah J. O'Connell, el joven sacerdote de este encuentro, comentó muchos años después: "Nunca he sido tan agradablemente decepcionado con la apariencia personal de alguien como en este caso... En Savannah y en las islas su recuerdo se conserva con profunda veneración por los fieles y por todos los que le conocieron. De qué modo subsistía era un misterio para sus amigos, porque entregaba todo a los pobres".

Savannah, al igual que San Agustín, era administrada entonces desde Charleston. El Padre Jeremiah F. O'Neill (llamado Senior para distinguirlo de su sobrino del mismo nombre, quien, hasta su muerte prematura, trabajó en la misma Diócesis), Párroco de la única iglesia católica de esa ciudad de Georgia, era irlandés, un ardiente "Repealer"[3], y un campeón de los derechos de los obreros irlandeses que construían las líneas de ferrocarril. Se había logrado recuperar de un padecimiento similar al de Varela pasando los inviernos en Cuba y en la Florida. Además, ya sabía del Párroco de la *Transfiguración* por haber hablado sobre el "Repeal" en Nueva York. Para el Padre O'Neill tener un clérigo tan eminente como Varela en la misión de la Florida, lo consideraba un honor para la Diócesis.

Después de más de dos décadas de hegemonía anglo-protestante, los habitantes de lengua hispana estaban "sorprendidos y encantados" con poder oír de nuevo sermones en su idioma ancestral. La buena noticia de la presencia de Varela se propagó hasta Nueva Orleans. Y se reimprimió en el ***Diario de la Marina*** de La Habana tras aparecer en el periódico ***La Patria*** de aquella ciudad[4].

Un compatriota suyo, Alejandro Angulo y Guridi, que visitó a Varela en San Agustín en 1851, lo encontró vistiendo el hábito sacerdotal: pantalones negros y saco, con un cuello azul y blanco. Y lo describió como de mediana estatura, algo moreno, muy delgado, y con ojos a la vez penetrantes y bondadosos, "como su alma"[5].

---

[3] "Repeal" fue un movimiento irlandés apoyado por muchos norteamericanos para anular la unión política de la Gran Bretaña e Irlanda llevada a cabo en 1801, mediante la abolición del Parlamento irlandés. Aunque renovado periódicamente a ambos lados del Atlántico, la esperanza de libertad irlandesa no culminó hasta el siglo XX, con la creación del Estado Libre de Irlanda.

[4] Citado del ***Diario de la Marina,*** 14 de enero de 1847, acerca del sermón de Varela en San Agustín el 27 del mes anterior. "Cartas Inéditas", pág. 64.

[5] Citado en "Más que Humano", pág. 21.

El filósofo cubano, tan dinámico antes, terminaba sus años de intensa labor en una comunidad durmiente. El otrora próspero Convento Franciscano, con vista a la bahía al extremo del pueblo, que había servido de barraca para las tropas inglesas y americanas, se encontraba ahora en ruinas. Los católicos de San Agustín eran menorquines, peninsulares, indios y negros, con un número reducido de irlandeses de Nueva York. La ciudad se asentaba entre el templado Atlántico, caldeado por la Corriente del Golfo, y los enigmáticos e interminables Everglades. "Casi parece una ciudad separada del resto del mundo", escribía Varela. "Existe un silencio sostenido debido a la escasa población y porque las calles no están pavimentadas sino, cubiertas de arena. En otras palabras, quien padezca de jaquecas puede venir a curarse por sí mismo con este clima bueno y este pueblo tan silencioso"[6].

La vida era sencilla, fácil, y el clima no era conducente a la ambición. Un sacerdote visitante, que condujo "servicios misioneros" en el pueblo por una semana, cuatro años después de la época de Varela, decía que, aunque la pesca era la industria principal, no pudo encontrar un pescado en el mercado aquel viernes. "La gente parecía, en el verdadero sentido de la expresión, no tener nada en absoluto que hacer; el fuerte y las barracas estaban guarnecidas por un soldado con su mujer e hijos, el gobierno del lugar era una sinecura, el correo se recibía sólo dos veces a la semana... Aunque estuviéramos a mitad del invierno, el tiempo era generalmente tan placentero y el sol tan cálido como en la Nueva Inglaterra en el mes de junio. Nunca he presenciado una escena tan soñolienta, lánguida y de soleada indolencia"[7].

Los asociados con Varela en el ministerio divino eran ambos, como él, transplantados de Nueva York por motivos de salud. Uno de ellos, el Padre Stephen Sheridan, apenas había salido del Seminario, y habría de fallecer joven. El Párroco, Padre Aubril, un sacerdote francés de los Padres de la Misericordia, se convirtió en el amigo íntimo y protector de Varela, "el que me mantiene vivo". Solamente Aubril, de los tres

---

[6] Carta desde "San Agustín de la Florida, 20 de julio, 1848", en "Cartas Inéditas", pág. 72.

[7] Augustine F. Hewit, C.S.P., *Life of the Rev. Francis A. Baker, priest of the Congregation of St. Paul* (New York: Catholic Publication House, 1868), pág. 164.

Una "misión" es una especie de revitalización religiosa de la que se dice que Varela fue precursor en los EE.UU. Por una semana --o más-- se celebran servicios religiosos en una iglesia determinada por sacerdotes entrenados para ello, al efecto de recordar a los concurrentes sus deberes espirituales, para renovar las promesas bautismales, y para llegar a resoluciones personales en cuanto a una mejor conducta en el futuro.

entonces en San Agustín, pudo más tarde reanudar su labor en Nueva York, donde serviría por muchos años de Párroco de la iglesia de *San Vicente de Paul*.

A menos de cien millas de Cuba, que él todavía consideraba su Patria, Varela no hizo esfuerzo alguno por regresar a ella. Estaba demasiado agotado para tratar de luchar de nuevo contra la dominación española. Continuó rechazando las sugerencias de amnistía. Sus amigos cubanos y asociados en el exilio de Nueva York --Cristóbal Madan, Gaspar Betancourt Cisneros, Lorenzo de Allo, José Luis Alfonso, Miguel del Monte y otros-- casi unánimemente deseaban la anexión de su tierra natal a los Estados Unidos. Esta opción habría beneficiado al Sur porque Cuba era territorio esclavista; pero tanto Varela como José Antonio Saco se oponían a una anexión sin abolir la esclavitud, porque estimaban que la sujeción de los negros a los criollos era tan objetable como la sumisión de los cubanos a los españoles[8]. Además, Varela, que parecía discernir las intenciones de la agresiva república norteamericana mejor que sus compañeros expatriados, poseía razones íntimas para insistir en una total independencia cubana.

Cuando en 1850, Cristóbal Madan, el perenne protector de los refugiados en Nueva York, le escribió pidiéndole un ejemplar de su ***Propuestas para el Gobierno de las Provincias de Ultramar*** que databa de 1823, para su publicación, Varela le respondió con tristeza. La primera expedición de Narciso López para liberar a Cuba había fracasado recientemente. Esto fundamentó su respuesta de que la aparición de su trabajo ahora no serviría ningún propósito beneficioso. Además, él aseguraba que no podría enviar el plan, aunque lo quisiera, porque su propia copia había desaparecido en el tránsito de Nueva York a San Agustín, junto con muchos otros de sus escritos. "Si el gobierno español desea hacer uso de algunas de las ideas, tiene en sus archivos mis *Propuestas* o puede fácilmente obtenerlas". Y añadía, "No me siento

---

[8] La importancia de la cuestión de la esclavitud durante este período de los movimientos para anexar a Cuba a los EE.UU. se evidencia en Portell Vilá, ***Historia de Cuba en sus relaciones con los Estados Unidos y España***, I: págs. 347-483. Cfr. también Richard Burleigh Kimball y su tratado anexionista ***Cuba and the Cubans*** (1850) en el cual Kimball intentó justificar, *pássim*, la continuación de la esclavitud; igualmente, su Apéndice N.º III, págs. 214-51, donde Cristóbal Madan, bajo un seudónimo, intenta demoler las objeciones a la anexión del abolicionista José Antonio Saco. Para la posición de Varela contra la esclavitud, cf. *supra*, Cap. II.

muy bien y si no fuera por este clima, estaría peor. En Nueva York, probablemente ya hubiera muerto"[9].

La Arquidiócesis de Nueva York, absorta en sus propios problemas de crecimiento, no había hecho previsión para los religiosos con la salud quebrantada. Ni siquiera para alguien como él, a quien en las varias ediciones anuales del **Catholic Directory** se le incluía, año tras año hasta el final, como Vicario General. Bien por el contrario, él había invertido su patrimonio y los ingresos de sus libros en la iglesia de la *Transfiguración*; había sostenido la parroquia con donativos de sus amigos en Nueva York, de Cuba, y de sus familiares en La Habana. Antes de su postrer partida de Nueva York, había legalizado el traspaso de la propiedad de la iglesia al Arzobispo que, al año siguiente, obtuvo del Tribunal Supremo una orden a los síndicos de transferir a él todos sus derechos[10]. Ahora, enfermo y sin pecunia, Varela recibía intimidantes recordatorios de la persistente deuda y la inconformidad del elemento laico. Exagerados informes de supuestas "manipulaciones" del Arzobispo Hughes le hacían temer por su propia reputación como persona íntegra. Escribió con preocupación pidiendo informes en detalle. El Dr. Hernández Travieso consigna que "exigió, a través de la muralla de ayudantes, secretarios, y coadjutores tras los cuales se encerraba Hughes, conocer claramente en qué consistía todo ese problema"[11]. En realidad, Hughes no tenía tal grupo de asistentes; pero las dificultades en la comunicación impedían al convaleciente y ausente Párroco de la *Transfiguración* averiguar qué era lo que estaba pasando.

La transferencia del título de propiedad de la iglesia de *Saint James* a Hughes, en 1844, había creado, debido a complejas circunstancias hipotecarias, trastornos legales para todas las partes, que culminaron en demandas y en decisiones adversas a Hughes y a la iglesia por parte del Vice-Canciller en 1846, y del Tribunal de Apelaciones en abril de 1850[12]. Al tanto de estos procedimientos prolongados y desagradables, Varela temía verse envuelto en ellos del mismo modo. Pero él se encontraba débil y distante de la escena de los hechos; y no existía manera de sacudirse tan mordiente preocupación.

---

[9] JIRP, de Varela a Madan, desde S. Agustín, 11 de julio de 1850.
[10] John Dawson Gilmary Shea, **Catholic churches of New York City...** (New York: Goulding, 1878), pág. 791.
[11] Antonio Hernández Travieso, **El Padre Varela...** (La Habana: Montero, 1949), pág. 447.
[12] Ver cartas de Charles F. Grim a Hughes, 1844-1850, AANY, AHP, A-16.

Una tercera hipoteca por $10,000 en favor de John Delmonico fue cancelada; pero sin recibir Varela la anulación como deudor hipotecario. Debido a ciertos aspectos legales, un segundo título de propiedad de la *Transfiguración* fue remitido a San Agustín, para que aquél lo firmara y traspasara legalmente. Cansado, accedió, diciendo:

> Por este medio devuelvo la escritura firmada y autorizada; pero temo que se verán obligados a enviarme una *tercera*. En ésta no se menciona en qué capacidad vendo la iglesia, y no se dice nada de las hipotecas. Por el contrario, produce la impresión de que no existen. Más aún, si la primera escritura está registrada ya, la segunda no puede inscribirse porque parecería que he vendido dos veces la propiedad a la misma persona; sin declarar cómo vino a mi poder de nuevo...
>
> Debo recibir un recibo de Delmonico o de ustedes por los $10,000 que Uds. le pagaron a él; y el Obispo les debe traspasar la hipoteca sobre la iglesia. No quedaré libre de mi responsabilidad en tanto que los pagos no los efectúe yo[13].

Había escapado de los rigores del clima de Nueva York; pero no de los problemas de su antigua función pastoral. Y el tibio clima de la Florida, como diría, sólo aliviaba un poco sus aflicciones:

> Mi asma no ha mejorado mucho, y podría decir que se empeora desde hace algunos días, pero estoy acostumbrado a sus alternativas. Y espero que el aire puro de esta ciudad me alivie.

El Padre Aubril le asignó una habitación al fondo de la escuela parroquial de San Agustín. Allí recibía a los que acudían en busca de consuelo. También allí, enseñaba a los niños, tocaba el violín para ellos, les daba la bendición y, al entretenerlos, aplacaba su nostalgia[14]. Se convirtió en una institución, en una leyenda viviente en este antiguo pueblo floridano.

Cuando se lo permitía la salud, celebraba la Misa. Pero a veces una tos asfixiante le hacía doblarse, y le costaba subir al altar. Había ido con Aubril a Tolomato a visitar la tumba del Padre O'Reilly, y Varela señaló hacia la tumba de Rita Morales. Deseaba ser enterrado allí, junto a su "segunda madre" y en este pueblo hispánico, que ahora pertenecía a los Estados Unidos.

---

[13] ALS, de Varela al "Revd. dear Sir", fechada "San Agustín, E Florida, 24 de abril, 1850", AANY, AHP, A-13.

[14] Hernández Travieso, *op. cit.* pág. 447.

El contacto de los cubanos de Nueva York y de La Habana con Félix Varela se fue perdiendo durante el año 1852. En la relación epistolar entre las dos ciudades se constataba una preocupación obvia por el amado clérigo y una necesidad de saber de él.

Lorenzo de Allo, antiguo alumno del San Carlos, colaborador de *La Verdad*, y co-fundador del Ateneo Democrático de Nueva York, el "símbolo cultural de la emigración criolla"[15], viajaba a Charleston, S.C., en un asunto de negocios para un compatriota. Enfermo, avejentado prematuramente, expatriado, pobre, desanimado con el fracaso de las expediciones de López, decidió extender el viaje para incluir a San Agustín. Sentía la necesidad, decía, de besar la mano del Padre Varela. Era la Fiesta de la Natividad. ¡Qué mejor época para reunirse los amigos y recibir la bendición de manos de su antiguo maestro!

A las diez de la mañana del Día de Navidad, el señor Allo asistió a la Misa Solemne en la iglesia de *San Agustín*, esperando que el Padre Varela la oficiara. Pero el sacerdote cubano no estaba presente en la iglesia. Después de la Misa, Allo preguntó por él a una mujer de color, y fue conducido detrás de la escuela, a un pequeño cuarto no mayor que una celda de monje, donde encontró a un frágil y venerable anciano recostado en un sofá, con una mirada distante y mística.

El discípulo reconoció en seguida a su mentor, y se inclinó en respetuoso saludo. Varela lo miraba sin reconocerlo hasta que Allo se identificó. De pronto, un reflujo de recuerdos volvió al enfermo sacerdote. Se recordaba de Allo y preguntó por otros discípulos: el Padre Francisco Ruiz, Bermúdez, José María Casal, Luz y Caballero. ¡Cuántas reminiscencias! El visitante se sorprendió de que Varela, transcurridos 31 años, recordara en detalle a individuos y hechos pasados del *San Carlos*.

Conteniendo las lágrimas, Allo observaba la situación de su maestro: la vacía habitación de madera, sin sus libros y mapas o material de escribir, con apenas dos láminas de santos en la pared y una campanita miserable sobre la repisa de la chimenea. Varela estaba apoyado en tres almohadones, pues solamente en esta postura podía respirar, y Allo le rogó que no se moviera. Tenía, explicó, tres o cuatro padecimientos compitiendo por poner fin a su vida. Y no podía ver bien para leer ni sostener una pluma para escribir. Allo notó que, sorprendentemente para

---

[15] *Ibid.*, pág. 452.

un hombre de su edad --tenía 64 años-- su cabello y sus dientes estaban intactos y su mente seguía siendo tan perspicaz como siempre. El Padre Aubril le confió que Varela era el ejemplo perfecto de la bondad. Si no fuera por el sacerdote francés, Varela no estaría vivo.

Con esa misma fecha, el 25 de diciembre de 1852, Lorenzo de Allo le escribió a Francisco Ruiz, sucesor de Varela en la cátedra de Filosofía del *San Carlos:*

> No me parecía posible que un individuo de tanto saber y de tantas virtudes estuviera reducido a vivir en país extranjero, y a ser alimentado por la piedad de un hombre que también es de otra tierra. ¿No es verdad que es cosa extraña que entre tantos discípulos como ha tenido Varela, entre los cuales hay muchos que son ricos, no haya uno siquiera que le extienda una mano caritativa? Varela no puede vivir mucho tiempo. ¿No podrían sus discípulos, al menos los que tienen fortuna, asignarle una corta mesada por los pocos meses que le quedan de vida? ¿No podrían siquiera hacerle una corta suscripción? ¡Ay! El alma se parte al ver un santo perecer sin amparo. Nunca he sentido tanto como hoy mi pobreza...

Allo le aseguró a Ruiz que la vida en los Estados Unidos no había alterado las cualidades que sus discípulos veneraban en el maestro:

> Varela conserva sus cabellos, su dentadura, y no ha perdido sus modales y movimientos cubanos. Su fisonomía no toma la expresión inglesa, sino cuando habla inglés, idioma que posee lo mismo que el suyo. Todo el mundo lo celebra y lo ama; pero nadie sino el Padre Aubril le tiende una mano amiga. ¡Cuán incomprensible es este montón de tierra que se llama mundo!... ¡Pobre sacerdote. Su vida es sufrir y vegetar! Sus palabras son de paz, de amor, de religión: si se imprimieran, ensancharían el campo de la ciencia y de la moral. Su cabeza nada ha perdido; pero su talento gigante sólo serviría para hacerle más horrible su situación, si no fueran más gigantes su religión y sus virtudes[16].

Esta desgarradora misiva, que llegó a su destino una semana más tarde, de inmediato provocó reacción en La Habana. El señor Gonzalo Alfonso envió un donativo de 200 pesos a Varela a través de John Baptiste Lasala en Nueva York. Al conocer la triste condición de su amigo, Lasala fue directamente al Arzobispo Hughes a lamentar el

---

[16] La carta entera de Allo para el Presbítero Ruiz aparece en *Vida...*, de José Ignacio Rodríguez, *op. cit.,* págs. 361-64. También, en forma algo diferente, en Antonio Valverde y Maruri, *La muerte del padre Varela* (La Habana: El Siglo XX, 1924), págs. 45-47.

abandono del ejemplar clérigo. Hughes alegó que desconocía las circunstancias por las que atravesaba Varela. Le dio los detalles de su proyecto de vender la iglesia de la *Transfiguración* y comprar una estructura menos cara para la comunidad. De la ganancia, se podría asignar una pensión al Pastor enfermo[17]. En el término de un mes, Hughes pagó de entrada $3,000 por el edificio escogido[18]; pero ello no benefició en modo alguno al Párroco de la *Transfiguración*, tan cercano ya a la muerte.

Mientras tanto, en la ciudad natal de Varela, el señor Alfonso reunió en su casa a un grupo de sus leales seguidores. Los *habaneros* acordaron recaudar fondos para sostener a su profeta. Votaron una suma para que regresara a Cuba, en la seguridad de que ningún tirano se ensañaría con él ahora. Pero, si acaso se empeñara en continuar su exilio, le haría más llevadera su estancia donde decidiera permanecer.

Como portador de dicha muestra de veneración designaron al más eminente discípulo, José de la Luz y Caballero, el valiente, brillante y fraternal gigante que, aunque había abandonado la práctica de su fe, declaró: "Siempre me he mantenido en buenos términos con Dios". Menos intenso que Varela, menos abierto en la expresión, el admirado "Pepé" había logrado sobrevivir bajo el despotismo y, sin embargo, mantener encendida, entre los alumnos de su prestigiosa academia, la llama que su predecesor clerical había encendido. Fue Luz y Caballero quien, diez años antes, en respuesta a un intento de disminuir la influencia de Varela, hecho por un supuesto "ciudadano del mundo" escribiendo desde Trinidad, había proclamado enérgicamente que el cura-filósofo era el pionero de la emancipación del pensamiento cubano, finalizando con el ahora famoso epigrama: Así que, "mientras se piense en la isla de Cuba, se pensará en quien nos enseñó primero a pensar"[19].

Pero en enero de 1853, Luz y Caballero tenía poca salud; y el dolor por la pérdida de su hija única lo mantenía inmovilizado. Estaba dispuesto a recolectar fondos para su colega filósofo, ahora casi moribundo, pero no se encontraba en condiciones de viajar.

---

[17] Valverde, *op. cit.*, págs. 48-49, de Lasala a Gonzalo Alfonso, New York, 12 de febrero, 1853.

[18] *The Church Journal*, (N.Y.C.), I, N° 2, (12 de febrero, 1853), pág. 12.

[19] De Luz a *Gaceta de Puerto Príncipe*, desde "Puerto Príncipe", 28 de Abril, 1840, reproducida completa en *Vida...*, de Rodríguez, *op. cit.* Apéndice E, págs. 400-04.

Entonces, se escogió a José María Casal, discípulo favorito de Varela: abogado, consejero, miembro de la Sociedad Económica. También activo en la creación de nuevas escuelas y mejoramiento de las existentes, en la construcción de ferrocarriles, en levantar fábricas, en la introducción de nuevas industrias, en la reforma de los asilos para niños huérfanos y pobres, y en la fundación del Liceo de Artes y Literatura para recreo de la juventud. Casal aceptó la encomienda, y el 23 de febrero de 1853, éste y su esposa partieron de La Habana en el vapor *Isabel* rumbo a Savannah y Charleston. Se convino que la visita a Varela debería parecer casual para no herir su orgullo. ¡Así era de profundo el amor de sus discípulos hacia él!

¡Pero no sería el destino de sus seguidores cubanos, ni el de su enviado, contemplar de nuevo la faz en vida de su estoico filósofo!

Félix Varela admitió, temprano en la mañana del 17 de febrero de 1853, que se sentía más débil que de costumbre. No obstante, caminó la corta distancia de su alcoba al cuarto detrás de la escuela donde pasaba los días. La siguiente mañana, un viernes 18 y día de témporas, la debilidad le afectó de tal manera que pidió al Padre Aubril que le administrara los Sacramentos:

> Cuando hablaba de su próxima disolución lo hacía con tal entereza, y con espíritu tan firme y dueño de sí mismo, que nos costaba trabajo comprender que realmente se creyese él mismo tan próximo a su fin, imaginandonos todos que se repondría de aquel ataque como se había repuesto de otros varios. Cuando el Reverendo Padre Aubril estaba a punto de darle el Viático, el Padre Varela lo interrumpió para decir estas palabras: "Tengo que cumplir una promesa, que hice mucho tiempo antes de ahora. Tengo que hacer en este momento, en el momento de mi muerte, como lo he hecho durante mi vida, una profesión solemne de mi fe en la presencia real de Jesucristo en la Sagrada Eucaristía", y mirando fijamente hacia la hostia levantada, exclamó: "Creo firmemente que esta hostia que V. tiene en sus manos, es el cuerpo de Nuestro Señor Jesucristo bajo la apariencia de pan"[20].

"¡Venid a mí, Señor!", fue su postrera exclamación en su última comunión terrenal.

---

[20] De Stephen Sheridan al Arzobispo Hughes, desde "San Agustín, 25 de febrero, 1853", *Freeman's journal*, 12 de marzo, 1853, pág. 4. La fecha de la muerte de Varela se ha puesto en duda por varios estudiosos cubanos, que opinan ocurrió el 18 ó el 25 de febrero de 1853.

Al mediodía, el médico confirmó su certeza de que la muerte rondaba cercana. "Tan pronto como se supo que estaba en peligro de fallecer, muchos de los feligreses se congregaron en la iglesia para orar por él; en tanto que otros seguían rezando alrededor de su lecho, casi sin cesar, mientras continuara viviendo". Ya no podía tan siquiera ver, pero su mente continuaba alerta. Una dama protestante de familia eminente le rogó la bendición para sus dos hijos. Varela pidió que los trajeran a él; tomó sus pequeñas manos en una de las suyas; rezó por ellos y por ella, y les impartió su bendición. La mujer declaró al partir: "Mis hijos serán afortunados. Han sido bendecidos por el santo Varela"[21]. A las 8:30 de la noche, sin lucha alguna, entregó su alma, dejando esta vida apropiadamente rodeado de menesterosos de razas varias --en una habitación al fondo de una escuela, a la sombra de la iglesia de coquina de Michael O'Reilly, en la ciudad más antigua de la República.

El campanario de la iglesia de *San Agustín*, según lo describe un viajero contemporáneo de Varela, "tiene un carillón de pequeñas campanas, que repican de la manera más alegre y bulliciosa, de acuerdo con la costumbre hispánica, en ocasiones festivas; y con un peculiar tono de lamento en los funerales"[22]. Ahora lo hacían dolorosamente --entre ellas, la antigua campana de una misión destruida por los indios-- para lamentar la desaparición física de quien amó a todos los hijos de Dios.

Los días se sucedían pausadamente en San Agustín. Los poco ambiciosos pescadores --fueran menorquines, negros, irlandeses, o mestizos-- tomaron un descanso para dar la apropiada despedida a su amado cura de almas. Las manos que prepararon su cadáver lo hicieron con devoción y respeto. Un alma piadosa le recortó el cabello, y los mechones se convirtieron en reliquias. Reuniéndose a su derredor, veneraron sus restos mortales: rogando por él mujeres y niños, algunos llorando fuertemente. La habitación donde se le velaba era estrecha, estaba llena por completo, y los dolientes tenían que ser controlados a fin de que no empujaran a otros para penetrar en ella. "¡Déjenme entrar!", se dice que imploraba una mujer: "¡Déjenme entrar. Sólo deseo contemplarlo de nuevo. Y lo haré una y otra vez mientras su cuerpo esté

---

[21] José María Casal, "La Muerte de un Justo", aparece en las págs. 88-96 de *La muerte del Padre Varela,* de Valverde, con el incidente narrado en la pág. 90. Sheridan -- escribiendo al Arzobispo Hughes, que no aprobaba lo de los "sacerdotes protestantes"-- lo narra de manera algo diferente.

[22] Hewit, *op. cit,* pág. 163.

entre nosotros. Y, cuando ya no pueda contemplarlo con mis ojos, lo haré con los del espíritu; donde están grabadas su imagen y sus buenas obras". Y la multitud se dedicó a compartir los recuerdos de su benevolencia, cuya fama se había extendido desde Nueva York[23].

Después, a las cinco de la tarde del viernes 25 de febrero, el día que en la Misa se lee el "Oficio de la espada y los clavos de Nuestro Señor", tuvo lugar su panegírico en la iglesia parroquial de *San Agustín*. Se celebró un Réquiem y fue enterrado como él deseaba: con sencillez y en modesto féretro en la tierra donde yacían los Morales, en el cementerio de Tolomato. Su biógrafo Rodríguez nos describe como los hombres competían por el honor de cargar su cuerpo y que, marchando en silencio de dos en dos en la lúgubre procesión funeral hasta el camposanto en las afueras, iba todo el clero de la zona, los alumnos de las escuelas, y un enorme gentío compuesto de cientos de dolientes, "sin distinción de edad, género, raza o condición social"[24].

Un espectador cubano relata que hubo siete oraciones fúnebres junto a la tumba, y que él mismo, habiéndose enterado tarde de la identidad del fallecido, se apresuró para contemplar la pálida faz del bien amado maestro de su juventud, besó sus rígidos dedos, y se desmayó sobre el cadáver[25].

Así fue cómo el en vida afligido cuerpo del Padre Varela retornó a la tierra. Y su alma inmortal se elevó al cielo con las plegarias de muchos.

El 3 de marzo, tras una jornada de ocho días desde La Habana, José María Casal llegó a San Agustín en la ya tardía misión de misericordia. El vapor *Isabel*, impedido de tocar puerto en Savannah por una tormenta, le condujo a Charleston, más al norte en la costa. Casal traía consigo más de $1,000 recolectados entre los cubanos para ayudar a Varela. Así como sendas cartas de Rafael Díaz y de Francisco Ruiz rogando al expatriado sacerdote que regresara a su tierra natal.

El Padre Stephen Sheridan redactó un informe de primera mano del fallecimiento y funeral en carta fechada febrero 26, y dirigida al Arzobispo Hughes. Cuando, con la lentitud del correo de cabotaje, llegó

---

[23] Frank Leslis, *Ilustración americana*, periódico que se imprimía en Nueva York, publicó un artículo anónimo titulado "El Padre Varela", Vol. III (12 de noviembre, 1867), pág. 59.
[24] Rodríguez, *op. cit.*, págs. 373-74.
[25] *Ilustración americana*, loc. cit.

a su destinatario, el Prelado conocía la triste noticia de boca de John Baptist Lasala, cuyas fuentes informativas fueron más rápidas. El *Freeman's Journal* del 12 de marzo de 1853, publicó la carta de Sheridan, con margen luctuoso de negro, posponiendo por una semana el obituario con información biográfica que Hughes preparaba, con los detalles proporcionados por Lasala y Agustín Morales[26].

Se rindieron en la metrópolis los honores correspondientes a un Vicario General. Una solemne Misa pontifical de Réquiem se celebró en la Catedral de *Saint Patrick* de la calle Mulberry. Una litografía de Varela, sacada de un daguerrotipo, se puso a la venta en la Librería Católica Metropolitana, ubicada en el número 556 de la avenida Broadway, entre las calles Spring y Prince[27]. Una relación de la vida y obras de misericordia del difunto apareció en la edición del *Freeman's Journal* del 19 de marzo de 1853[28]. Ésta comentaba sus actividades en las Cortes y su eminencia filosófica; destacaba su heroísmo durante la epidemia de cólera, su caridad hacia los pobres y la entrega total de sus fondos propios para dotar iglesias de Nueva York. El obituario, como ocurre en notas apresuradas, contiene varios errores de hecho que los escritores posteriores han perpetuado.

El Reverendo James Roosevelt Bayley, secretario del Arzobispo de Nueva York, al rendir tributo al venerado cubano en un libro publicado el año de su muerte, citaba "aquella carrera dedicada a la caridad y entrega personal, que ha hecho su nombre símbolo de bendiciones en la ciudad de Nueva York"[29].

La prensa secular de la metrópolis, no siempre caracterizada por su gentileza con los católicos en época de los "Know Nothing" (Los que no saben nada), extendió su sentida despedida al Padre Varela. Mientras que los "amigos de la libertad religiosa" convocaban mítines para protestar el

---

[26] ALS, de John B. Lasala al Arzobispo Hughes, fechada Nueva York, 7 de marzo, 1853; también el memorándum firmado por A. J. Morales, marzo de 1853, sin lugar de origen ni a quién iba dirigido, pero indudablemente a Hughes; ambos en AANY, AHP. Estos dos documentos proveen datos relacionados con la vida de Varela.

[27] *Freeman's journal*, 2 de abril, 1853. Probablemente éste fue el retrato usado por Rodríguez para la portada de su libro *Vida... op. cit.*

[28] José Ignacio Rodríguez, "Father Felix Varela, Vicar General of New York from 1837 to 1853". *The New York Freeman's journal & Catholic register*, el 19 de marzo, 1853, pág. 465, dio erróneamente el año 1856, y varios escritores copiaron el error.

[29] James Roosevelt Bayley, *A brief sketch of the history of the Catholic Church on the island of New York*, pág. 98.

encarcelamiento de la secta Madiai en la Italia católica; mientras que el Arzobispo Hughes y varios grupos protestantes debatían el asunto en ensayos periodísticos a veces mordaces; mientras que periódicos relativamente moderados, como el nuevo *Church Journal* de la iglesia Episcopal de Nueva York, consistentemente denunciaban a los religiosos y a los conversos al catolicismo como "perversos culpables de perversión"[30]; mientras que el Congreso se encolerizaba porque España había detenido un barco correo norteamericano en La Habana; mientras que un tribunal militar en la Isla condenaba al garrote a diez patriotas, Henry J. Raymond destacaba en el *New York Daily Times* el fallecimiento del Vicario General de Nueva York nativo de Cuba:

> Su muerte será lamentada sinceramente en Nueva York, en la que fungió por años de Párroco de la iglesia de la *Transfiguración*, donde se le reconocía de manera casi universal como hombre de conducta irreprochable, de profunda piedad y ardor religioso, y de disposición sumamente benevolente. Las bendiciones de los pobres se unirán a su recuerdo[31].

Cuando John Power falleció, en 1849, el arzobispo Hughes declaró que la iglesia de *Saint Peter* era ahora, más que nunca, "una pesada piedra de molino pendiente de nuestro cuello"[32]. Ese no sería el destino de la iglesia de la *Transfiguración*. En el número del *Freeman's Journal* que contenía el obituario oficial, se podía leer la relación de una reunión que tuvo lugar el 15 de marzo de 1853, entre la clerecía y los laicos, en el sótano de la iglesia, presidido por el Arzobispo. Se adoptaron resoluciones que expresaban la admiración y solidaridad con el Arzobispo de Santa Fe de Bogotá, Manuel José Mosquera, desterrado de la Nueva Granada y residente entonces de Nueva York, y con el Dr. John Henry Newman, condenado por el delito de difamación en la parcial Corte de la Reina en Londres. Se decidió que la iglesia de la *Transfiguración* fuera vendida y la parroquia trasladada a otro lugar, al edificio que el Arzobispo Hughes ya había negociado por $3,000 de entrada, con la promesa de pagar el resto para el primero de mayo. La obra de caridad favorita de Varela: sus asilos para niños pobres de viudas y viudos trabajadores, conocidos como "Asilos de Medio-Huérfamos",

---

[30] Cfr. 1 (5 de febrero, 1853-26 de enero, 1854), *pássim*.
[31] 8 de marzo, 1853, en el *New York Daily Times*, pág. 6.
[32] Carta al Arzobispo de Baltimore, Samuel Eccleston, desde "Nueva York, 16 de abril, 1849", Colección Browne.

habían sido legalmente incorporados en el Asilo de Huérfanos de la Iglesia Católica[33] por Acta del 13 de abril de 1852. Y el Arzobispo Hughes dispuso que los edificios y terrenos pasaran a las Hermanas de la Caridad para uso del Hospital de San Vicente[34].

Mucho se ha especulado a través de los años sobre la deuda de la *Transfiguración*, con la cual Félix Varela había luchado sin cesar. Pero, cuando el edificio de la calle Chambers se vendió varias semanas después de su muerte, la venta produjo $75,000, lo que permitió al Arzobispo Hughes liquidar la hipoteca, comprar una iglesia situada en las calles Mott y Cross por $30,000, con fondos de reserva para gastos imprevistos[35]. La nueva sede parroquial fue dedicada el 30 de abril de 1853, dos meses después del funeral de Varela.

En su nueva ubicación de la calle Mott, la iglesia de la *Transfiguración* ha conservado mucho del carácter misionero impartido por su Párroco fundador. Como las otras iglesias anteriores de Varela, era un edificio originalmente protestante: primero, había sido una iglesia luterana y, más tarde, cuando la compró el Arzobispo católico, era episcopal, con el nombre de iglesia de Zion. Estaba localizada cerca del notorio "Five Points", el peor arrabal de Manhattan. Y los episcopales se dolieron de tener que abandonar a los católicos este sitio para ayudar a los necesitados[36].

Contrastando con muchas otras iglesias del área metropolitana, la de la *Transfiguración* nunca ha tenido grupos étnicos divididos en su nacionalidad de origen. El espíritu y tradición varelianos han seguido vigentes según sucesivas olas de inmigrantes han hecho sus congregaciones predominantemente irlandesas (bajo William McClellan el sucesor inmediato de Varela), o predominantemente italianas (bajo los Padres Salesianos de San Juan Bosco, al comenzar el siglo), o predominantemente chinas (ahora bajo la tutela de la Orden de Maryknoll). Aún continúan prosperando las escuelas para varones y hembras; así como muchas organizaciones que Varela estimulara entre la feligresía, tales como la Sociedad de Temperancia y la Cofradía de

---

[33] Bayley, *op. cit.*, pág. 156.
[34] Carta de doce páginas, sin firma, a "Mi querido Sr. O'Donnell", sin fecha ni lugar, AANY, Cartas del Arzobispo Hughes, A-6.
[35] Shea, *The Catholic churches...*, *op. cit.*, pág. 693.
[36] *The church journal*, 1 (13 y 26 de febrero, 1853).

mujeres. Un cuarto de siglo después de su muerte, se consignó: "La Congregación del Rosario, una de las más antiguas de la iglesia, se reúne cada noche y todavía recuerda en sus plegarias al Rev. Dr. Varela y al Rev. Muppietti"[37]. José Ignacio Rodríguez destacó, en un artículo publicado en 1883, que uno de los más ancianos de la parroquia, que se había retirado a una vida rural en Harlem, continuaba haciendo un peregrinaje anual a la tumba de Varela en San Agustín[38].

La extensa biblioteca de libros sabios de Varela --sus "compañeros nocturnos"-- fue subastada en 1880 en Nueva York. Incluía raras y valiosas ediciones en griego y en latín, historias eclesiásticas, tratados teológicos protestantes y católicos, 243 ejemplares sin vender del tomo 2 de las *Cartas a Elpidio*, 62 tomos de las *Oeuvres completes de Bossuet* (salvo el tomo 37), una Biblia en Hebreo en papel vellum, la *Ilíada* de Homero, etc., hasta un total de 506 volúmenes. El número 507 era "Una Batería Galvánica con Aparato, &c"[39]. Pero otros recuerdos de sus años sacerdotales hacía tiempo que estaban amorosamente en posesión de sus feligreses. Rodríguez, 30 años después de su fallecimiento, menciona que algunas personas en Nueva York guardaban con celo trozos de su sotana o un mechón de sus cabellos[40].

"Hace setenta años, el 15 de julio de 1827, se fundó nuestra parroquia por el santo Padre Félix Varela". Así consta en el *Recuerdo Histórico de la Parroquia de la Transfiguración, Mott St. N.Y., 1827-1897*[41], que traza sus orígenes desde la compra por Varela de la *"Christ Church"* en la calle Ann. "El crucifijo de plata en el altar mayor de nuestra iglesia y la lámpara del santuario de plata que cuelga frente al Tabernáculo fueron obsequios de Varela. Su retrato se puede ver tras el escritorio que usaba en el saloncito de recepción de la rectoría". Aún entonces todavía se conservaba en la residencia el cucharón de plata al que la vigilancia de su ama de llaves había impedido correr idéntica suerte que los otros cubiertos de plata que él había regalado a los necesitados.

---

[37] Shea, *op. cit.*, pág. 696.
[38] Rodríguez, "Father Felix Varela...", pág. 464.
[39] *Valuable theological library. Catalog...of the library of the late Rev. Father Varela.*
[40] Rodríguez, *op. cit.*, pág. 464.
[41] *Souvenir history of Transfiguration parish, Mott Street New York, 1827-1897*, págs. 3, 9 y 10.

Era debido a su caridad, su celo, su devoción desinteresada, su amor por los demás, que los habitantes de Nueva York recordaban a Félix Varela. Las crónicas oficiales de la Iglesia lo reconocían como un sacerdote culto y dedicado; pero, en general, el hecho de que era un pionero espiritual e intelectual no se destacaba de propósito: la comunidad era demasiado joven en cultura y muy preocupada con las cosas materiales necesarias para apreciarlo en su calidad de filósofo. El Profesor Morales, de la "New York Free Academy" (predecesora del "City College of the City of New York"), incluyó sus breves homilías sobre temas de Moral, escritas cuatro décadas antes para la "Sociedad Patriótica" de Cuba, en el libro de texto *Morales' Progressive Spanish Reader (Lecturas Progresivas de Español, de Morales)*, publicado en 1856. En la *Ilustración Americana,* de Frank Leslie, un autor anónimo recordaba los incidentes del obsequio de las cucharillas de plata a la mujer pordiosera, el de arrojar su abrigo sobre los hombros de una madre que cargaba un infante durante una frígida tarde de invierno neoyorquina, y las emotivas escenas de su entierro en San Agustín. "El nombre del Dr. Varela es ahora un término corriente entre nuestro clero", escribió el bibliógrafo diocesano Reverendo Joseph Maria Finotti, en 1875[42]. La *Historia de los Recuerdos* (1897) detallaba los subterfugios que su ama de llaves había tenido que emplear para que se le viera, al menos, apropiadamente vestido, mientras que el folleto de la iglesia de la *Transfiguración Centennial and Jubilee Celebrations, 1827-1927,* lo describía como: "un sacerdote de inagotable dedicación y tacto, maneras corteses, inteligencia poco común, multifacéticos talentos, y poseedor de un patrimonio personal que empleaba exclusivamente para beneficio de la Iglesia de Dios y los pobres"[43].

El mismo año del centenario, 1927, sólo cien desde la fundación de *"Christ Church"*, el primer artículo en inglés sobre Varela por un historiador no cubano apareció en los *Records* de la American Catholic Historical Society de Philadelphia. Su autor, el Reverendo William F. Blakeslee, C.S.P., consideraba a Félix Varela un hombre de muchos talentos y de mente católica abierta:

> Pocos hombres han logrado hacer tanto bien, pocos han dejado una relación de recuerdos tan gratos tras ellos. Félix Varela era, con

---

[42]Carta del Rev. Joseph Maria Finotti a Rodríguez, 19 de octubre, 1875; citado en *Vida...*, pág. 350.
[43] Folleto en los archivos de la Iglesia de la *Transfiguración*, pág. 1.

certeza, "Todo para todos". Para los eruditos, era otro erudito; para los pobres, un pobre como ellos; para los que sufrían, un alma siempre compasiva. Sin importar que lo veamos como profesor de Filosofía en el *Seminario de San Carlos,* o como diputado a las fracasadas Cortes parlamentarias españolas, o como Pastor que laboraba sin cesar para salvar las almas, este gran espíritu liberal se proyectará siempre en un primer plano[44].

Cuando este tardío estudio sobre uno de los más distinguidos sacerdotes de Nueva York apareció, los restos mortales del Padre Varela no reposaban ya en los Estados Unidos. Sus compatriotas, que lo conocieron y amaron mejor, finalmente habían logrado trasladarlos a La Habana. Pero, por muchos años, dicho proyecto fue bloqueado por diferencias entre ambas naciones, y los discípulos cubanos de Varela tuvieron que contentarse con honrar su recuerdo en San Agustín.

> *¡Que no permitan los Cielos, amada Cuba,*
> *que el soplo de la Muerte me sorprenda*
> *lejos de tus campos de delicias!*
> *Deseo que cuando rinda mi existencia,*
> *la postrera luz que mis ojos perciban*
> *sea la misma que brilló sobre mi frente*
> *cuando gemidos anunciaron mi nacimiento.*
> *Quiero devolverte el ser que me diste.*
> *Quiero reposar donde estuvo mi cuna.*

Así, las circunstancias de la muerte de Varela conmovieron a Pedro Ángel Castellón, poeta cubano, disidente, exiliado, un patriota proscrito, como aquél, por el gobierno español, y destinado a yacer en una tumba desconocida en suelo extranjero[45]. El poema de Castellón, titulado "A Cuba, en la muerte de Varela", expresaba el sentimiento de los coterráneos del sacerdote-filósofo de que para un cubano no existía peor desgracia que descansar para siempre en tierra extranjera. De manera unánime, los *varelianos* se solidarizaban con Castellón. Es decir, todos menos Varela mismo, cuya vida proclamó firmemente que un exilio prolongado era preferible a someterse a una tiranía.

---

[44] William Francis Blakeslee, C.S.P., "Félix Varela, 1788-1853". American Catholic Historic Society of Philadelphia, Records, 38 (1927), pág. 46.
[45] Cfr. José Manuel Carbonell, **Los poetas de "El Laúd del Desterrado"**, págs. 121-33. Castellón murió en el exilio en 1856, pero se desconoce de qué y dónde está enterrado.

José María Casal, que venía a socorrer a Varela en San Agustín, lo halló ya sepultado. El Padre Edmond Aubril condujo al desconsolado cubano a Tolomato, señaló hacia la rasa y desmoronada tierra diciendo: "Ahí yace el Padre Varela". Dos toscas cruces de madera y unos macilentos arbustos que rodeaban la tumba marcaban el sitio. El clérigo francés y el afligido filántropo cubano se mantuvieron en respetuoso silencio frente al modesto monumento sepulcral.

Tras orar como católicos, dice Casal, meditamos como filósofos y, después, lloramos como seres humanos"[46]. Casal había sido encargado de traer de regreso a La Habana a su maestro. Ahora, los discípulos ansiosos no volverían a ver en vida a su maestro; pero sus místicas mentes ibéricas demandarían los restos para la Patria. Casal sabía esto, y así se lo hizo saber a Aubril. Alegó que el cadáver debería ser exhumado cuanto antes, y preservado en una bóveda apropiada hasta que se completaran las preparaciones de un traslado ceremonioso a Cuba. Insistió en que, cualquiera que fuese el costo, no sería sino un *centavo* comparado con la deuda de los cubanos a Félix Varela.

Aubril, aunque conmovido por el ardor de Casal, previó, como Párroco y superior eclesiástico, las dificultades. Era verdad que Nueva York había prácticamente perdido su Vicario General a los floridanos; y éstos, a su vez, lo habían acogido en sus corazones. No sólo le habían concedido asilo, sino reverencia. Ya se le veneraba como digno de canonización. Casi se amotinaron por mantenerse cerca de sus despojos mortales. Se habían disputado el privilegio sacro de cargar su cadáver la larga distancia hasta la tumba. Se enorgullecían de los pedacillos de su cabello en sus relicarios. No se lo dejarían llevar fácilmente a su lugar de origen sin oponerse.

Además, Varela mismo había pedido que se le enterrara en Tolomato. Había fallecido como cubano; pero fiel a su determinación de no abandonar nunca su tierra adoptiva. Sus deseos, según los había manifestado a Aubril, tenían que ser respetados.

La opinión pública confirmó bien la predicción de Aubril. Cuando circuló el rumor de los planes de Casal, hubo amenazas de violencia. "Ha muerto un santo entre nosotros, y debemos conservar su cuerpo aquí para atraer la bendición de Dios"[47]. Existía también una complicación de tipo

---

[46] Rodríguez, *op. cit.*, págs. 376-80.
[47] *Souvenir history...*, pág. 9.

político: España se resentiría de que los Estados Unidos enviara los restos del clérigo rebelde a Cuba. La situación era demasiado delicada para que Casal insistiera.

El emisario cubano notó que en Tolomato, al contrario de la costumbre en los cementerios españoles, no existía una capilla sepulcral. ¿Por qué no edificar una, propuso Casal, en memoria de Varela? Allí estaría apropiadamente sepultado hasta que sus restos pudieran transferirse a La Habana. La capilla entonces permanecería como lugar de oración, sitio de peregrinaje y monumento perenne para los católicos de San Agustín[48].

Aubril aceptó este nuevo proyecto. Destacó el hecho de que Varela a menudo había comentado la ausencia de una capilla, aunque él no podía construir una por carecer de fondos.

Casal no perdió tiempo en adquirir un terreno adyacente al cementerio, contratar un arquitecto, y ponerse en contacto con contratistas. Puesto que la rapidez era esencial, el contrato estipulaba que la capilla debería ser completada en treinta días. Casal informó de sus planes a los habaneros y éstos los aprobaron. Lorenzo de Allo sugirió, y fue aceptado, que el altar se fabricara, no en Nueva York, como se propuso al principio, sino en Cuba, de caoba nativa y por carpinteros cubanos. Sería una réplica del altar mayor de la Catedral de La Habana, ante el cual fuera ordenado Varela por el Obispo Espada.

La primera piedra se colocó el 22 de marzo de 1853. De nuevo, los pobladores de San Agustín se reunieron frente a su iglesia para la solemne jornada a Tolomato. A la cabeza de la procesión iba la cruz; detrás, marchaban en orden sucesivo los alumnos de la escuela parroquial, los cofrades, los ayudantes del Padre Aubril, el Padre Sheridan de la Arquidiócesis de Nueva York, las alumnas de la escuela parroquial y un gran número de mujeres. El Padre O'Neill bendijo el sitio y pronunció un panegírico en inglés. Casal, lo hizo en español, en nombre de los cubanos, con David D. Griswold traduciendo. De la concurrencia brotaron sollozos y lágrimas. Ambos discursos funerarios, así como una relación de la ceremonia, fueron depositados en una caja de metal dentro de la primera piedra. Los acontecimientos se consignaron para la posteridad en un folleto publicado en Charleston: *Ceremonias de colocación de la primera piedra de una capilla en el cementerio*

---

[48] Casal, "La Muerte de Un Justo", en Valverde, *La muerte del Padre Varela*, pág. 93.

católico de la ciudad de San Agustín, Florida, dedicada a la memoria del Reverendo Félix Varela, quien fuera Vicario General de Nueva York[49].

El señor Casal aprovechó la ocasión para explicar a los pobladores por qué los cubanos erigían la capilla-mausoleo:

> El que ama, siempre es amado. Varela amó a todos los hombres, y Varela ha sido amado por todos. Pero los cubanos le deben a Varela, no sólo amor, sino veneración profunda. Le deben la instrucción que tienen. Le deben lo que hoy son. Y a no haber sido por su extraordinario talento, su constancia, su saber, su desinterés, ahora estaría el entendimiento de ellos oprimido bajo el peso de la autoridad de los hombres que escribieron en siglos muy atrasados...
>
> Si Varela debe ser querido de todos los hombres por su amor al género humano, los cubanos deben quererle como a un padre, porque ha dado vida a su inteligencia, y ha desatado su espíritu para que vuele libre de errores y se acerque más al trono del Altísimo, de donde proviene.

El emisario cubano dejó abierta la puerta para un eventual traslado de los restos de Varela, aunque admitía que las circunstancias impedían el inmediato cambio de morada para su tierra natal:

> He deseado llevarme a La Habana estas preciosas reliquias, para que el sepulcro de Varela esté al lado de su cuna, para que los cubanos las guarden con el respeto y veneración que se debe, para que tengan el consuelo de poseer el cuerpo de su maestro y amigo, que no pudo pasar entre ellos los últimos treinta años de su vida, para que sus cenizas estén con las de sus ilustres y malogrados discípulos Escobedo, Govantes, Bermúdez y otros, y para que los cubanos puedan decir a sus hijos y nietos 'aquí está el hombre más amoroso de todos los hombres, el maestro más querido de los habaneros, el católico más sufrido y fervoroso, el filósofo cubano, el Padre Varela'. Pero mi deseo, señores, desagrada, según he comprendido, a muchos aquí que lo amaban tiernamente, y sé que llevarme por ahora estos restos apreciables, causaría un profundo dolor a los amigos que aún le lloran, con especialidad a las personas que lo acompañaron y consolaron en sus últimos días... Y mientras tanto, interpretando yo la voluntad de mis compañeros y compatriotas, he creído mi deber, levantar un monumento donde se depositen y sean custodiados esos restos por los católicos de esta ciudad, hasta que llegue la ocasión en que se remitan a

---

[49] Impreso por Councell & Phynney, 1853.

la que tiene el honor de haber visto nacer al hombre benemérito que lloramos.

Ningún monumento, Señores, es más propio, por la santidad de este lugar y por las eminentes virtudes de Varela, que una capilla donde pueda celebrarse el incruento sacrificio de la Misa[50].

El propósito de Casal era, primero, que los restos de Varela fueran trasladados pronto a La Habana y, segundo, que la capilla se utilizara para siempre como casa de oración. No podía entonces sospechar que el destino dispondría algo muy distinto.

Dos días después de la ceremonia, Casal regresó a La Habana. Francisco Ruiz y José de la Luz y Caballero fueron nombrados miembros de una comisión para llevar a cabo el proyecto. Se construyó un altar de caoba y mármol, con un gabinete para guardar los vasos sagrados. También tenía una magnífica cruz de palo de rosa con incrustaciones de plata, dos candelabros y dos facistoles de caoba. Dos lápidas de mármol blanco se emplearon: una para colocarse en la pared de la capilla, y la otra para cubrir el sepulcro en el piso. Ésta contenía la siguiente inscripción en español: "Al Padre Varela --Los Cubanos-- Fallecido el 25 de febrero de 1853"[51]. Sus coterráneos también recaudaron para la compra de una alfombra de capilla y una pintura de tamaño grande de la *Transfiguración de Nuestro Señor*.

Diseñada en el popular estilo Federal, el edificio parecía un templo románico en miniatura, de paredes sólidas, fachada de cuatro pilares y una cruz sencilla rematándola. El 13 de abril de 1853, la construcción estaba lo suficientemente adelantada como para que se efectuara el traslado de los restos de Varela[52]. La capilla quedó emplazada cerca del lugar donde, durante la época de las exploraciones españolas, un misionero había perecido a manos de los mismos indios por quienes a

---

[50] El texto en español del discurso de Casal aparece completo en *Vida...*, de Rodríguez, pág. 381-84.

[51] La fecha debería ser el 18 de febrero. Pero compárese Francisco González del Valle, "Rectificación de Dos Fechas: las de Nacimiento y Muerte del Padre Varela", dando la del 25 de febrero como la correcta.

[52] Valverde, en *La muerte del Padre Varela*, fecha este evento el 13 de abril de 1855. Rodríguez, que conoció a ambos, Casal y Aubril, personalmente, estima que el año fue 1853; al igual que Hernández Travieso, quien se refiere a inscripciones en la capilla (*El Padre Varela*, págs. 452-53). Puesto que el contrato especificaba urgencia para construir la capilla porque los restos de Varela habían sido colocados en la tierra misma, parece más probable el año 1853. El altar y otros enseres para el interior se sabe que vinieron de La Habana después.

menudo ofrecía la Misa. Ahora, cuando se enterraban los restos de un santo entre ellos, la gente de San Agustín, negros, blancos e indios, lloraban ante la tumba del cubano, mientras que un sacerdote francés, Edmond Aubril, celebraba la primera Misa Solemne en la capilla, en honor de Félix Varela.

"Esté Vd. seguro", escribió Aubril a Casal, "de que nuestro buen Padre Varela jamás puede ser olvidado en San Agustín... Y espero que, si algún día se conducen sus restos a la isla de Cuba, algunos se dejarán en esta capilla"[53].

Por un tiempo, la capilla de Tolomato tuvo una doble función. Un sacerdote misionero de San Agustín admiraba en 1857 su sencilla belleza, su hermoso altar, y la "pesada lápida de mármol en el medio del piso, con una simple pero elocuente inscripción"[54]. Para hacer realidad la promesa de Aubril de que la ciudad siempre recordaría al Padre Varela, un comité de damas rezaba en la pequeña capilla cada lunes.

Un cuarto de siglo más tarde, cuando San Agustín se había convertido en sede episcopal con su propio Obispo, José Ignacio Rodríguez anotó que las damas de la "Congregación del Oratorio" seguían con sus visitas semanales, implorando la misericordia divina para los vivos y los muertos, y manteniendo siempre frescas las flores que adornaban la capilla-sepulcro del cubano portador de la antorcha[55]. Pero el Padre Aubril, gentil espíritu protector de Varela, ahora se hallaba en Nueva York. Y el biógrafo del cubano parece desconocer que, tras la partida de San Agustín del sacerdote francés, la bóveda de Tolomato había sufrido una alteración que a los compatriotas de Varela se les haría difícil perdonar.

---

[53] Traducido del español según consta en *Vida...*, pág. 385. Rodríguez cita como la fecha de esta carta el 13 de abril de 1853. En Casal, "La Muerte de Un Justo", sin embargo, el año es 1855 o 1857; cfr. Valverde, p. 94.
[54] Hewit, *op. cit.*, pág. 163.
[55] Rodríguez, *op. cit.*, pág. 386.

Mausoleo del padre Félix Varela en el cementerio Tolomato de San Agustín, Florida.

CAPÍTULO VI

LA ANTORCHA SE TORNA FARO

Para sus compatriotas, Varela era un recuerdo vívido, que se agigantaba. Los que habían recibido la educación de sus labios iban desapareciendo. Escobedo había fallecido, así como Heredia, Govantes y Bermúdez. Lorenzo de Allo le sobrevivió sólo un año, apenas lo suficiente como para haber logrado, según un autor, su aportación magistral: el despertar de la conciencia cubana a la deuda que le debían a Varela, mediante su carta del 26 de diciembre de 1852[1].

Pero otra generación iba surgiendo, compuesta de cubanos instruidos por el educador Luz y Caballero, por el periodista antiesclavista Saco, por prohombres como Madan y Casal. Estos jóvenes usaban los escritos de Varela como libros de texto, y de sus mayores aprendieron de aquella vida sin tacha, de su liberación del intelecto, de su convicción de que Cuba un día sería libre. Como sucede con los seguidores de los grandes pensadores, muchos cambiaron sus prédicas: se olvidaron de que él había combatido la religión sin conciencia social, la libertad sin fe, la revolución sin responsabilidad. Varela hubiera sufrido de saber el propósito a que algunos, en generaciones posteriores, condujeron sus enseñanzas. Sin embargo, progresivamente la leyenda aumentaba su fama: era la de un hombre sabio, impoluto, al que nadie se atrevía a acusar, excepto los esbirros de la corona española.

El destino había dispuesto que Martí naciera en enero de 1853; un mes antes del fallecimiento de Varela. Martí creció en la tradición liberal de Varela, Luz y Mendive. En muchos aspectos difería del sacerdote-filósofo: era anticlerical, crítico de los Estados Unidos y se inclinaba a la revolución por la fuerza de las armas. Sin embargo, como su predecesor, era más un soñador que un político, más patriota que ambicioso, dispuesto a cualquier sacrificio, hasta el supremo, para liberar a sus compatriotas. Varela y Martí, un binomio, que muchos calificaban del precursor y el activista, el visionario y el "Apóstol".

José María Casal contribuyó a la creciente leyenda vareliana con un tomo de los discursos de Varela, publicado en Matanzas en 1860, al cual

---

[1] Antonio Valverde y Maruri, *La muerte del Padre Varela* (La Habana: "El Siglo XX", 1924), pág. 10.

le puso como prefacio de su trabajo "La Muerte de un Justo"[2]. Este relato de los últimos días de Varela y los eventos subsiguientes se volvió a imprimir, abreviado, en el *Libro Cuarto de Lectura* de Eusebio Guiteras (Matanzas, 1868), y se convirtió en material de inspiración para los estudiantes[3].

José de la Luz y Caballero, guía de las mentes de la joven élite de su academia, definió a Varela como el forjador del pensamiento moderno en la isla de Cuba. Antonio Bachiller y Morales, "patriarca de las letras cubanas", historiador, bibliógrafo y periodista fecundo, le dedicó un capítulo de su "Galaxia de Hombres Famosos" a Varela, en sus tres volúmenes, *Apuntes para la historia de las letras y de la instrucción pública en la isla de Cuba, 1859-61*. Señalaba que el sacerdote, a quien podía comparársele con Sócrates y Descartes, era el primer filósofo cubano que, al destruir la hegemonía de la filosofía escolástica, había abierto el camino al pensamiento científico. Y que en sus *Cartas* había expresado la esperanza de "hacer con mi último aliento una reafirmación de mi fe invariable y una ferviente plegaria por la felicidad de mi Patria"[4].

El biógrafo cubano, Francisco Calcagno, publicó una breve vida de Varela en el tomo II de la *Revista de Cuba* de 1877, un esbozo que luego apareció en su *Diccionario biográfico cubano*. Más tarde, en 1878, veinticinco años después de la muerte de Varela, José Ignacio Rodríguez publicó la primera biografía vareliana completa. Aunque se llamaba a sí mismo "un discípulo del Padre Varela, movido por un sentimiento de gratitud y patriotismo", Rodríguez había sido influido no por contacto personal con el sacerdote-filósofo (a quien probablemente nunca conoció), sino a través de las lecturas de las obras de Varela, y escuchando a Luz y a otros seguidores de aquél. Rodríguez, erudito, maestro, abogado, funcionario público y socio de Bachiller y Morales, había emigrado a los Estados Unidos en 1869, cuando sus pronunciamientos antiesclavistas (había traducido al español *La cabaña*

---

[2] José María Casal, *Discursos del Padre Varela, precedidos de una sucinta relación de lo que pasó en los últimos momentos de su vida y en su entierro* (Matanzas: Imprenta del Gobierno, 1860).

[3] Cfr. Valverde, *La muerte... op. cit.*, pág. 5.

[4] La ficha biográfica de Varela aparece en el Vol. III, págs. 138-51; la cita es de la pág. 150.

del Tío Tom)[5] y su implicación en la rebelión de 1868 le hicieron peligrosa la estancia en Cuba. Al igual que Varela, era un católico devoto y un apasionado patriota. Estudió derecho con Caleb Cushing, el jurista y estadista de Massachusetts, fue admitido al ejercicio profesional en Washington, y alcanzó eminencia como historiador y como jurista internacional. Su prolongado servicio de secretario y traductor en el Buró de las Repúblicas Americanas de Washington estuvo dirigido a reducir la "asombrosa ignorancia" de los norteamericanos acerca de sus vecinos latinoamericanos.

Rodríguez había estado en contacto en Cuba con Casal y su círculo de intelectuales varelianos. Él había venido a Nueva York "encomendado" a Cristóbal Madan, igual que Varela en 1823. En tanto que se asentaba en los Estados Unidos, escribió una biografía monumental de José de la Luz y Caballero, la cual motivó a los seguidores del venerado Varela a encargarle un trabajo semejante sobre éste.

La *Vida del Presbítero don Félix Varela* de José I. Rodríguez, publicada en Nueva York en 1878 en la imprenta *O Novo Mundo*, un periódico en lengua portuguesa ubicado en el Edificio del *NY Times*, era el producto de la colaboración con el autor de muchos de los discípulos del bien amado sacerdote cubano. Su autor recibió de José María Casal, que falleció antes de que se completara el proyecto, notas, materiales y otras "memories". El Dr. Vidal Morales y Morales, antiguo alumno de las escuelas de Rodríguez en La Habana, afirmaba haber iniciado el proyecto en una carta anónima a su otrora director, en la cual ofrecía sus servicios como investigador y amanuense si el biógrafo de Luz y Caballero escribía sobre Varela. Vidal Morales trabajó sin cesar para suministrar desde Cuba los documentos pertinentes, como lo hizo también el Dr. Eusebio Valdés Domínguez. Otro cubano, el Dr. Raimundo Menocal y Menocal, cooperó desde Madrid. El Dr. Agustín José Morales, profesor de español en el City College of New York y primo hermano de Varela[6], facilitó los datos genealógicos, así como cartas, libros y manuscritos inéditos de Varela. Cristóbal Madan, ahora

---

[5] La traducción, bajo el título de *La cabaña del Tío Tom*, se suprimió porque los cubanos de Nueva York, a quienes había encargado su publicación, eran anexionistas, que creían que una Cuba esclavista tenía mayores posibilidades de unirse a los EE.UU. Cfr. Juan Manuel Dihigo y Mestre, *José Ignacio Rodríguez*, pág. 21.

[6] El padre del Dr. Morales era Bartolomé Morales y Morales, hermano de la madre de Varela.

un próspero comerciante y propietario de vastas extensiones de tierra en Louisiana, proveyó detalles de la vida íntima de Varela en Nueva York, así como una transcripción de un sermón de aquél, que recordaba de memoria a pesar de haber transcurrido unos treinta años[7].

Entre los no cubanos, el principal apoyo documental vino del Reverendo Joseph Maria Finotti, un distinguido bibliógrafo americano. Éste proporcionó información sobre copias olvidadas del *Truth Teller*, que contenían los primeros escritos en inglés de Varela, y sobre los seis tomos del *Catholic Expositor*, 1841-44, la publicación más ambiciosa del filósofo cubano en su lengua adoptiva. Finotti exhortó a Rodríguez a publicar la *Vida* de Varela en inglés, porque los americanos eran quienes más precisaban de tal libro. "Su nombre es muy conocido por todo el clero nuestro. Dentro de diez años, él caerá en el olvido para una nueva generación"[8]. A pesar del consejo de Finotti, el Dr. Rodríguez escribió su *Vida* del Padre Varela en español, dedicándola a la juventud cubana; que sostenía en sus manos el destino de su país. El bibliógrafo, por su parte, le rogó con insistencia una versión en inglés. Alegó que ella sería:

> interesante, especialmente para aquel segmento de los lectores católicos de los Estados Unidos que tiene conocimiento de nuestras Instituciones Literarias, las cuales, sin distinción ni excepción, están todas al más bajo nivel de perfección. Para ellos, la lectura de lo que usted ha hecho por revivir las letras y las ciencias en Cuba será de gran provecho. De todos modos, háganos llegar una traducción íntegra[9].

Pero surgieron dificultades relacionadas con la traducción y la publicación. Como transacción, Rodríguez mismo condensó los puntos esenciales en un artículo para la *American Catholic quartely review*.

La *Vida del presbítero don Félix Varela* de Rodríguez intentaba "recordar al pueblo de Cuba el benéfico ejemplo de las virtudes personales y clericales del ejemplar sacerdote, así como evitar que sus enseñanzas se olvidaran en el momento crítico de la reconstrucción política del país, tras las convulsiones provocadas por la lucha que había

---

[7] Cientos de cartas manuscritas de Rodríguez en JIRP, Biblioteca del Congreso: de Valdés, Vidal Morales, Agustín Morales, Madan y otros, entre 1875-79, demuestran el amplio interés en la biografía de Varela.

[8] ALS, del Rev. Joseph Maria Finotti a Rodríguez, desde "St. Malachi's Arlington Mass.", 19 de octubre, 1875, JIRP, Caja 7.

[9] ALS, "Central City, Colo., 6 de octubre, 1878"; JIRP, Caja 7.

sostenido Cuba"[10]. La biografía estaba bien documentada, era informativa y reverente. Fue muy bien acogida, especialmente en la tierra natal de Varela. "Su agradecida Patria siempre recordará su nombre", escribió Vidal Morales y Morales al autor, "unido eternamente con los de esos cubanos inmortales que llamamos Luz y Caballero y Varela. ¡Qué gloria más envidiable la de vivir para siempre asociado con la memoria de hombres tan ilustres!"[11]

Finotti reseñó el libro in extenso para el *Catholic Telegraph* de Cincinnati, comentando que los cubanos deberían estar orgullosos con la alta estimación en que los americanos tenían a "ese distinguido habanero, al que la Iglesia en los Estados Unidos debe tanto"[12].

Un sin número de escritores posteriores ha usado a Rodríguez como punto de partida, citándolo, comprobando su veracidad y extendiendo su valoración del clérigo como figura nacional. Así, se acrecentó la historiografía vareliana. Conviene anotar que, mientras los investigadores hacían el escrutinio de los recuerdos de otros y de las cartas y escritos que guardaban relación con su vida, no hallaron falta alguna en el clérigo-patriota. Con la excepción de las autoridades españolas, cuya tiranía él había denunciado, Varela, hombre de muchas amistades, nunca había provocado una enemistad evidente. El veredicto era unánime: su actuación era la de un santo, su sabiduría ponderada, su intuición profunda, su caridad sin límites.

Lo que tal vez fuera la única nota crítica, surgió en 1885, proveniente de Bachiller y Morales, quien pasó en los Estados Unidos el período de la fracasada "Guerra de los Diez Años" cubana[13]. Durante este tiempo, muchos exiliados clamaban la ayuda de Washington para derrocar a España, hasta al precio de la anexión de Cuba por este país como otro estado esclavista. Bachiller y Morales, al igual que Varela, era un liberal de ideas antiesclavistas. Pero, por el contrario, dudaba que la educación y la fuerza del destino, de por sí, pudieran lograr la independencia de la Isla. En un ensayo en la *Revista Bimestre Cubana* de Enrique José

---

[10] Cfr. "Father Felix Varela", un artículo por José Ignacio Rodríguez, en la *American Catholic quarterly review*, 8, pág. 463.
[11] ALS, "La Habana, 20 de julio de 1877", JIRP, Caja 24.
[12] ALS, de Finotti a Rodríguez, "Central City, Colo., 3 de diciembre, 78"; JIRP, Caja 7.
[13] Se había refugiado en Nueva York en 1869, en la misma "oleada" que José Ignacio Rodríguez.

Varona, titulado "Error Político de Don Félix Varela: los Contemporáneos y la Posteridad"[14]. Bachiller y Morales subrayaba que el clérigo había tratado de lograr una evolución pacífica, cuando lo necesario, en realidad, era una verdadera revolución. Quizás si Varela y otros no se hubieran opuesto a una invasión de Cuba desde el continente americano, expresaba, y si los Estados Unidos no hubiera vetado esa acción militar, la causa de la libertad de la Isla podría haber triunfado en los años cuarenta o cincuenta. Pero esto, admitía el autor, era sólo especulación. Y nadie podría negar la sinceridad de los principios de Varela al tratar de conseguir la libertad patria sin derramamiento de sangre.

Cuando, al terminar el siglo, finalmente se cortaron los lazos que los unían a España contra sus deseos, los cubanos habrían de lamentar la tardía intervención de Washington, que sustituía con un nuevo y más sutil patrono, la opresión militar española. Entonces, ellos descubrirían que Félix Varela en verdad hablaba por ellos cuando declaró que la nación ansiaba una independencia total, sin la mediatizada dependencia a una potencia mayor.

El sacerdote Félix Varela no había alcanzado rango episcopal. Sin embargo, un Obispo católico yacía sepultado ahora en el que fuera merecido monumento a su memoria. Rodríguez ignoraba que los restos de Varela habían sido alterados cuando escribió su libro y el artículo en el que elogiaba en términos líricos la solícita atención a la capilla por las damas de San Agustín. Pero pronto sería informado de esto.

San Agustín, que originalmente formaba parte de la Diócesis de Santiago de Cuba, y después constituyó un ente eclesiástico independiente localizado entre Nueva Orleans y La Habana, fue más tarde sucesivamente gobernada desde Mobile, Alabama, y desde Savannah, Georgia, y se convirtió en sede episcopal en 1870. Augustin Verot, Obispo de Savannah, fue transferido a dicho puesto a su pedido "porque San Agustín de la Florida fue el primer lugar al cual fui destinado y, también, porque en la Florida existe mayor pobreza moral,

---

[14] Varona, *Revista cubana*, 2 de octubre, 1885, págs. 289-94.

así como mayor oportunidad de hacer buenas obras edificando iglesias y fundando escuelas"[15].

Verot, nacido en un pueblo textilero del sur de Francia, educado en un Seminario cercano a París, había ingresado en la orden de los Sulpicianos y enseñado matemáticas en el Colegio de Saint Mary, de Baltimore. En 1858, fue nombrado Vicario Apostólico de la Florida, con el rango de Obispo. Y poco después, en 1861, lo nombraron Obispo de Savannah. Durante la Guerra Civil, se había distinguido por su firme defensa de la esclavitud con supuestos fundamentos teológicos; por su valerosa preocupación por los prisioneros de la Unión en la notoria empalizada en Andersonville; por el constante apoyo a los Confederados sureños; y por sus esfuerzos por ayudar y educar a los negros emancipados. Durante el Primer Concilio Vaticano de 1870, fue el "enfant terrible" norteamericano que se opuso a la definición en aquel momento de la doctrina de la infalibilidad papal.

Aunque francés, Verot estaba interesado en las reliquias históricas de San Agustín. Mandó redecorar y restaurar la iglesia del Padre O'Reilly, ahora Catedral, recolectando fondos para ello durante una visita a Baltimore, Brooklyn y Augusta. Viajó a Cuba en busca de los más antiguos archivos parroquiales de su ciudad, que databan, algunos, del 25 de junio de 1594. Hizo excavar el emplazamiento de Nombre de Dios, restaurando allí la vieja Capilla de *Nuestra Señora de la Leche*. Construyó iglesias y un convento. Fundó una "especie de seminario" para entrenar futuros sacerdotes. Publicó un breve semanario diocesano. Formó una misión para los indios de los Everglades. Y, finalmente, se agotó en frecuentes y difíciles visitas a su apenas civilizada Diócesis[16].

El intrépido Obispo murió un caluroso 10 de junio de 1876. Su cuerpo fue cubierto con hielo, y enterrado a toda prisa dos días más tarde en Tolomato. No existiendo lugar apropiado en San Agustín para sepultar tan distinguidos restos, fueron depositados bajo la losa sepulcral de la capilla del Padre Varela. Los del clérigo cubano se exhumaron para hacer espacio en la única bóveda. La sociedad del Oratorio protestó en forma vehemente; pero, ¿qué podían las quejas de las buenas mujeres

---

[15] Carta del Obispo Augustine Verot desde Roma, del 2 de mayo de 1870, citada por Michael V. Gannon en su libro ***Rebel bishop, the life and era of Augustine Verot*** (Milwaukee: Bruce, 1964), pág. 228.

[16] Gannon, ***Rebel Bishop,...***, *op. cit.*, págs. 233-47.

contra la decisión del clero en funciones? El 16 de junio tuvo lugar en la Catedral el panegírico oficial del prelado, ante una concurrida asamblea[17]. Una prominente placa de bronce conmemorativa del entierro de Augustin Verot fue colocada en una pared exterior de la capilla.

Nadie se molestó en notificar a los cubanos que ahora existía un segundo ocupante en la tumba de Félix Varela. Pero en 1883, el año en que apareció el artículo de Rodríguez en el *American Catholic quarterly review,* el biógrafo recibió en Washington, D.C. una carta de Nueva York de Agustín Morales. La sobrina de su esposa, que residía en San Agustín, le había informado que, cuando Verot fue enterrado, una tal Señora A. L. de Médicis había colocado los restos de Varela en una funda para dejarlos al costado de la tumba. Morales escribió a la señora de Médicis, quien contestó que los huesos ciertamente habían sido colocados en una funda bordada por una devota dama, y depositados en una esquina de la bóveda funeraria. Ella afirmaba que ni había participado ni había sido testigo de dicha acción. Morales envió su carta, junto con la suya, a Rodríguez[18].

Rodríguez no reveló la correspondencia. Sabía que, de conocerse el incidente, provocaría una reacción anticlerical y contra los norteamericanos en su tierra natal. Y que anularía el positivo e instructivo efecto de sus recientes publicaciones sobre Varela. Él era un católico sincero, y deseaba promover un mejor entendimiento con los vecinos del Norte. Rodríguez archivó las cartas de ambos, de Morales y de la Sra. de Médicis entre sus papeles, y no dijo nada. Cuando falleció en 1907, tras servicios prolongados en asuntos interamericanos, dejó sus documentos a la Biblioteca del Congreso, de Washington, D.C.

Durante las décadas finales del siglo XIX, Cuba siguió beneficiándose moralmente con el ejemplo de la vida y con los escritos de Félix Varela. Pero el ansiado retorno de sus restos mortales a la Isla que le viera nacer tendría que esperar. Los de su amigo y mentor, el Obispo Espada y Landa, fueron exhumados en 1881, examinados mediante identificación por una Comisión Técnica, y enterrados solemnemente en un apropiado mausoleo en el Cementerio de Cristóbal

---

[17] *Ibid.*, pág. 248.
[18] Julio Morales Coello *et al., Los restos del Padre Varela, en la Universidad de La Habana* (La Habana: Universidad, 1955), págs. 9-11.

Colón[19]. Pero en el caso de Varela siempre se interponía una excusa: que San Agustín y Nueva York lo veneraban tanto que no consentirían el traslado. Se dice que un sacerdote irlandés de la Florida declaró que nadie en San Agustín, así fuera católico, protestante o pagano, permitiría que se removiera de allí ni siquiera uno de sus cabellos[20].

Sin embargo, la razón fundamental de la demora era de carácter político. El proceso del traslado tendría que iniciarse a través de conductos diplomáticos. La agitada Isla era una Colonia española, y el ahora difunto Varela continuaba siendo, todavía más que en vida, causa de vergüenza para el gobierno de la Corona. España se oponía a su vuelta a Cuba, y los Estados Unidos se veían impedidos de tomar una decisión sin su beneplácito.

Un artículo en *El Telégrafo* de Trinidad, en 1888, lamentaba que el monumento al ilustre habanero en San Agustín se encontrara "en ruinas". La información debía ser de segunda mano, porque exageraba el estado del mausoleo e ignoraba que el Obispo Verot también estaba enterrado allí. Enrique José Varona y Pera, el líder del pensamiento de la época y un ardoroso nacionalista, un hombre de gran intelecto, pero carente de fe, lo trajo a la atención de sus compatriotas en la *Revista Cubana*:

> Este monumento fue construido por cubanos en homenaje a un hombre sabio y bueno, que coronó con el manto del exilio una vida entera consagrada primordialmente a la prosperidad y progreso de su país. En verdad, a nadie debemos más que a él, como patriota, escogió morir en tierra extraña antes que ser testigo de la servidumbre de la suya...
>
> El piadoso deseo de transportar a Cuba las cenizas del gran filósofo cubano pereció con los que le veneraron con amor y entusiasmo. El monumento que testimonia en tierra extranjera la gratitud de nuestra gente, ahora olvidado, abandonado, cede a los embates del tiempo y pronto no existirá más. Las virtudes y las obras de Félix Varela en realidad no necesitan estar grabadas en bronce o mármol; pero es muy

---

[19] Antonio Valverde y Maruri, *Documentos relativos al Obispo Espada* (La Habana: "La Universal", 1926), págs. 20ss.
[20] Raimundo Cabrera, "Nuestro Homenaje a Varela", *Revista bimestre cubana*, 6, noviembre-diciembre, 1911, pág. 476.

triste, sin embargo, que no sepamos siquiera conservar lo que nuestros predecesores construyeron para nosotros[21].

Aunque el deseo era evidente, la oportunidad no. Poco después, en 1891, gracias a la insistencia de Alfredo Zayas y de otros, la "Sociedad Económica" nombró una comisión a ese efecto. Pero los dolores de parto del prolongado y difícil nacimiento de la independencia cubana pasaban por un momento culminante. Y el traslado de los restos tendría que seguir esperando.

La economía de Cuba se desplomó en los años noventa. José Martí, periodista, poeta, patriota, creó en Nueva York en 1892 una **Junta Revolucionaria** que estaba lista para una invasión en 1895. España, tras el fracaso de sus esfuerzos por apaciguar a los *criollos*, nombró capitán general al Mariscal Valeriano Weyler, "el carnicero", para sofocar la rebelión. Martí murió en acción de guerra en mayo, legando a los cubanos *independentistas* un verdadero mártir. Los líderes rebeldes solicitaron el reconocimiento del gobierno de los Estados Unidos; pero en su lugar, recibieron la intervención militar post-bélica. A la vuelta del siglo, la desafortunada Patria de Varela cambió de la dominación española a un protectorado yanqui. Varios años más tarde, Cuba eligió un ejecutivo y una legislatura, que funcionaban bajo la sombra omnipresente de Washington.

Para 1909, Cuba tenía un presidente liberal, José Miguel Gómez, y los Estados Unidos habían retirado su Interventor. Se acercaba el centenario de la ordenación sacerdotal de Varela y de su nombramiento profesoral para modernizar la cátedra de Filosofía en el *San Carlos*. El aniversario parecía ser una ocasión apropiada para llevar a cabo el tan demorado traslado de sus restos mortales.

Los archiveros de La Habana habían cooperado con Verot y posteriores dignatarios para entregar a San Agustín los antiguos registros eclesiales hispanos. La mayoría de ellos, que databan del año de 1594, fueron enviados en 1906[22]. En noviembre de 1911, le correspondió reciprocar a la ciudad floridana. Un comité ad hoc fue designado en La Habana, se votaron los fondos necesarios, y se hizo contacto con los funcionarios correspondientes. Por autorización del Obispo William J.

---

[21] Enrique José Varona, "La Capilla del Padre Varela", en *Revista cubana*, 8 (1888), págs. 380-84.
[22] Gannon, *op. cit.*, pág. 235.

Kenny, de San Agustín, se encargó a un sepulturero levantar la losa de mármol en la capilla de Tolomato. Los huesos fueron envueltos en una pieza de lino blanco y depositados en fragante aserrín de pino en una caja de zinc sellada; que fue entregada al Dr. Manuel Landa González, presidente de la Audiencia de Pinar del Río, y a Julio Rodríguez Embil, Cónsul general de Cuba en Jacksonville[23].

No se hizo mención en aquel momento del segundo ocupante de la bóveda. La caja de zinc, que arribó a La Habana antes de completarse el nuevo monumento a Varela, se depositó provisionalmente en el viejo y ruinoso Zoológico Museo de Historia Natural de La Habana.

El traslado de los restos a La Habana fue objeto de conmemoración sentimental y de dilatados panegíricos. Hubo una oración fúnebre en la Catedral; así como discursos en la Universidad y en la Secretaría de Educación Pública. En el mitin del 17 de noviembre de 1911 de la Sociedad Económica de Amigos del País, el historiador y patriota cubano Dr. Raimundo Cabrera leyó un discurso, "Nuestro Tributo a Varela", en el cual expresaba satisfacción porque "esos venerados restos descansan ahora en el seno de su amada Patria libre". El Dr. Fernando Ortiz, presidente de la Sección de Educación, a la que había pertenecido Varela, disertó sobre "Félix Varela, Amigo de la Patria", mientras que Rafael Montoro, otrora presidente de la benemérita Sociedad Económica, describió a Varela como clérigo, educador y autonomista político[24].

Finalmente, tuvo lugar una solemne ceremonia en la Universidad de La Habana, el 22 de agosto de 1912. Sobre un pedestal en el Aula Magna, en urna de mármol, se colocaron los restos provenientes de San Agustín. Debido a que la caja metálica original era demasiado grande, el bolsón de lino había sido transferido a otra caja de metal más pequeña.

Además de la urna mortuoria en su pilar, la Universidad de La Habana exhibía un busto de mármol de Félix Varela en su Aula Magna, y en una transitada esquina de la ciudad, en la intersección de las calles Dragones, Zanja y Finlay, se colocó un impresionante monumento al sacerdote-filósofo. Representaba la Juventud de Cuba mirando con respeto al admirado Maestro.

---

[23] Morales Coello, et al., *Los restos del Padre Varela... op. cit.*, págs. 6-19.
[24] "En Memoria de Félix Varela", una serie de artículos, *Revista bimestre cubana*, 6, noviembre-diciembre, 1911, págs. 473-97.

El Dr. Antonio L. Valverde y Maruri, historiador, jurista, hombre de ciencia y presidente de la sección de Historia, Geografía y Estadística de la Sociedad Económica, publicó en 1924 un detallado examen de una serie de documentos que podían aclarar las dudas sobre las fechas exactas de la muerte, entierro y re-entierro de Varela en Tolomato[25]. La investigación de Valverde, a pesar de ser minuciosa y extensiva, probó ser inconclusa. Y, quizá más importante, no aclaraba el hecho de la presencia del Obispo Verot en la misma bóveda.

En su libro, Valverde criticaba la ubicación de los monumentos a Varela. El justo tributo a una figura tan santa y erudita no debería estar situado en medio del tráfico urbano, sino en la Plaza de la Catedral o cercano al antiguo Seminario de *San Carlos y San Ambrosio*. Otrosí, el lugar de reposo no debería estar en un recinto universitario de constante tránsito; donde no se observaba religiosidad sino irreverencia. El mismo mes del artículo de Valverde, hubo una manifestación de estudiantes porque el Rector de la Universidad había negado permiso de usar el Aula Magna para una asamblea de carácter antirreligioso[26].

El presidente Gerardo Machado y Morales, al tratar de reprimir por la fuerza las manifestaciones públicas, declaró la Ley Marcial en 1930, disponiendo la clausura de la Universidad y de las Escuelas Secundarias. Mientras tanto, la intensa actividad de los intelectuales de aquella época seguía aumentando clandestinamente. Tras más de cincuenta años de extraordinaria actividad literaria y repetida participación en la vida política, Enrique José Varona y Pera falleció en 1933. Había recorrido un largo camino: de reformador en su juventud, a desilusionado escéptico en la vejez. Y su ausencia parecía marcar el final de una era de lucha por la independencia de Cuba, así como el comienzo de otra época de contienda nacionalista.

Por casi cuatro lustros, comenzando en 1933, cuando el despiadado Machado fue derrocado, los elementos nacionalistas y reformistas habían dominado la política cubana. Fulgencio Batista comenzaba a surgir como el hombre fuerte, con un programa de reformas que incluía el jornal mínimo, ocho horas de trabajo diarias como máximo, rebaja de los aranceles aduanales, estabilidad económica, voto para las mujeres, escuelas rurales y disposiciones de salubridad, fomento de empresas,

---

[25] Cfr. Valverde, en *La muerte... op. cit.*
[26] *Ibid.*, pág. 43, N° 57.

legalización del Partido Comunista, y abolición de la aborrecida "Enmienda Platt", la cual --denigrada por casi todos los escritores cubanos-- concedía a los Estados Unidos el derecho de intervenir en los asuntos internos de Cuba. En julio de 1940, Batista fue legítimamente elegido Presidente bajo una nueva Constitución, y con el apoyo de una coalición compuesta de los Partidos Demócrata, Liberal, y Comunista. Se abrió de nuevo La Universidad, y la perenne "oposición" en la Isla fue entrenada por los Falangistas, a quienes Batista también había denunciado. Los cubanos tomaron partido durante la Guerra Civil española, inclinándose, los más ruidosos, hacia la izquierda leal a la República. Durante la Segunda Guerra Mundial, Cuba se declaró en favor de los Aliados.

Este período de relativo progreso y de gobierno al parecer responsable fue testigo de un intenso despertar del interés en Varela, cuyos principios eran fuente de orientación cívica. En 1935, los estudiantes de los últimos niveles en la Universidad dieron su nombre a una biblioteca circulante[27], y selecciones de sus escritos, bajo el título de *Educación y Patriotismo,* se publicaron por la Oficina de Cultura del Ayuntamiento de La Habana[28].

Hasta entonces, Varela había sido considerado maestro, clérigo, y mentor intelectual, mientras que sus servicios como Diputado a Cortes habían sido pasados por alto como una misión que terminó con el exilio. Ahora cambiaba el énfasis. José María Chacón y Calvo había descubierto que su "Proyecto de Reforma de la Economía y Gobierno de las Provincias de Ultramar", 1823, que José Ignacio Rodríguez declarara perdido o sepultado, era --como Varela le había dicho a Madan en 1850-- fácilmente asequible en los "Archivos de Indias", Documento No. 1523; y que el *Diario de La Habana* había incluido porciones de dicho "Proyecto" en su edición de julio de 1823. Chacón y Calvo publicó sus pesquisas en el *Homenaje* o *Tributo* oficial de la Secretaría de Educación a Enrique José Varona, calificando el "Proyecto" de Varela como plan pionero de una autonomía colonial. También reprodujo su Preámbulo, el cual declaraba que los cubanos y otros latinoamericanos deberían ser tratados como ciudadanos libres con derechos, y no como simples víctimas de explotación. Igualmente imprimió de los Archivos

---

[27] José María Chacón y Calvo, "Varela y la Universidad", *Revista cubana,* 1, enero, 1935, págs. 169-73.
[28] Félix Varela y Morales, *Educación y patriotismo,* 1935.

de 1825-1830 mensajes circulantes entre Filadelfia, Nueva York, Madrid y Roma, concernientes a las supuestas actividades revolucionarias de Varela en los Estados Unidos, y su rumorada nominación a obispo. Varela, decía Chacón y Calvo, sufrió persecución "como el máximo teórico de nuestra libertad"[29].

El historiador Herminio Portell Vilá, en la **Revista Cubana** de 1935, continuó con el mismo tema, presentando a Varela como el profético ideólogo político de Cuba[30]. Portell Vilá había descubierto las cartas de Varela en los Documentos Poinsett en Filadelfia, y demostró que aquél, aunque en apariencia flirteando brevemente con la posibilidad de la ayuda norteamericana, deseaba sobre todo el bienestar patrio como nación independiente. Unos meses más tarde, Francisco González del Valle, también en la **Revista Cubana**, daba a conocer, en "El Padre Varela y la Independencia de la América Hispana", otro documento ignorado por largo tiempo: la propuesta de Varela a las Cortes de 1823 para el reconocimiento de la total independencia de las recién liberadas Repúblicas americanas[31].

Una síntesis de los ideales políticos de Varela, basada en selecciones de sus proyectos de ley presentados a la Asamblea de Diputados, de *El Habanero* y de la *Miscelánea Filosófica*, declarándolo padre ideológico de la República de Cuba, apareció a comienzos de 1936 bajo la firma de Enrique Gay Calbó[32]. Al siguiente año, Gay Calbó extractó, analizó y elogió los tres "Proyectos" que Varela había sometido a las Cortes, incluyendo el hasta entonces poco conocido plan para la abolición de la esclavitud[33]. Sus estudios y los de sus contemporáneos, al destacar lo que en los *Archivos de Indias* y en los mismos escritos de Varela había de liberal y avanzado, aumentaron grandemente la reputación del sacerdote-filósofo como visionario social y profeta.

---

[29] Chacón y Calvo, "El Padre Varela y la Autonomía Colonial". Cuba, Dirección de Cultura, en Homenaje a Enrique José Varona (La Habana: 1935), págs. 451-71.

[30] Herminio Portell Vilá, "Sobre el Ideario Político del Padre Varela", en **Revista cubana**, 1, febrero y marzo, 1935, págs. 243-65.

[31] González del Valle, "El Padre Varela y la Independencia de la América Hispana", **Revista cubana**, 4, octubre-diciembre, 1935, págs. 27-45. Otrosí cfr., "Homenaje a Varela" por Chacón y Calvo, 5 (enero-febrero, 1936), págs. 191-92.

[32] Gay Calbó, "El Ideario Político de Varela" **Revista Cubana**, 5, enero-febrero, 1936, págs. 23-47.

[33] Gay Calbó, "El Padre Varela en las Cortes Españolas de 1822 y 1823", enero-febrero, 1937, págs. 109-29.

Varela, el clérigo santo, el educador progresista, iba revelándose a la visión de entonces como un Varela reformista humanitario y nacionalista. La misma tendencia se manifestó pocos años después, cuando la Universidad de La Habana editó nuevamente, en 1945, *El Habanero,* con comentarios de Enrique Gay Calbó y Emilio de Leuchsenring, que subrayaban la intransigente denuncia vareliana del despótico gobierno español.

Tal vez menos desde una perspectiva política era "El Padre Varela: el primero que nos enseñó a pensar", de Roberto Agramonte, Profesor de Sociología de la Universidad de La Habana[34]. La obra de Antonio Hernández Travieso titulada *Varela y la reforma filosófica en la isla de Cuba,* con introducción de Portell Vilá, se publicó en español en La Habana en 1942. Una historia pictórica de Cuba para los párvulos, 1932, llevaba la imagen visual de Varela, y lo describía como el fundador de la moderna vida intelectual cubana[35]. A nivel universitario, el Dr. Medardo Vitier comenzó a dictar en mayo de 1938 un curso sobre la "Filosofía en Cuba", que destacaba las reformas de Varela al pensamiento y métodos filosóficos, su orientación científica y su contribución al incipiente nacionalismo cubano[36].

La Sociedad Cubana de Estudios Históricos e Internacionales y la Oficina del Historiador de la Ciudad de La Habana, programaron conjuntamente, en 1942, un "ciclo de conferencias" dedicado en su totalidad a Félix Varela. En ellas se analizaba la labor y la obra del sacerdote-filósofo desde diversos ángulos por hombres cuyo liberalismo abarcaba desde el católico al comunista. Sus títulos mismos[37] muestran la amplitud del interés en el venerado patriota cubano: "Varela, más que humano"; "Evaluación filosófica de Varela"; "La posición de Varela como filósofo"; "Varela como escritor"; "Varela como maestro"; "Varela como revolucionario"; "Varela como científico"; "Las actividades cívicas y la ideología de Varela". Esos estudios se imprimieron bajo el rótulo de *Vida y pensamiento de Félix Varela,* como el tomo V de la *Colección histórica cubana y americana,* publicada en 1945 bajo la

---

[34] Roberto Agramonte, "El Padre Varela 'El Primero que nos Enseñó a Pensar' " Universidad de La Habana, 1937, págs. 64-87.

[35] Heriberto Portell y Vilá, *Historia de Cuba gráfica y sintética...* (La Habana: Cultural S.A., 1932), pág. 95.

[36] "El Curso del Dr. Vitier", *Revista cubana,* 12, abril, 1938, págs. 271-73.

[37] Los títulos originales, por supuesto, son en español.

dirección de Emilio Roig de Leuchsenring, Historiador de la Ciudad. También contenía este tomo tres artículos adicionales: "El Concepto Teológico de la Personalidad de Félix Varela", de Domingo Villamil; "Varela en *El Habanero*: Precursor de la Revolución Cubana", de Roig de Leuchsenring; y "La Ortodoxia Filosófica y Política del Pensamiento Patriótico de Félix Varela", del Obispo Monseñor Eduardo Martínez Dalmau.

Hasta entonces, la Iglesia había mantenido un acostumbrado, pero significativo silencio acerca de los méritos del clérigo cubano. El Vaticano del Papa Pío IX y la alta jerarquía española pudieran haber aceptado el veredicto de don Marcelino Menéndez Pelayo de que la mente de Varela estaba influenciada por los errores políticos y filosóficos contemporáneos[38]. Algunos, como José María Casal, José Ignacio Rodríguez y Antonio Valverde, lo habían exaltado; mientras que para otros había sido, en su rechazo de la metodología escolástica y en sus principios sociales liberales, un desorientado y tal vez un jacobino, a quien sería mejor olvidar. Antes de la independencia, la mayoría de los prelados en Cuba, por haber sido escogidos entre Madrid y Roma, se ponían de parte de los gobernadores de la Colonia. Y durante el siglo XX, la educación religiosa en la Isla había descendido hasta el punto de que la mayor parte de los sacerdotes eran proporcionados por España. Hasta los años treinta, la Iglesia Católica en Cuba no despertó al tipo de conciencia social que había inspirado la efectividad del Obispo Espada y Landa y de Félix Varela un siglo antes. En 1929 se organizó la Acción Católica laica, y en 1942, surgió el moderadamente reformista movimiento de la Democracia Social Cristiana.

Ahora emergía un paladín de Varela entre la alta clerecía. Monseñor Eduardo Martínez Dalmau, cubano nativo, Obispo de la ciudad costera sureña de Cienfuegos, tras haber participado en el coloquio de 1942 sobre Varela en La Habana, organizó una serie de estudios filosóficos acerca del patriota-sacerdote cubano.

En 1943, Martínez Dalmau se convirtió en el foco de una sonada controversia. Al ser admitido a la "Academia de la Historia de Cuba", el 28 de mayo, leyó una conferencia sobre la ineptitud de la política colonial y exterior de España, haciendo énfasis en la captura de La

---

[38] Menéndez y Pelayo, *Historia de los Heterodoxos Españoles*, Vol. VI, págs. 365-68. Nota 1. En esta nota de pie de página, que finaliza el capítulo "De la Filosofía Heterodoxa desde 1834 a 1868", el autor se refiere a Varela y a Luz y Caballero.

bana por los ingleses en 1762. Criticaba las dinastías de los Austria y los Borbones que reinaron en la Madre Patria, incluyendo al nombrado Felipe II, y exceptuando sólo a Carlos III, que había expulsado a los Jesuitas de España y sus colonias. Martínez Dalmau también condenaba la Inquisición, el racismo, el imperialismo, la explotación colonial y el despotismo autoritario[39]. El Embajador Spruille Braden, de los Estados Unidos, se contaba entre los muchos que lo felicitaron por su vigorosa presentación.

Un escritor del conservador *Diario de la Marina* atacó a Martínez Dalmau, calificándolo de historiador descuidado, amigo de los enemigos de la Iglesia y, sobre todo, de los comunistas. Inmediatamente, encabezados por el popular semanario *Bohemia*, una legión de partidarios surgió en defensa del Obispo: entre ellos, Aníbal Escalante, director del periódico *Hoy*, órgano oficial del Partido Comunista; Emilio Roig de Leuchsenring, que explicó la línea del partido en dos cartas a *Hoy*; Pastor González en *Acción*; el secretario de la Academia de la Historia Colonial; Roger Fernández Calleja, en un editorial de *Orientación Masónica*; José Antonio Portuondo, también en *Hoy*; el historiador de conciencia cívica Herminio Portell Vilá; y Raimundo Lazo, profesor de literatura en la Universidad de La Habana, experto en Martí y cristiano liberal en la tradición avanzada de Varela, quien no pudo hallar un periódico dispuesto a publicar su artículo. Varios de sus defensores --Escalante, González, Roig, Portuondo-- llamaban al Obispo Martínez Dalmau un Félix Varela de los tiempos modernos. Roig denunció que los verdaderos autores del ataque debían ser dos jesuitas falangistas; acusación que prontamente halló eco entre los colaboradores de *Hoy* y del órgano masónico. Llovieron mensajes de solidaridad al Obispo, provenientes del Alcalde de Cienfuegos, del Ateneo, de los veteranos de la Guerra de Independencia de origen cienfueguero, y del Frente Nacional Antifascista[40].

En el Segundo Congreso Nacional de Historia, organizado por Roig Leuchsenring, que tuvo lugar en La Habana en octubre de 1943, Martínez Dalmau no sólo recibió felicitaciones por su reciente discurso, sino que actuó de Presidente y de orador principal. Su tema fue "La

---

[39] Eduardo Martínez Dalmau, *La política colonial y extranjera de los reyes españoles de la Casa de Austria y Borbón...* (La Habana: "El Siglo XX", Muñiz, 1943).
[40] Cfr. Sociedad Cubana de Estudios Históricos e Internacionales, *El Obispo Martínez Dalmau y la reacción anticubana.*

Posición Democrática e Independentista del Presbítero Félix Varela", en el que reclamaba la primacía de Varela en muchos campos de actividades cívicas y patrióticas:

> El Padre Varela fue, al menos cronológicamente, el PRIMER REVOLUCIONARIO, además del primer pensador y el primer mentor de los cubanos. El título de PADRE DE LA PATRIA, grabado en el modesto monumento erigido en su honor en el Aula Magna de nuestra Universidad, no es una exageración, sino un acto de estricta justicia... Los méritos de Varela como educador y como pensador han sido ya debidamente reconocidos. Los de Varela como apóstol, misionero y hombre de extraordinario valer sacerdotal están siendo examinados. Pero Varela como Padre de la Patria y magnífico adelantado de la Revolución Cubana no ha sido debidamente evaluado... Para acallar la arrogancia totalitaria, y para comprender lo afortunado de haber nacido en las Américas democráticas basta recordar a Washington, Bolívar, Varela y Martí[41].

El Congreso votó varias resoluciones después que Martínez Dalmau terminó su disertación. Entre ellas la siguiente:

> Rendir tributo de veneración especial a la figura del gran pensador y patriota cubano Padre Félix Varela y Morales, proclamándolo el primer revolucionario de Cuba porque enunció por primera vez en nuestra historia la necesidad de una independencia total; reconocer que su personalidad y sus logros deberían recibir mayor reconocimiento y aclamación del pueblo; y con este propósito, encargar a la Sociedad Cubana de Estudios Históricos e Internacionales que tome los acuerdos necesarios para publicar una edición nacional de las *Obras Completas del Padre Félix Varela,* incluyendo una traducción de sus escritos en lengua inglesa recién descubiertos; así como solicitar del Gobierno de la República una emisión de sellos de correos con la imagen de este cubano de la mayor distinción[42].

La Biblioteca de Estudios Cubanos de la Universidad de La Habana publicó, en 1944, una segunda edición de la *Vida del presbítero don Félix Varela,* de José Ignacio Rodríguez, puesta al día con citas y con un apéndice de los documentos recién descubiertos. Su editor, el Obispo Eduardo Martínez Dalmau, la dedicaba a Fulgencio Batista, "Presidente de la República... cuyos esfuerzos en pro de la cultura del Pueblo de

---

[41] Martínez Dalmau, "La Posición Democrática e Independentista del Pbro. Félix Varela", Sociedad Cubana de Estudios Históricos e Internacionales, *Historia y cubanidad*, págs. 21-36. La cita extendida es de las págs. 23, 35, 36.

[42] *Ibid.*, pág. 55.

Cuba han hecho posible este tomo sobre el primero que nos enseñó a pensar". Esta dedicatoria se tornaría desastrosa para su autor, al revelarse Batista como un déspota disfrazado de liberal; con lo que el Partido Comunista denunció a todos los que lo habían respaldado.

El Prólogo de Martínez Dalmau contenía duras acusaciones acerca del olvido del santo sacerdote por su propia Iglesia:

> Si la reverencia a Varela, sacerdote y maestro, no ha sido --y no lo es todavía-- debidamente observada por los católicos de Cuba, al menos no como debe ser; si la vida de este eminente sacerdote cubano es casi completamente desconocida entre la inmensa mayoría de la clerecía de la Iglesia Católica en Cuba; si, cuando queremos poner ante nuestros jóvenes aspirantes al sacerdocio ejemplos de conducta e inspiración, apenas se mencionan los hechos y los escritos de tan ilustre siervo del Señor, todo ello se debe a la injusta acusación de que no se adhirió con firmeza a los cánones de la ortodoxia católica y a que sus escritos y su conducta fueron distorsionados por conceptos filosóficos y normas políticas que no encuadran perfectamente en las premisas del pensamiento y la sensibilidad de la Santa Madre Iglesia. Resulta urgente, como veremos, aclarar esta insidiosa falsedad, para que la vida de tan noble cubano sirva de ejemplo a los católicos y a los que no lo son, clérigos y laicos por igual[43].

Martínez Dalmau hizo hincapié en que Varela nunca se había desviado de la ortodoxia, y en que los que le acusaban de herejía estaban cegados por la ignorancia o la intolerancia. Él había combatido el escolasticismo porque su metodología dominante se oponía al progreso científico. Al proclamar el derecho de los súbditos a rebelarse, como recurso final, contra un gobierno despótico, no hacía sino continuar la tradición teológica que provenía de Sto. Tomás de Aquino, Suárez y Bellarmino. Cuando, en las páginas de *El Habanero*, incitaba a la rebelión para obtener la independencia completa de Cuba, era debido a que el autocrático régimen español no propiciaba el bienestar social y, por tanto, no merecía el sometimiento de seres racionales.

"Pocas repúblicas de las Américas y menos naciones del Mundo", concluía el Obispo, "pueden enorgullecerse de contar entre sus hijos un hombre donde se unían de manera tan eminente y rara tanto la inteligencia como la virtud, el honor como el patriotismo. Para Cuba,

---

[43] *Op. cit.*, págs. ix-x.

nuestra amada Patria, tener a alguien como él es una de nuestras mayores glorias"[44].

A fin de poner en práctica la resolución del Congreso de Historia de publicar las obras de Varela, el dinámico Obispo inauguró una serie en el *Boletín de las provincias eclesiásticas de la república* de **Cuba**, sobre el tópico de "El Padre Varela, Apologista Católico". Se recolectaron los escritos de Varela en el *Catholic Register*, en el *Catholic Expositor* y otros semanarios de Nueva York, con la ayuda de un profesor de la Universidad Saint John, de Brooklyn. Y una vez traducidos, aparecieron por primera vez en español en una colección de siete tomos[45].

En conformidad con la misma resolución, los escritos de Varela en español se reprodujeron también, como parte de una serie de la *Biblioteca de Autores Cubanos* de la Universidad de La Habana. La serie comenzó con sus *Observaciones sobre la constitución política de la monarquía española*, con un Suplemento que abarcaba sus otros escritos políticos (1944). Se incluía también la *Miscelánea Filosófica* (1944), con apéndices en español de sus dos "Ensayos sobre los orígenes de las ideas"; su "Carta de un italiano a un francés sobre las teorías de M. de Lamennais" y su "Ensayo sobre las teorías de Kant", traducidos por Roberto Agramonte y otros del *Catholic Expositor* de 1841-42. *El Habanero*, con introducción y comentarios por Roig de Leuchsenring y Enrique Gay Calbó, apareció en 1945. Las *Cartas a Elpidio*, tomos 1 y 2, en 1944-45; y el tomo 1 de "Lógica", de las *Instituciones de Filosofía Ecléctica*, en 1952. La serie comprendía, además, tres ensayos del Padre José Agustín Caballero y trece de Luz y Caballero. El número 24 era *Lecciones de filosofía*, quinta edición, tomo 1, de Félix Varela. A diferencia de obras anteriores de la *Biblioteca de Autores Cubanos*, el número 24 no contenía comentario, introducción o suplemento alguno; y no se indicaban los nombres de los editores de aquél. Esta edición de las *Lecciones* se publicó en 1961, dos años después de que Fidel Castro se apoderara de las riendas del gobierno.

Antonio Hernández Travieso contemplaba un estudio más contemporáneo de la vida de Varela. Su trabajo anterior, *Varela y la*

---

[44] *Ibid.,* pág. xxv.
[45] Cfr. Chacón y Calvo, "El Padre Varela como Apologista Católico", en **Revista Cubana,** 18, diciembre-enero, 1944, págs. 211-13.

reforma filosófica en la isla de Cuba[46], con prólogo del Profesor Herminio Portell Vilá, de la Universidad de La Habana, era mayormente biográfico, cubriendo los años del Padre Varela en Cuba. Después de publicar esta obra, visitó los Estados Unidos con una beca de la Fundación Guggenheim, haciendo investigaciones en San Agustín, Washignton D.C., y Nueva York. En la Biblioteca del Congreso, hurgó entre los Manuscritos de Rodríguez. En ellos, descubrió las reveladoras cartas de Agustín Morales y de la Sra. de Médicis. Por largo tiempo se acusó a Rodríguez de suprimir materiales según correspondía a su propósito[47]. Aquí había más pruebas de sorprendente importancia.

Hernández Travieso hizo públicos los resultados de sus pesquisas bajo el título de **El Padre Varela: biografía del forjador de la conciencia cubana,** en 1949[48]. Empleó el estilo de biografía novelada prevaleciente en su época; introduciendo tanto material de fondo, tantos toques humanitarios e imaginativos que su narrativa se lee como una novela. Cuidó de no atestar sus páginas con excesiva documentación. En los últimos párrafos, sin embargo, depositó una carga explosiva.

Cuando el Obispo de San Agustín murió en 1876, decía Hernández Travieso, fue enterrado en la bóveda de la capilla de Tolomato sin tenerse en consideración lo grabado: "Esta capilla fue erigida por los cubanos en el año de 1853 para contener las cenizas del Padre Varela". Los que cometieron aquella profanación colocaron los huesos del *criollo* en un bolsón, abandonándolos en un rincón de la capilla, de donde desaparecieron con el transcurso del tiempo. En 1911, el Obispo Kenny mandó exhumar y entregar a los cubanos, ignorantes de ello, los restos de Augustin Verot. Desde entonces, terminaba el autor, la Universidad de la Habana, sin saberlo tampoco, ha conservado en su Aula Magna "el producto de las preocupaciones mundanas del clero extranjero, que en 1876 profanó la tumba de Varela"[49].

Hernández Travieso no identificaba en su libro los documentos que apoyaban sus conclusiones.

---

[46] Antonio Hernández Travieso, **Varela y la reforma filosófica en Cuba** (La Habana: Montero, 1942).
[47] E.g., Valverde, **La muerte...op. cit.**, págs. 6, 7, 13, 14, 16ss.
[48] Antonio Hernández Travieso, **El Padre Varela**: biografía del forjador de la conciencia cubana (La Habana: Montero, 1949).
[49] *Ibid.*, págs. 453-54.

Estos pronunciamientos causaron consternación a ambos lados del Estrecho de la Florida. La clerecía de San Agustín, que había cooperado en la investigación, vio a sus predecesores acusados de profanación y engaño. En La Habana, los eruditos que habían rendido homenaje a Varela en el Aula Magna de la Universidad se toparon con la humillante idea de que habían estado honrando los restos de otro hombre. No bastaba para ellos que Hernández Travieso expresara: "No importa, en realidad, salvo para señalar la tradición brutal de robarle a la tierra restos humanos perecederos; sin permitir que cumplan su función definitiva y generosa de convertir en fértil el polvo de donde provienen"[50].

Los *habaneros* decidieron crear una comisión para examinar con cuidado las acusaciones de Hernández Travieso. Se encargó de esta tarea a un grupo de eminentes eruditos y científicos de la Universidad de La Habana, compuesta de: Julio Morales Coello, presidente; el Dr. Luis Felipe LeRoy Gálvez, secretario; y de Carlos García Robiou, Esteban Valdés-Castillo Moreira y Elías Entralgo Vallina[51]. Este grupo incluía a un profesor de Historia de Cuba, un toxicólogo, un químico y dos antropólogos. Deberían visitar San Agustín para examinar los archivos pertinentes y examinar pruebas que identificaran los restos contenidos en la urna del Aula Magna.

Sin embargo, la incertidumbre no habría de interferir con la celebración de un aniversario doble en 1953: el centenario de la muerte de Varela y el nacimiento de José Martí. Estas conmemoraciones eran importantes para los que estaban marginados de la escena política cubana. Fulgencio Batista, con el apoyo del ejército, había usurpado el poder mediante un golpe de estado sin derramamiento de sangre el año anterior; impidiendo la esperada elección a la presidencia de Roberto Agramonte, candidato del partido reformista "Ortodoxo"[52]. Agramonte era un *vareliano* de siempre. En su ensayo "El Padre Varela, el primero que nos enseñó a pensar", escrito en 1937 para el Departamento de Intercambios Universitarios, bajo los auspicios del gobierno municipal habanero, él había destacado que en Varela, como en el sacerdote rebelde mejicano Hidalgo, la religión era la fuerza motivadora de una legislación humanitaria, del progreso de la humanidad, de la ilustración, y de la

---

[50] *Ibid.*, págs. 454.
[51] Morales Coello, *op. cit.*, pág. 3.
[52] Cfr. Wyatt MacGaffey and Clifford R. Barnett, *Cuba: its people, its society, its culture* (New Haven: The American University, HRAF Press, 1962).

libertad[53]. Una reimpresión de las *Lecciones de filosofía* de Varela, edición de Filadelfia de 1824, fue editada por la Universidad de La Habana bajo la dirección del mismo erudito, quien también redactó el prólogo[54].

Batista se había convertido en ejemplo viviente del axioma: "El poder corrompe". El elemento intelectual patriótico, encadenado por otro dictador sin escrúpulos --que había llegado al poder con el pretexto de una legislación de asistencia social-- se aferraba a sus héroes nacionales y hacía planes para tiempos mejores. Entre los candidatos al Congreso del frustrado Partido Ortodoxo de Agramonte en 1952 se encontraba Fidel Castro, un joven abogado que, el 26 de julio de 1953, anunciaría sus intenciones revolucionarias al atacar un cuartel del ejército en Santiago de Cuba. Sus seguidores se auto-denominarían, en lo adelante, el "Movimiento del 26 de Julio", apropiándose a José Martí, que había muerto en combate, como su héroe.

En las sesiones públicas celebradas en La Habana el 25 de febrero de 1953, "con el propósito de conmemorar el centenario de la muerte de Félix Varela" en "el año del centenario del nacimiento de Martí", el énfasis estuvo en la revolución. El Dr. Bernardo González pronunció un discurso titulado *La Revolución Cubana desde Buenos Aires*[55], que era esencialmente un canto a José Martí y a una "Cuba Libre". El Dr. Diego González Gutiérrez habló sobre "La continuidad de las ideas revolucionarias: de Varela a Martí". Varela, dijo el Dr. González, tras sus decepcionantes experiencias en España, se fue convenciendo paulatinamente de la necesidad de la independencia cubana. Y aunque en sus últimos años se apartó de la política, siguió siendo esencialmente un patriota, "el más venerable y culto de los hijos de Cuba", que pasó la antorcha de la libertad a Martí[56]. Emilio Roig de Leuchsenring añadió su grano de arena con *Un ideólogo cubano: Félix Varela, precursor de la revolución independentista cubana*[57]. Martí, con toda certeza, era

---

[53] Agramonte, **El Padre Varela**...
[54] Revista de la Biblioteca de la Universidad de La Habana.
[55] Bernardo González, "La revolución cubana desde Buenos Aires". Trabajo publicado por la Academia de la Historia de Cuba.
[56] Diego González Gutiérrez, *La continuidad revolucionaria de Varela en las ideas de Martí*, separata (La Habana: "El siglo XX", 1953).
[57] Emilio Roig de Leuchsenring, *Un ideólogo cubano: Félix Varela, precursor de la revolución independentista cubana* (La Habana: Oficina del Historiador de la Ciudad, 1953).

anticlerical y había tildado a los Estados Unidos de "monstruo"; pero, en su desinterés, su ferviente patriotismo, su amor por la libertad, y su decisión de inmolarse por un ideal, podían sus compatriotas discernir una ideología heredada del patriota-filósofo-sacerdote. Porque, junto a su tradición de intelecto conspirativo, los cubanos han mostrado a menudo un misticismo cuasi-religioso. Félix Varela había hecho vibrar su fibra más sensitiva, como lo había hecho Martí después de él. Resumiendo el amor hacia Varela de todos, en un ciclo de conferencias de la Comisión Cubana de la UNESCO, del 17 de abril de 1953, en el Ateneo de la Habana, José María Chacón y Calvo reiteró: "¿No percibimos, tras esta sencilla narración, al clérigo sabio, al patriota creativo, al iluminado Maestro con la radiante corona que Dios destina para Sus elegidos?"[58]

Un sentimiento antiyanqui encontró de qué nutrirse cuando, poco después del centenario de Varela-Martí, la Comisión sobre los restos en el Aula Magna produjo su Informe.

El Dr. Luis F. LeRoy Gálvez había dedicado sus vacaciones veraniegas a investigar el asunto in situ. En San Agustín, halló una cortesía tibia y ninguna prueba concluyente. Las Hermanas de San José le permitieron reproducir los retratos del Obispo Verot en su poder. La funeraria que se había encargado del traslado de 1911 estaba bajo diferente gerencia ahora; pero un vistazo a los archivos indicaba que los restos de Varela habían sido exhumados. Julio Rodríguez Embil, a quien había sido entregada la caja de zinc en 1911, seguía en su puesto de Cónsul cubano en la cercana Jacksonville. Éste recordaba después de 43 años que la lápida en el piso de la capilla había sido levantada; pero no lo que había en la sepultura bajo ella.

El Dr. LeRoy Gálvez pidió permiso a las autoridades diocesanas para examinar la capilla de Tolomato. El canciller, John W. Love, delegó en el funerario, Rondal L. Bennett, para que lo acompañara al cementerio. Allí, aquél vio el monumento de los cubanos, con la placa al Obispo Verot en la fachada. Observó también un altar de caoba donde ya no se celebraba la Misa. Leyó ambas inscripciones en el piso, una sobre la bóveda y la otra a la cabeza, recordando, a los que ignoraban los hechos, que sus compatriotas habían construido aquel lugar de culto para guardar los restos y honrar el recuerdo de Félix Varela.

---

[58] Chacón y Calvo, *El Padre Varela y su apostolado* (La Habana: Cuadernos de Divulgación Cultural de la Comisión de la UNESCO, 8, 1953).

El Dr. LeRoy Gálvez puso énfasis especialmente en un punto: que si él podía mirar debajo de la lápida y determinar que el Obispo Verot seguía sepultado allí, esta cuestión quedaría saldada de una vez. Esta petición, sin embargo, fue rechazada por Bennett, al alegar que carecía de autoridad para aprobarla, y que no se debía poner en duda ahora la certificación del traslado expedida por el fallecido Obispo Kenny en 1911. LeRoy Gálvez trató de entrevistarse personalmente con el Canciller Love o, al menos, obtener su permiso para examinar la sepultura, pero Love se negó a ello. Como último recurso, solicitó una entrevista con el Obispo mismo, el superior de Love, pero se le informó que el Arzobispo Hurley y el Obispo McDonough estarían ausentes por tiempo indefinido, viajando por el norte.

Los hallazgos de la sección técnica de la Comisión, bajo la dirección del Dr. Julio Morales Coello, adquirieron entonces una gran importancia. El paquete había sido extraído de la urna del Aula Magna. Los científicos habían examinado los huesos, dientes y partes del crucifijo contenidos en aquél; los habían medido, analizado, fotografiado y reconstruido pieza a pieza, para llegar a la conclusión de que pertenecían a una sola persona. Comparándolos con las descripciones y las fotografías de Varela y de Verot, los comisionados pudieron determinar que esa persona era, con toda probabilidad, Varela.

Pero, ¿qué deducir de la afirmación de Hernández Travieso de que los despojos del sacerdote se habían colocado fuera de la tumba --para desaparecer con el tiempo-- cuando el entierro de Verot? Otro análisis de las cartas de Morales en los "Documentos de Rodríguez" indicó que no se había consignado "un rincón de la capilla", sino, por el contrario, "en un rincón de la tumba". Hernández Travieso había empleado el término "tumba" en su acepción amplia de totalidad del recinto fúnebre. Pero la Comisión concluyó que se refería a la cripta en el piso.

La Comisión, y los cubanos a quienes representaba, quedaron satisfechos. Se había salvado la honra; se había demostrado que era, en verdad, a su héroe nacional a quién por más de 40 años habían venerado en el Aula Magna. La mañana del 17 de diciembre de 1954, los debidamente certificados restos mortales fueron entregados con toda solemnidad al Cardenal Manuel Arteaga y Betancourt, que los escoltó durante la procesión al túmulo mortuorio que alojaba la urna; su antiguo y, según se esperaba definitivo yacer. En la oratoria de esta solemne ocasión, se le restó importancia al desdichado incidente de San Agustín y se puso el énfasis en lo debido: en el legado viviente de Félix Varela. El Dr. Jorge Mañach, escritor, educado en Harvard, poeta, político, profesor de Historia de la Filosofía en la Universidad de La Habana, y biógrafo de Martí, dijo: "Para la juventud cubana, escribió él aquellas memorables *Cartas a Elpidio*, que trataban de preservar para los suyos una fe sin ceguera, unas convicciones sin intransigencia, una caridad sin hipocresía, y una dignidad humana sin egoísmo"[59].

El profesor Julio Morales Coello, presidente de la Comisión Técnica, recalcó la importancia y permanencia histórica de la antorcha vareliana:

> Es una simbólica coincidencia que el acontecimiento de su muerte tuvo lugar el preciso año en que nació Martí, tal vez, para indicar que Varela es el precursor del Apóstol. Ambos amaron a Cuba intensamente, y cada uno ofrendó su vida: el primero en el exilio, impedido de volver a contemplar el luminoso paisaje de la Patria, el otro, de cara al sol, en el mismo campo de batalla y luchando por la libertad...¡Que el ilustre sacerdote descanse en paz, en tanto que su recuerdo se acrecienta y se extiende por la Patria cubana, y que nuestra amada Universidad guarde para siempre con respeto, honor y reverencia sus restos mortales...mientras su espíritu inmortal siga guiando nuestro destino y nos señale el camino![60]

El Reporte de la Comisión, con copias de las cartas, certificados y discursos, y con las fotos, grabados y copias fotostáticas se enviaron a la imprenta el 20 de noviembre de 1955, "el 167 aniversario del nacimiento del Padre Varela". Cuando aparecieron en forma de libro, contenían dos documentos significativos. Uno era el cuidadosamente redactado "Memorial para mostrar la necesidad de abolir la esclavitud en la isla de Cuba", sometido por Félix Varela a las Cortes en 1823. Exponía por qué la esclavitud debería ser abolida, y se acompañaba de un "Proyecto de Resolución, para libertar a los esclavos cubanos evitando drásticos trastornos sociales o económicos. "Me place anunciar a las Cortes", había dicho Varela, "que los habitantes de la isla de Cuba ven con horror la esclavitud de los africanos... Puedo asegurarles, además, que la voluntad general de la población de la isla de Cuba es que no debe haber esclavos"[61].

El otro documento era un sermón del Obispo católico francés que ahora reposaba en la capilla que en memoria del Padre Varela sus alumnos levantaron en los Estados Unidos. El sermón se pronunció el 4 de enero de 1861 en San Agustín, día proclamado por el Presidente

---

[59] *Los Restos*..., "Presencia y Exilio de Varela", pág. 76.
[60] *Ibid.*, págs. 61ss.
[61] *Ibid.*, págs. 189-209; la cita es de las págs. 191-92.

Buchanan como de duelo nacional, ayuno y oración. La pieza oratoria de Verot era en defensa de una sanción bíblica y teológica de la institución de la esclavitud:

> Hallamos que, en el Antiguo Testamento Dios no sólo no prohibía la esclavitud bajo la Ley Natural y la Mosaica, sino que la sancionaba, la regulaba, y especificaba los derechos de los amos y los deberes de los esclavos... Es más, parece que cada página de la Santa Escritura contiene algún fundamento para anular las falsas e injustas premisas del Abolicionismo. Sus propugnadores deben ignorar hasta los Diez Mandamientos, porque el Décimo prohíbe codiciar la propiedad del prójimo, 'ni su siervo, ni su sierva, ni su buey'... Los fanáticos de hoy no sólo desean, sino que se valen de medios inicuos para manumitir a los siervos de sus amos, en desafío de las más obvias reglas de Dios... ¿Puede haber, por tanto, nada más anti-escritural que el Abolicionismo? Y si esta nación es... la nación de la Biblia, como algunos aseguran, el Abolicionismo debe ser de raíz extranjera[62].

No se mencionaba el hecho de que Augustin Verot era un ángel de misericordia para con los prisioneros de la guerra que, en 1863, promovió "un esfuerzo conjunto y una unidad de plegarias por toda la nación, de Norte a Sur, a fin de lograr la paz"[63], que apoyó a los Confederados en los principios liberales sureños del derecho de autodeterminación de su gobierno. y que él, igual que Varela, vio el riesgo de una infalibilidad papal demasiado amplia. El franco-americano que yacía en la tumba de Varela había defendido la esclavitud. Y esto hacía su intrusión --aunque no por su culpa-- todavía más irónica.

"Un libro bastante extraño", comenta el biógrafo de Augustin Verot[64]. Un Informe, se puede añadir, sintomático del examen minucioso de los cubanos de su vida política por largo tiempo moribunda, de la fuerza a la vez unificadora y desintegradora de su egocéntrico patriotismo individualista y de su anhelo por encontrar un forjador de milagros, que los elevase a la dignidad de nación de hombres libres. El personaje en la urna mortuoria, la voz en la lejanía, propugnaba exilio en lugar de servidumbre, generosidad en vez de beneficio personal, esfuerzo individual en vez de sujeción a otros. Era un consejo difícil con el cual unir a un pueblo inquieto, cuya Isla, tan

---

[62] Augustine Verot, *A tract for the times*, en *Los Restos...*, págs. 123-25.
[63] ALS por "Augustin Verot, Bish. Savan, ord. à Fla.," al "Most rev. Dear Sir," fechada: "St. Augustine, Fla. Sep. 22d 1863;" AANY, AHP, A-12.
[64] Rebel Bishop,..., *op. cit.,* pág. 248.

dotada por la naturaleza, había sido explotada y saqueada por mucho tiempo.

Selecciones de las *Cartas a Elpidio* de Varela, que se referían a la enseñanza y al deber ciudadano, aparecieron en La Habana en 1960, cuando Fidel Castro llevaba más de un año en el poder, y constituían el tomo III de la "Biblioteca Popular de Clásicos Cubanos"[65]. Las *Lecciones de Filosofía* de Varela, en forma completa, se reeditaron en su ciudad natal en 1961. Su monumento continuaba de hito indicador de la encrucijada. Su urna continuaba en alto, en el templo de los altos estudios.

El primero y único intento de Castro a tener una personal ideología política, enunciado en Nueva York en abril de 1959, fue tomado del movimiento "humanista" de la Cuba de la era vareliana, el llamado catolicismo de izquierda: "El gobierno popular sin dictadura y sin oligarquía, la libertad y el pan sin terror, eso es el humanismo"[66]. Roberto Agramonte, que había escrito en elogio de Varela, además de liderar el Partido Ortodoxo en oposición a Batista, fue el primer ministro de Relaciones Exteriores de Castro. Mientras que el jurista y erudito Manuel Urrutia Lleó, fungió de presidente provisional.

Pronto, sin embargo, los que opinaban, con Varela, que el gobierno debería respetar la dignidad humana, que el Poder sin restricción moral era tiranía, que las masas del pueblo cubano deseaban ser *libres*, comenzaron a desilusionarse. Roberto Agramonte renunció a su cargo --que recayó en Raúl Roa-- para convertirse en profesor universitario en los Estados Unidos. Jorge Mañach marchó al exilio también. El Obispo Eduardo Martínez Dalmau y muchos miles más encontraron refugio en la Florida. Herminio Portell Vilá se estableció en Washington, donde también residía Antonio Hernández Travieso. El Presidente Manuel Urrutia, que había comenzado a notar la influencia comunista en el gobierno castrista, renunció bajo presión en julio de 1960. Su libro posterior, *Fidel Castro y compañía: la tiranía comunista en Cuba*, cita "las admirables palabras del patriota cubano Félix Varela, sobre el deber de cada ciudadano de defender a sus coterráneos, aunque éstos lo calumnien"[67]. De los eminentes apologistas de Varela, solamente los ya avanzados en años, Roig de Leuchsenring, que había calificado a aquél

---

[65] *Cartas a Elpidio;* (selección) educación y patriotismo (La Habana: Lex, 1960).

[66] Citado en Theodore Draper, *Castroism, theory and practice*, pág. 39.

[67] Manuel Urrutia y Lleó, **Fidel Castro and Company, Inc: Communist Tyranny in Cuba** (New York & London: Praeger, 1964), pig. ix.

como el primer "revolucionario cubano"; el Dr. Julio Morales Coello, que había identificado los restos, y Chacón y Calvo, permanecieron en Cuba durante la época de Castro. Roig ya ha muerto.

¿Y qué es de Félix Varela hoy día? Sus discutidos restos permanecen todavía sobre su pedestal[68]. Los estudiantes universitarios que han meditado al pie del monumento se refieren a él con respeto, tanto en La Habana, como en Nueva York o Miami; dondequiera que los embates del destino de su amada Patria los haya arrojado. Por los menos dos tomos de sus obras mayores han sido editadas de nuevo en La Habana, bajo los auspicios del gobierno, desde la revolución castrista. Una religiosa estadounidense de la Orden de las Hermanas de la Caridad, de la casa matriz cerca de Pittsburgh, la Hermana Gemma Marie, ha escrito acerca de Varela como cristiano liberal, en una tesis de grado para la Universidad de Nuevo México. Ella ha hecho investigaciones en San Agustín, Washington, Nueva York, Madrid y el Vaticano; logrando verdaderos hallazgos biográficos[69]. Un jesuita que estudió la filosofía vareliana para un doctorado de la Universidad de La Habana, enseña actualmente en el Salvador[70]. Un clérigo norteamericano de apellido francés se pregunta cuándo se iniciará la causa de canonización de Varela en el Vaticano. En la iglesia de la *Transfiguración*, donde Varela fungió por años de Pastor de los inmigrantes hispanos, suizos e irlandeses, un sacerdote de la Orden Maryknoll, de origen irlandés --más de 140 años después del comienzo de la misión de Varela en Nueva York-- les enseña, desde hace tiempo, a jóvenes chinos los caminos de la fe católica y de la libertad y hermandad americanas.

El cementerio de Tolomato permanece cerrado desde 1890. La capilla erigida por los cubanos a "aquél que nos enseñó a pensar" proyecta melancólico abandono cubierta de malezas. Sus restos mortales han sido removidos de la ciudad de San Agustín. No se celebra el Santo Sacrificio de la Misa sobre el altar de caoba y mármol, que era réplica del que mandara a construir el Obispo Espada y Landa para la Catedral

---

[68] Para los cuadros de los salones donde Varela paseaba y enseñaba, véase *El Cardenal Arteaga; resplandores de la púrpura cubana*, por Monseñor Raúl del Valle. El antiguo edificio del seminario mayor se ha convertido en la residencia del Arzobispo. El Seminario de San Carlos fue trasladado a las afueras de la ciudad bajo el nuevo nombre de "El Buen Pastor".

[69] La Hermana Gemma Marie Del Duca, S.C., "A Political Portrait: Félix Varela y Morales, 1788-1853", tesis de grado (inédita), Universidad de Nuevo Mexico, 1966.

[70] Gustavo Amigó Jansen, S.J. Véase *La Posición Filosófica del Padre Félix Varela*.

de La Habana. El polvo lo cubre todo. Pero en su tierra adoptiva, los Estados Unidos de América, en la Iglesia ecuménica del *aggiornamento,* y entre los leales hijos de Cuba, el espíritu de Félix Varela --apóstol del progreso intelectual, de la piedad activa, de la dignidad humana, y del gobierno libre y responsable-- sigue muy vivo.

POSDATA

SU TIEMPO HA LLEGADO

La necesidad de una segunda edición del **Félix Varela Torch bearer from Cuba** se hizo evidente hace unos años, cuando nos enteramos de que en Roma no había ningún ejemplar. Ni siquiera existía alguno en la Biblioteca del Vaticano. El libro, publicado bajo los auspicios de la "United States Catholic Historical Society" en Nueva York, estaba agotado, y las solicitudes de Roma se pudieron cumplir a través de individuos que los poseían. Desde entonces, los esfuerzos para ponerlo al día y publicarlo de nuevo se han atrasado por motivos económicos y otras prioridades más apremiantes.

Ahora, sin embargo, la urgencia en publicar el **Torch bearer from Cuba** no se puede ignorar, dado el enorme crecimiento de la población hispana, y su gran interés en afirmar su reconocimiento y su orgullo en la herencia católica. Este libro sobre el único progresista y santo cura católico, que había dedicado su vida no sólo a los exiliados hispanos de su época, sino también a ayudar a los oprimidos y hambrientos refugiados irlandeses, y a los de otros países europeos, estaba ahora en gran demanda. Más aún, el convencimiento de Félix Varela de que el último triunfo de nuestra civilización cristiana se pudiera obtener con exhortaciones pacíficas y abnegado amor, al fin ha ganado aceptación entre los líderes religiosos. En su manera de evitar la confrontación violenta, su filosofía y su ejemplo, él estaba un siglo y medio más adelantado que muchos de los líderes de su época. Hoy en día, pocos pudieran negar que, después de todo, la suya era la mejor manera de pensar.

Era natural que los intelectuales cubanos que huyeron al exilio, bien por necesidad o por elección, trajeran con ellos una fuerte tradición vareliana durante los años de 1960. Muchos de ellos se instalaron en Miami y sus alrededores. Fue en esta ciudad que la revista *Ideal,* que se fundó en 1974, reimprimió en español *El Habanero*, escrito por Varela, al igual que su *Memoria,* que trataba de la necesidad de terminar la esclavitud, y su **Proyecto de Decreto,** mostrando como la abolición se pudiera lograr pacífica y justamente. Este volumen de 220 páginas, cuyas primeras 6,000 copias se agotaron rápidamente, también incluía un breve sumario sobre la vida del exiliado sacerdote cubano y su pensamiento político, escrito por el actual Obispo Auxiliar de Miami,

Mons. Agustín A. Román que, en 1961, había sido expulsado junto con otros 132 sacerdotes y Mons. Eduardo Boza Masvidal, Obispo Auxiliar de La Habana en aquel entonces, y quien ahora es un exiliado que vive en Venezuela. En 1979, en su ordenación episcopal, el Obispo Román invocó el nombre de Félix Varela como modelo hispánico de dedicación a la Iglesia en América, y fue él quien hizo posible que en la *Ermita de la Caridad,* en Miami, detrás del altar, se hiciera un mural mostrando figuras importantes de la historia de Cuba. En este mural, el Padre Varela se representa prominentemente, y los guías lo señalan a los visitantes como "el regalo de la Iglesia a Cuba, el hombre que nos enseñó a pensar primero".

En la capilla dedicada a Varela en Tolomato, el polvo ya no lo cubre todo. El 25 de febrero de 1978, miembros de la Sociedad Cubana de Filosofía en el exilio de Miami peregrinaron a San Agustín, Florida, para conmemorar el 125 aniversario de la muerte del Padre Varela. Su Presidenta era la brillante erudita cubana Dra. Mercedes García-Tudurí. La capilla que amigos y discípulos cubanos le habían levantado en 1853, para guardar los restos mortales del progresivo educador y santo sacerdote, ha sido renovada, y la Sociedad instaló una placa y un busto de bronce, obra de la escultora Rosaura García-Tudurí. Aunque sus huesos reposan en la Universidad de La Habana, la capilla todavía respira el amor que los cubanos le tienen al Padre Varela. En esta ocasión, el Obispo Román, entonces Vicario Episcopal para los hispanos en la Arquidiócesis de Miami, condujo los servicios religiosos. La Sociedad también publicó un folleto, **Peregrinación en Memoria del Padre Félix Varela**, en inglés y en español, dando una breve descripción del carácter y los méritos del honorable sacerdote, destacando su misión patriótica y sus excelentes cualidades personales.

La primera publicación de la Sociedad Cubana de Filosofía (Miami, 1979) fue su **Homenaje a Félix Varela**, una serie de tributos mostrando a Varela como filósofo y moralista, y comparando sus pensamientos con los de Varona y Martí. Por toda la serie late el tema recurrente de la nostalgia por la Patria, de volver a ella cuando esté libre de la tiranía. Aunque algunos de los autores de estos capítulos están situados en la Universidad de Nueva York, hay solamente una breve mención del largo servicio sacerdotal de Varela en su "campo misionero" en Norte América. Este volumen lo exalta como un enamorado de Dios, de la Patria y de la libertad. El libro está escrito totalmente en español.

La mayoría de las investigaciones que han aparecido sobre Félix Varela desde que se editó nuestra primera edición, se han ocupado principalmente de los aspectos políticos de su vida y su trabajo en Cuba. Una destacada excepción es la tesis doctoral *"Espiritualidad de Félix Varela"*, del Reverendo Felipe J. Estévez, publicada en 1980, con el subtítulo, "Un Estudio Histórico-Espiritual sobre los Servicios Pastorales de Félix Varela a la Iglesia Católica, en los Estados Unidos". El Padre Estévez, uno de los cubanos que emigraron en 1961, es ahora Rector del Seminario Mayor de la Florida, Saint Vincent de Paul, en Boynton Beach.

En el amplio campo de sus investigaciones, Felipe Estévez ha funcionado como un testigo itinerante en memoria del Padre Varela, del cual se declara un discípulo. Entre la inmensa población cubana de las áreas metropolitanas, y en los salones de la Universidad Gregoriana y del Vaticano, él se dio cuenta de la demanda por nuestro libro, y del hecho de que estaba agotado. En verdad, el Padre Estévez fue la chispa que inició esta segunda edición. También él ha estado al frente de esos que creen que Varela, brillante, devoto, humilde, servidor de la humanidad y "al nivel más profundo, un hombre de Dios", es un valioso candidato para la santidad, al que los tiempos llaman por sus pasos en esa dirección.

De las prominentes universidades del este de los Estados Unidos, ocasionalmente han llegado, durante la década pasada, ecos del creciente interés en Varela. El Padre Aloysius Fahy hizo su maestría en la Universidad de Nueva York, escribiendo su tesis sobre "El Origen y el Desarrollo del Pensamiento Antiesclavista del Padre Varela", produciendo 165 páginas manuscritas que aún no se han publicado. El Reverendo Fahy se trasladó a la Universidad de Harvard, donde está haciendo un doctorado sobre la posición de Varela en la teología e historia de Hispanoamérica. La última vez que supimos del Padre Fahy, en diciembre de 1979, estaba tratando de obtener permiso del gobierno cubano para entrar en el país, con el propósito de hacer investigaciones sobre Varela. Fahy muestra gran respeto por el Padre Estévez; pero nosotros no encontramos evidencias de sus investigaciones en la bibliografía publicada por el Rector Estévez.

Más interesantes son las nuevas noticias de la Universidad de Yale de mediados de julio de 1981. Se había encontrado una copia del séptimo y último número de la más política y controvertida publicación del Padre Varela, el periódico *El Habanero*. Se publicó cuando Varela estaba profundamente desilusionado por el regreso a la tiranía del gobierno español, y por la defección de sus supuestos liberales iluminados. Este número fue escrito durante una crisis en la vida de Varela (Nueva York, 1826) cuando él estaba dedicándose de nuevo con todo el corazón y para siempre al servicio de Dios en América. Que el séptimo número de *"El Habanero"* había sido publicado se sabía, pero no obstante las diligentes búsquedas, nadie había visto una copia hasta que este ejemplar apareció en la Biblioteca de la Universidad de Yale, en una caja no catalogada de papeles en español. Esto es un tributo de estimación a Varela entre los norteamericanos y los hispanos eruditos, dado que el descubrimiento, ampliamente reportado por los medios de comunicación, fue considerado sensacional. *El Habanero,* al fin completo, se hallaba a salvo en los archivos de libros raros, en la Biblioteca de la Universidad.

Lee Williams, director de la Colección Latinoamericana, no perdió tiempo en enviar una copia de su descubrimiento al Obispo Román en Miami, haciendo hincapié en el hecho de que "aparentemente esta es la única copia en este planeta". El *Miami News,* el *Miami Herald, La Voz* y el *Diario Las Américas,* todos publicaron el descubrimiento, señalando generalmente la sabiduría profética de Varela en darse cuenta de que la libertad que él deseaba tanto para su amada Isla debía venir sin derramamiento de sangre, si se iba a evitar una futura dictadura. El Obispo Román, amablemente, le envió una fotocopia del número 7 a la autora de este escrito.

Mientras tanto, la gente de Nueva York había estado conmemorando a su antiguo Vicario General en su manera particular de hacerlo. El Padre Varela, el primer cubano que fue incardinado dentro de la Diócesis, pasó allí más de 25 años en servicios altamente productivos, pero que son perecederos. Dos de las parroquias que él fundó en Manhattan celebraron su 150 aniversario en 1977. El 2 de octubre de ese año, más de setecientas personas se congregaron en la iglesia de *Saint James*, en el Lower East Side, para una Misa concelebrada, en inglés y en español, en la cual el Cardenal Terence Cooke bendijo un busto del Padre Varela especialmente comisionado, obra del escultor Ralph J. Hernández, un feligrés de esa parroquia de origen mexicano. El Padre Birkle, que era entonces el Párroco, nos dijo que esta congregación, originalmente de inmigrantes, es ahora el 60 % de hispanos, y que la copia de nuestra primera edición siempre está abierta al lado del busto.

Hoy en día, la iglesia de *Saint James*, una de las más antiguas iglesias católicas construidas en Nueva York, está cerrada debido a defectos en las estructuras. Pero, como es un edificio histórico, se ha encontrado la manera de salvarlo con contrafuertes. Su derecho a la categoría de hito histórico descansa grandemente en "el cubano Padre Félix Varela, un campeón de la democracia y, más tarde, Vicario General de la Diócesis de Nueva York que fue el fundador de la parroquia" (Cath. N.Y., S.1, 83).

Dos meses después de las ceremonias en *Saint James*, la iglesia de la *Transfiguración* en la calle Mott también celebró sus 150 años. Otra vez, el Cardenal Terence Cooke ofició una Misa especial, en la que el Padre Varela fue honrado como su fundador. En una forma muy especial la *Transfiguración* fue "la Iglesia del Padre Varela, la cual él sirvió devotamente como párroco la segunda mitad de su vida activa". Es verdad que él había fundado *Saint James* cuando su congregación fue dividida, después que su vieja *Iglesia de Cristo* había sido clausurada. Pero para esos que encontraron que *Saint James* estaba muy lejos, Varela y sus seguidores habían comprado un edificio de segunda mano que fue dedicado como "*La Iglesia de la Transfiguración*". También adquirió cerca una residencia permanente para sí mismo.

La *Transfiguración* persistentemente ha tenido siempre una congregación de inmigrantes pobres: primero irlandeses, después italianos, y ahora mayormente chinos, con muchos que vienen como refugiados por Hong Kong o Taiwan. El actual párroco es el Reverendo Mark Cheung, anteriormente de Cantón, y la liturgia se conduce en inglés, cantonés y mandarín. Las actas, los bautizos y otros documentos, incluyendo algunos escritos por la propia mano de Varela, han sido conservados desde los primeros días. Ellos dan evidencia de tribulaciones y fortaleza, así como de la determinación del párroco y de los laicos cooperadores de enfrentar cada nuevo reto con inteligencia y espíritu de sacrificio. El aniversario de 1977 fue la ocasión para publicar un magnífico volumen, *"Transfiguration Church, a Church of Inmigrants 1827-1977" (La Iglesia de la Transfiguración, una Iglesia de Inmigrantes 1827-1977)*, el cual incluye entre sus primeras páginas varias que evalúan la relación de Varela con sus feligreses: "a pesar de las diferencias asombrosas de nacimiento, clase, educación y cultura que lo separaban de los pobres inmigrantes irlandeses, él encontró entre ellos una rápida aceptación y afecto genuino... Su manera gentil y su sincera preocupación los atrajo a él. El Padre Varela fue un hombre que mantenía sus principios sin malicia ni arrogancia, expresándolos más elocuentemente a través de su humilde servicio a sus semejantes".

El líder vareliano de nuestro tiempo en Nueva York ha sido el Reverendo Raúl del Valle, cuya vida tiene un paralelo cercano con la del gran filósofo cubano y santo sacerdote. El Padre del Valle dejó a Cuba durante la emigración de 1961, no le fue posible volver a ella, y se convirtió en el primer sacerdote cubano, después de Varela, que tras un lapso de casi 150 años, fue incardinado en la Arquidiócesis de Nueva York. En su tierra nativa, él había servido como secretario del fallecido Cardenal Manuel Arteaga Betancourt. En Nueva York él es un juez en el Tribunal Arquidiocesano para Matrimonios, un miembro de la junta editorial del Semanario Católico de Nueva York, Director Ejecutivo de la Comisión Arquidiocesana para un Plan Pastoral sobre el Ministerio Hispánico, y Presidente del comité de iniciativas que produjo el *Estudio Hispánico*, una obra exhaustiva de dos volúmenes, que investiga la experiencia cultural, religiosa y social de la población hispánica que vive en Nueva York. Y todo esto, funciona sucesivamente como Párroco de dos parroquias con muchos problemas en el depauperado "South Bronx", donde promueve un renacimiento espiritual dentro de la comunidad, apadrinando un número impresionante de programas sociales y educativos, a la vez que restaurando la belleza de los edificios de ambas iglesias.

Mientras esta posdata se estaba preparando, vino una llamada de un periodista del *Miami Herald*, anunciando que los Obispos de Cuba habían solicitado y recibido permiso de la Sagrada Congregación para la Causa de Canonización de los Santos, a fin de iniciar el proceso de beatificación del Padre Félix Varela. El Obispo Román, Mons. Teodoro de la Torre, el Padre del Valle y el Padre Estévez son miembros de una comisión establecida para promover la Causa de Beatificación del más querido sacerdote cubano, el Reverendo Félix Varela.

La antorcha encendida por el Padre Varela brilla hoy con más luz que nunca. ¡Qué regalo sería para los creyentes en Cuba, para los hispanos de cualquier parte y para la Iglesia universal, si él fuera ahora reconocido oficialmente como un Santo para nuestros tiempos! ¡Recemos todos!

(Mrs. Joseph J.) Helen M. McCadden, Ph.D.
Brewster, N.Y. Mayo, 1984

BIBLIOGRAFÍA

Archivos y Colecciones

American Catholic Historical Society of Philadelphia. Historical Collections; incl. Bp. Conwell Papers, Martin I. J. Griffin Collection, etc.
Archdiocese of Baltimore, Archives. Contain several items relating to Varela.
Archdiocese of New York. Archives. (AANY). Esp. the 20 vv. of Abp. John J. Hughes Papers (AHP) and the records of early churches.
Archivo General de Indias, Seville, Spain. "Papeles de Cuba": Calendar of Documents Photographed in the Archives of the Indies, Seville, for the Carnegie Institution of Washington, Department of Historical Research. Typescript.
British and Foreign State Papers. Esp. vv. 10 and 44.
"Browne Collection of Photostats." Assembled by Henry J. Browne, in Library of St. Joseph's Seminary, Yonkers, N.Y., from Archives of Archdioceses of Baltimore and New York, the University of Notre Dame, the Catholic University of America, etc.
Catholic University of America. Department of Archives and Manuscripts. Reels, "Abp. John Hughes Microfilms."
Colección de libros cubanos. Fernando Órtiz et al. Esp. vv. 12 and 13, *Escritos de Domingo Del Monte; introducción y notas de José A. Fernández de Castro,* Havana, Cultural, S.A., 1929.
Delmonte y Aponte, Domingo. "Collection." Library of Congress, Manuscript Division: documents on Cuba, Louisiana, and Florida in 4 bundles and 2 vv.; those dated after 1853 are in the "Collection" of Leonardo Delmonte y Aponte.
Del Monte, Domingo. *Centón epistolario . . .* 7 vv., Havana, "El Siglo XX," 1923-57. (Academia de Historia de Cuba, Havana).
Dihigo y Mestre, Juan M. "Papers." Washington, D.C., National Archives.
Hill, Roscoe R., comp. *Descriptive catalog of the documents relating to the history of the United States in the Papeles procedentes de Cuba deposited in the Archivo general de Indias at Seville.* Washington, Carnegie Institn. of Washington. 1916. (*Publn.* no. 234. Papers of the Department of Hist. Records, J. F. Jameson, ed.).
Hispanic Society of America, New York. Library.
"Joel R. Poinsett Papers." Philadelphia, Historical Society of Pennsylvania Library, Manuscript Division.
"José Ignacio Rodríguez Papers," Library of Congress, Manuscript Division. (JIRP). 180 filing boxes. Others of the Papers in other departments of the Library.
Mission of Nombre de Dios, St. Augustine, Florida. Library and Archives. Several documents on microfilm dealing with Varela; also parish records of second Spanish period.
St. Augustine Historical Society, St. Augustine, Florida. Collections.
Spain. Archivo General de Indias. Seville. *Catálogo de los fondos cubanos del Archivo general de Indias . . .* Madrid, Compañía Ibero-Americana de Pub., S.A., 1929-36. 2 vv. in 3. (*Colecc. de documentos inéditos para la historia de Hispano-América,* tomos 7, 12). (Instituto Hispano-Cubano de Historia de América, Seville, *Publicaciones*).
Spain. Cortes. *Diario de las sesiones.* 1810/13 . . . 1820/23 . . . Cádiz, etc., 1811-1935.
Spain. *Reales cédulas de Indias.* 33 vv., 1773-1808. (Sociedad Económica de Amigos del País, Laguna, Canary Islands).

Transfiguration Church, New York City. MS minutes, parish records, accounts, books and pamphlets. Incl. *Souvenir history of Transfiguration parish, Mott Street, N.Y., 1827-1897.* N.Y., n. auth., Pakenham & Dowling, printers, 1897.

ESCRITOS DE VARELA

Libros

Cartas a Elpidio; (selección) educación y patriotismo. Havana, Lex, 1960.
Cartas a Elpidio sobre la impiedad, la superstición y el fanatismo en sus relaciones con la sociedad. Tomo 1: "Impiedad;" tomo 2: "Superstición." Havana, Editorial de la Universidad, 1944-45.
Educación y patriotismo. Havana, Dirección de Cultura, Secretaría de Educación, 1935.
Elementos de química aplicada a la agricultura, en un curso de lecciones en el Instituto de Agricultura. Tr. from the English; Humphrey Davy's lectures delivered between 1802 and 1812. N.Y., Gray, 1826.
Instituciones de filosofía ecléctica, publicados para uso de la juventud estudiosa. Tomo 1: Lógica, texto latino y traducción castellana por Antonio Regalodo González. Havana, Cultural, S.A., 1952.
Lecciones de filosofía. Several editions, some revised and enlarged by the author; 1818-1961. 1st ed., Havana, 1818-19. 3 vv.
Manual de práctica parlamentaria para el uso del Senado de los Estados Unidos, traducido del inglés y anotado por Félix Varela. N.Y., Newton, 1826—Thomas Jefferson's *Manual.*
Miscelánea filosófica . . . seguida del Ensayo sobre el origen de nuestras ideas, Carta de un italiano a un francés sobre las doctrinas de Lamennais y Ensayo sobre las doctrinas de Kant. Havana, Universidad, 1944. From the 2nd ed., Madrid, 1821, and the 3rd ed., N.Y., 1827.
Observaciones sobre la constitución política de la monarquía española, seguidas de otros trabajos políticos. Havana, Universidad, 1944. Based on the Havana ed., 1821.
Poesías del coronel Don Manuel de Zequeira y Arango, natural de La Habana. Publicadas por un paisano suyo. N. Y., n. publ., 1829.

Revistas a las que Varela Contribuyó o Editó

The Catholic expositor and literary magazine; a monthly periodical. N.Y. 7 vv. Apr. 1841-Nov. 1844.
The Catholic register. N.Y. 1839-41.
Children's Catholic magazine. N.Y. 1838-40. Succeeded by *The young Catholic's magazine,* N.Y. 1841.
El mensagero semanal. N.Y.; Phila. 3 vv. Aug. 19, 1828-Jan. 29, 1831.
The New-York freeman's journal and Catholic register. N.Y. Began July 4, 1840; absorbed *Catholic register,* Jan. 1841.
New-York weekly register and Catholic diary. N.Y., 1833-37. Succeeded by *The Catholic observer,* N.Y. 1838.
The Protestant's abridger and annotator, N.Y., Bunce, 1830-31.
Revista bimestre cubana. bi-monthly. Havana, Sociedad Económica de Amigos del País. 76 vv. May 1831 ff.
The truth teller. N.Y. 31 vv. 1825-55.
Varela y Morales, Félix. *El habanero, papel político, científico y literario redactado por el dr. Félix Varela . . . seguido de la Apuntaciones sobre El Habanero;* estudios preliminares por Enrique Gay Calbó y Emilio Roig de Leuchsenring. Havana, Universidad, 1945. Lacks no. 7.

La Verdad. N.Y. 6 vv. 1848-53.
The youth's friend; El amigo de la juventud. N.Y. 1825. Bi-lingual.

Trabajos que contienen segmentos de los escritos de Varela

Bachiller y Morales, Antonio. *Apuntes para la historia de las letras y de la instrucción pública en la isla de Cuba.* 3 vv. Havana, Massana, 1859-61. Repr., 3 vv., Havana, Cultural, S.A., 1936-37.
Casal, José María. *Discursos del Padre Varela, precididos de una Sucinta relación de lo que pasó en los últimos momentos de su vida, y en su entierro.* Matanzas, Imprenta del Gobierno, 1860.
Chacón y Calvo, José María. "El Padre Varela y la Autonomía Colonial." Cuba, Dirección de Cultura. *Homenaje a Enrique José Varona* . . . Havana, Secretario de Educación, 1935; pp. 451-71. ("La Autonomía Colonial.")
Diario del gobierno constitucional de La Habana. Daily.
Fernández de Castro, José A., ed. *Medio siglo de historia colonial de Cuba; cartas a José Antonio Saco ordenadas y comentadas (de 1823 a 1879).* Havana, Veloso, 1923.
Gay Calbó, Enrique. "El Padre Varela en las Cortes Españolas de 1822 y 1823," *Universidad de La Habana,* 5 (no. 14, Aug.-Sept. 1937) : 109-29. ("Las Cortes").
González del Valle, Francisco. "Cartas Inéditas del Padre Varela," *Rev. bim. cub.,* 50 (July-Aug. 1942) : 61-72.
———. "El Padre Varela y la Independencia de la América Hispana," *Rev. cub.,* 4 (Oct.-Dec. 1935) : 27-45.
———. "Páginas para la Historia de Cuba; Documentos para la Biografía del Padre Félix Varela," *Cuba contemp.,* 29 (July 1922) : 284-92.
Mestre y Domínguez, José Manuel. *De la filosofía en La Habana.* Havana, "La Antilla," 1862.
Morales, Agustín José. *Progressive Spanish reader.* N.Y., Appleton, 1856.
El revisor político y literario. Havana. 1823.
Rodríguez, José Ignacio. *Vida del presbítero don Félix Varela.* N.Y., "O Novo Mundo," 1878. 2nd ed., Havana, Arellano, 1944, with Prólogo by Eduardo Martínez Dalmau. (*Vida*).
———. *Vida de Don José de la Luz y Caballero.* N.Y., "El Mundo Nuevo —La América Ilustrada," 1874.
Roig de Leuchsenring, Emilio. *Ideario cubano Félix Varela, precursor de la revolución libertadora cubana.* Publicado en conmemoración del preclaro habanero. Havana, Municipio, Oficina del Historiador de la Ciudad, 1953. (*Colección,* 12).
United States Catholic miscellany. Charleston, S.C. June 5, 1822ff.

ESCRITOS SOBRE VARELA

Academia de la Historia de Cuba. *Expediente de órdenes del Pbro. Félix Varela y Morales.* Havana, 1927.
Agramonte, Roberto. "El Padre Varela, 'El Primer Que Nos Enseñó a Pensar,' " *Universidad de La Habana,* 5 (no. 13, June-July 1937) : 64-87.
Aguayo y Sánchez, Alfredo M. *Ideas pedagógicas del Padre Varela.*
Amigó Jansen, Gustavo, S.J. "La Posición Filosófica del Padre Varela," unpubl. thesis, University of Havana, 1947, for degree of Doctor in Philosophy and Arts.
Bachiller y Morales, Antonio. "Error Político de Don Félix Varela: Los Contemporáneos y La Posteridad: (*El Habanero*)," *Rev. cub.,* 2 (Oct., 1885) : 289-94.

Blakeslee, William Francis, C.S.P. "Felix Varela—1788-1853," Amer. Cath. Hist. Soc. of Phila., *Records*, 38 (1927) : 15-46.
Cabrera, Raimundo. "Nuestro Homenaje a Varela," *Rev. bim. cub.*, 6 (Nov.-Dec. 1911) : 473-97.
Calcagno, Francisco. Brief life of Varela, *Rev. de Cuba*, 2 (1877).
Castellón, Pedro Angel. "A Cuba, en la Muerte de Varela." Poem, 1853. Various publs.
Ceremonies at the laying of the corner stone of a chapel in the Roman Catholic cemetery in the City of St. Augustine, Florida, dedicated to the memory of the Very Rev. Félix Varela, late Vicar General of New York. Charleston, S.C., printed by Councell & Phynney, 1853.
Chacón y Calvo, José María. "Homenaje a Varela," *Rev. cub.*, 5 (Jan.-Feb. 1936) : 191-92.
―――. "El Padre Varela Como Apologista Católico," *Rev. cub.*, 18 (Jan.-Dec. 1944) : 211-13.
―――. *El padre Varela y su apostolado*. Havana, Cuadernos de Divulgación Cultural de la Comisión Nacional Cubana de la UNESCO, 8 (1953).
―――. "Varela y la Universidad," *Rev. cub.*, 1 (Jan. 1935) : 169-73.
Cuevas Zequeira, Sergio. "El Padre Varela; Contribución a la Historia de la Filosofía en Cuba," Havana, Universidad, *Rev. de la Facultad de Letras y Ciencias*, Havana, "Avisador Comercial," 2 (no. 3, May 1906) : 217-20.
"El Curso del Dr. Vitier," *Rev. cub.*, 12 (Apr. 1938) : 271-73.
Del Duca, Gemma Marie, S.C., *Sister*. "A Political Portrait : Félix Varela y Morales, 1788-1853," unpubl. Ph. D. dissertation, Univ. of New Mexico, 1966.
Los diputados americanos en las Cortes Españolas. Madrid, Alaria, 1880.
"En Memoria de Félix Varela," series of arts., *Rev. bim. cub.*, 6 (Nov.-Dec. 1911) : 473-97.
Entralgo y Vallina, Elías José. *Los diputados por Cuba en las Cortes de España, durante los tres primeros períodos constitucionales* . . . Havana, "El Siglo XX," 1945. (Academia de la Historia de Cuba).
Foik, Paul J. *Pioneer Catholic journalism*. N.Y., U.S. Cath. Hist. Soc., *Monograph series*, 11 (1930).
Garcini Guerra, H. J. "Evolución del pensamiento político de Félix Varela," Havana, Universidad, Facultad de Ciencias Sociales y Derecho Público, *Amario*, 1954; pp. 37-59.
Gay Calbó, Enrique. "El Ideario Político de Varela," *Rev. cub.*, 5 (Jan.-Feb. 1936) : 23-47.
González del Valle, Francisco. "Rectificación de Dos Fechas: Las de Nacimiento y Muerte del Padre Varela," *Rev. bim. cub.*, 49 (Jan.-June 1942) : 69-72.
―――. Review of Valverde: *La muerte del Padre Varela*, in *Cuba contemp.*, 36 (no. 141, Sept.-Dec. 1924) : 98-101.
―――. "Varela, Más Que Humano," pp. 7-25 of *Vida y pensamiento de Félix Varela, I*, which is sub-title of: Havana, Historiador, *Cuadernos de hist. haban.*, no. 25 (1944).
González, Diego. "Teoría y práctica pedagógicas de Varela," Havana, Historiador, *Colecc. hist. cub. y amer.*, 5 (1945) : 93-109.
González y Gutierrez, Diego. *La continuidad revolucionaria de Varela en las ideas de Martí*. Havana, "El Siglo XX," 1953. (Academia de la Historia de Cuba).
Griffin, Martin I. J. " 'The Children's Catholic Magazine' of New York, 1838-39," Amer. Cath. Hist. Soc. of Phila., *Records*, 15 (1904) : 164-68.

Guardia, Joseph Miguel. "Filósofos Españoles de Cuba: Félix Varela y José de la Luz," *Rev. cub.*, 15 (1892) : 233-47, 412-27, 493-502. Nota y traducción por Alfredo Zayas y Alfonso.
Guardia, Joseph Miguel. "Philosophes Espagnols de Cuba: Félix Varela— José de la Luz," *Revue philosophique de La France et de L'Etranger*, Paris, 33 (Jan.-June 1892) : 50-66, 162-83.
Havana. Biblioteca Municipal. *Memoria*. 1935ff.
————. ————. *Publicaciones*. Series B, "Cultura Popular," nos. 1-6. Havana, 1936-50.
Hernández Travieso, Antonio. "Expediente de Estudios Universitarios del Presbítero Félix Varela, *Rev. bim. cub.*, 49 (Jan.-June 1942) : 388-401. Actual texts, with commentary, of important documents in the life of Varela.
————. *El padre Varela: biografía del forjador de la conciencia cubana*. Havana, Montero, 1949.
————. "Posición Filosófica de Varela," *Vida y pensamiento; Colecc.*, 5 (1945) : 43-67.
————. *Varela y la reforma filosófica en Cuba*. Havana, Montero, 1942. (*Reforma filosófica*).
Ilustración americana de Frank Leslie. N.Y., 3 (no. 56, Nov. 12, 1867) : 59. Contains anon. art., "El Padre Varela. Un episodio para la Historia de Cuba." Some issues of this now-rare Spanish-language weekly, not to be confused with Frank Leslie's *American magazine* or his *Illustrated weekly*, are in Libr. of Congress and in Univ. of Texas Libr. (*Illustr. amer.*).
Lazo, Raimundo. *El P. Varela y las Cartas a Elpidio: epílogo de las Cartas . . . que se han publicado en la Biblioteca de Autores Cubanos de la Editorial de la Universidad*. Havana, Universidad, 1945. 16 pp.
Martínez Dalmau, Eduardo, *Bishop*. "La Ortodoxia Filosófica y Política del Pensamiento Patriótico del Pbro. Félix Varela," Havana, Historiador, *Colecc.*, 5 (1945) : 247-72.
————. "La Posición Democrática e Independista del Pbro. Félix Varela," in Congreso Nacional de Historia (Cuba), 2d., Havana, 1943, *Historia y cubanidad;* Havana, Sociedad Cubana de Estudios Históricos e Internacionales, 1943; pp. 37-62.
McCadden, Joseph J. "The New York-to-Cuba-Axis of Father Varela," *The Americas*, Washington, D.C., Academy of American Franciscan History, 20 (Apr. 1964) : 376-92.
Menéndez y Pelayo, Marcelino. *Historia de los heterodoxos españoles*, 6 vv., Madrid, 1880-82, constituting vv. 35-42 of *Edición nacional de las Obras completas de Menéndez Pelayo . . .*, Santander, Aldus, S. A. de Artes Gráficas, 1948. 62 vv. (Consejo Superior de Investigaciones Científicas, Madrid).
Morales Coello, Julio, *et al. Los restos del padre Varela en la Universidad de La Habana*. Havana, Universidad, 1955. Text in English and Spanish. (*Los restos*).
The New-York freeman's journal and Catholic register. March 19 and 26, 1853.
Peraza Sarausa, Fermín. *Personalidades cubanos (Cuba en el exilio)*. 8 vv. Havana, Ediciones Anuario Bibliográfico Cubano, 1957-65. v. 8, Gainesville, Fla.
Pérez Cabrera, J. M. "Félix Varela," *The new Catholic encyclopedia*, N.Y., McGraw Hill, 1967; 14: 539.
Portell Vilá, Herminio. "Sobre el Ideario Político del Padre Varela," *Rev. cub.*, 1 (Feb.-Mar. 1935) : 243-65. ("Ideario Político").
Portuondo, José Antonio. "Significación Literaria de Varela," Havana. Historiador. *Colecc.*, 5 (1945) : 69-91.

Purcell, Richard J. "Felix Varela y Morales," *Dictionary of American biography*, 19 : 225.
Rexach, Rosario. *El pensamiento de Félix Varela y la formación de la conciencia cubana*. Havana. Sociedad Lyceum, 1950.
Rodríguez, José Ignacio. "Father Felix Varela, Vicar General of New York from 1837 to 1853," *Amer. Cath. quart. rev.*, 8 (1883) : 466-76.
Roig de Leuchsenring, Emilio. "Varela en el 'El Habanero,' Precursor de la Revolución Cubana." Havana, Historiador, *Colecc.*, 5 (1945) : 217-45.
Spain, Cortes. *Diputados á cortes por la península para la legîslatura de los años de 1822-1823*. Seville, La Viuda de Vasquez y Cía., 1822.
Valuable theological library. Catalogue of the large and valuable collection. . . . Being the library of the late Rev. Father Varela of New York . . . which will be sold by auction by Bangs, Brother & Co. . . . 13 Park Row, on Monday, Oct. 2d. and following day. 19 pp.; 507 numbered items; n.d.
Valverde y Maruri, Antonio L. *La muerte del padre Varela; documentos inéditos coleccionados y comentados*. Havana, "El Siglo XX," 1924.
Varona y Pera, Enrique José, "La Capilla del P. Varela," *Rev. cub.*, 8 (1888) : 380-84.
Vida y pensamiento de Félix Varela, I-IV. Nos. 25-28 of Havana, Historiador, *Cuadernos de hist. habanero*. 1944-45.
Zequeira, Sergio Cuevas. "El Padre Varela; Contribución á la Historia de la Filosofía en Cuba," Havana, Universidad, *Rev. de la Facultad de Letras y Ciencias*, 2 (1906) : 217-20.

ANTECEDENTES Y MATERIALES QUE TIENEN RELACIÓN

Libros y Panfletos

Academia de la Historia de Cuba. *La revolución cubana desde Buenos Aires; por . . . Dr. Bernardo González Arrili* . . . Havana, "El Siglo XX," and Brasil, Muñiz, 1953.
Acta et decreta synodorum provincialium Baltimori habitarum ab anno MDCCCXXIX. usque ad annum MDCCCXL. . . . 2nd ed., Roma, S. C. de Propaganda Fide, 1841.
Agüero, P. de. *Biografías de cubanos distinguidos; I: Don José Antonio Saco*. London, Webster, 1858.
Allo, Lorenzo. *Domestic slavery in its relations with wealth*. tr. by D. de Goicouria. N.Y., Tinson, 1855. 16 pp.
Arango y Parreño, Francisco de. *Obras*. 2 vv., ed. by Andrés de Arango. Havana, Howson & Heinen, 1888. Nueva ed., Havana, Dirección de Cultura, Ministerio de Educación, 1952.
Archdiocese of New York. Centenary brochure publ. by the Archdiocese, 1950.
Arciniegas, Germán. *Caribbean, sea of the new world*. Tr. by Harriet de Onís. N.Y., Knopf, 1946.
Arnao, Juan. *Páginas para la historia de la Isla de Cuba*. Havana, Imprenta La Nueva, 1900.
Baldwin, James Mark, ed. *Dictionary of philosophy and theology, including . . . ethics, logic,* . . . New ed., w. corrections, 3 vv. in 4, N.Y., Smith, 1940-49.
Bayley, James Roosevelt. *A brief sketch of the history of the Catholic Church on the island of New-York*. N.Y., Dunigan, 1853; 2nd ed., N.Y., Catholic Publ. Soc., 1870.
Bennett, William H. *Catholic footsteps in old New York*. N.Y., Schwartz, Kirwin, and Fauss, 1909.

Bennett, William H. *Handbook to Catholic historical New York City.* N.Y., Schwartz, Kirwin, and Fauss, 1927.
Biblioteca de autores cubanos. Havana. Universidad. 1944ff.
Billington, Ray Allen. *The Protestant crusade, 1800-1860; a study of the origins of American nativism.* N.Y., Macmillan, 1938.
Bisbé, Manuel. "Los Grandes Movimientos Políticos Cubanos en la Colonia; 2. Independentismo: I. Movimientos Anteriores a 1868." Emilio Roig de Leuchsenring, ed., *Cuadernos de historia habanera,* no. 24 (1943). Havana, Municipio. ("Independentismo").
Bourne, William Oland. *History of the Public School Society of the City of New York.* N.Y., Putnam, 1873.
Brooke, Henry K. *Book of pirates.* Phila., Perry, 1841.
Browne, Henry J. *The diocesan clergy of New York: an historical sketch.* 12 pp. n. pl., n. publ. (Report read at Dunwoodie alumni reunion on Oct. 11, 1950).
Carbonell y Rivero, José Manuel, comp. *Evolución de la cultura cubana (1608-1927)* . . . 18 vv. Havana, "El Siglo XX," 1928; vv. 7-17, Montalvo y Cardenas.
———. *Los poetas de "El Laúd del Desterrado."* Havana, 'Avisador Comercial,' 1930.
Carey, Henry Charles; and Lea, I. *Geographical, statistical, and historical map of Cuba and the Bahama Islands.* Phila., Carey and Lea, 1822.
Carty, Mary Peter, O. S. U., Mother. *Old St. Patrick's; New York's first cathedral.* N.Y., U.S. Cath. Hist. Soc., 1947. (*Monograph series,* 23).
Catholic Almanacs and Directories.
Catholic encyclopedia. 18 vv. N.Y., Universal Knowledge Foundation, and Gilmary Society, 1913-1952.
Conangla Fontanilles, José. *Tomás Gener del hispanismo ingenuo a la cubanía práctica* . . . Havana, 1950. (Academia de la Historia de Cuba).
Connors, Edward Michael. *Church-state relationships in education in the State of New York.* Washington, D.C., Cath. Univ. of Amer. Press, 1951. Cath. Univ. of America, *Ed. res. monographs,* 16 (no. 2, March 1, 1951).
Copleston, Frederick, S.J. *A history of philosophy.* 8 vv. London, Burns, Oates and Washbourne, 1946-66.
Córdova, Federico. *Gaspar Betancourt Cisneros, el Lugareño.* Havana, Editorial Trópico, 1938.
Cornelius Heeney, 1754-1848. Brooklyn Benevolent Society, May 8, 1948. pam.
Cuba. Comisión de Estadística. *Cuadro estadísto de la siempre fiel isla de Cuba, correspondiente al año de 1827.* . . . Havana, Impresos del Gobiernos y Capitanía General, 1829. (Oficina de la Viudas de Arazoza y Soler). Bound with: Cuba. *Año de 1828: Censo de la siempre fidelísimo ciudad de Habana,* Havana, 1829. Reviewed in *Amer. qu. rev.,* 7 (June 1830): 475.
Cuba. Comisión Nacional de la UNESCO. *Cuba: educación y cultura.* Havana, 1963.
Cuba. Comisión Para la Formación de Diccionario Histórico Geográfico de la Isla. *Apuntes para la historia de la isla de Cuba correspondientes á la siempre fiel* . . . Puerto Príncipe, Imprenta de Gobierno y Real Hacienda, 1844. 39 pp.
Cuba. Constitution. *Textos de las constituciones de Cuba (1812-1840).* Havana, Editorial Minerva, 1940. (Antonio Barreras, comp.).
Cuba. Intendencia General de Hacienda. *Informe fiscal sobre fomento de la población blanca en la isla de Cuba y emancipación progresiva de la esclava, con una breve reseña* . . . Manuel María Yañez Rivadeneyra. Madrid, 1845. Publ. in French, Paris, 1851, with translation of Saco's notes.

Cuba. Ministerio de Educación. *Impresos relativos a Cuba editados en los Estados Unidos de Norteamérica; comp.*, Lilia Castro de Morales . . . Havana, Biblioteca Nacional, *Publicaciones*, 1956.
"Cuba. Pamphlets." New York Public Library. Collection of 96 pieces, 1805-94; decrees, proclamations, etc.
Curley, Michael J. *Church and state in the Spanish Floridas, 1783-1822.* Washington, Cath. Univ. of Amer. Press, 1940.
Del Valle, Raúl. *El Cardinal Arteaga: resplandores de la purpura cubana.* Havana, Ramallo, 1954.
Delaney, John J., and Tobin, James Edward. *Dictionary of Catholic biography.* Garden City, N.Y., Doubleday, 1961.
Diccionario biográfico cubano. 11 vv. Havana, Anuario Bibliográfico Cubano, 1951ff. (Biblioteca del Bibliotecario, Fermín Peraza Sarausa, dir.).
Dictionaire général de biographie et d'histoire. Dezobry, Ch.; and Bachelet, Th., eds. Paris, Darsy, 1895.
Dictionary of American biography, under the auspices of the American Council of Learned Societies . . . 20 vv., N.Y., Scribner, 1928ff.
Dihigo y Mestre, Juan Miguel. *Influencia de la Universidad de La Habana en la cultura nacional* . . . Havana, Universidad, 1924.
──────. *José Ignacio Rodríguez (Contribución a su biografía).* Havana, Avisador Comercial, 1907.
Dos orientadores de la enseñanza: el Padre José Agustín Caballero y José de la Luz Caballero. anon. Havana, Molina, 1935. 47 pp.
Draper, Theodore. *Castroism, theory and practice.* N.Y., Washington, and London, Praeger, 1965.
Enciclopedia filosofica. 4 vv. Venezia, Roma, Istituto por la Collaborazione Culturale, 1957-58. (Centro di Studi Filosofici di Gallarate).
Espasa, J., and Espasa-Calpe, S. A. [Espasa]. *Enciclopedia universal ilustrada europeo-americana* . . . Bilbao, Madrid, Barcelona; Espasa, 1907-30. 70 vv. in 72. *Apendice*, 10 vv., 1930-33; and *Suplemento anual*, 7 vv. in 8, 1934-52; 1953-54; Bilbao, Espasa-Calpe.
Extract from the records relative to the formation of the Spanish Grand Lodge of Ancient York Masons, at Habana, Island of Cuba. A circular, n. publ., probably 1820.
Fairbanks, George R. *The history and antiquities of the City of St. Augustine, Florida.* N.Y., Norton, 1858.
Farley, John M., *Cardinal, Abp. of New York. History of St. Patrick's Cathedral.* N.Y., Society for the Propagation of the Faith, 1908.
──────. *The life of John Cardinal McCloskey, first prince of the Church in America, 1810-1885.* N.Y., London, etc., Longmans, Green, 1918.
Fell, Marie Léonore, S.C., Sister. *The foundations of nativism in American textbooks, 1783-1860* . . . Washington, Cath. Univ. of Amer. Press, 1941.
Figarola-Caneda, Domingo, ed. *José Antonio Saco; documentos para su vida.* Havana, "El Siglo XX," 1921.
Finotti, Joseph M. *Bibliographia Catholica Americana: a list of works written by Catholic authors, and published in the United States.* Part I: 1784-1820. N.Y., The Catholic Publ. House, 1872.
Fremantle (Jackson), Anne, ed. *The papal encyclicals in their historical context.* N.Y., Putnam, 1956.
Fuentes Mares, José. *Poinsett: historia de una gran intrigua.* México, Editorial Jus, 1951.
Gannon, Michael V. *The cross in the sand; the early Catholic Church in Florida, 1513-1870.* Gainesville, Univ. of Florida Press, 1965.
Gannon, Michael V. *Rebel bishop; the life and era of Augustin Verot.* Milwaukee, Bruce, 1964.
García Galán, Gabriel. *La masonería y su actuación en la independencia de Cuba.* Havana, 1938.

Gil, Julian. *Cubanos celebres: José de la Luz y Caballero.* Havana, "La Correspondencia de Cuba," 1887.
González Arrili, Bernardo. *La revolución cubana desde Buenos Aires* . . . Havana, "El Siglo XX," 1953. (Academia de la Historia de Cuba).
González del Valle y Ramírez, Francisco. *La Habana en 1841; obra póstuma ordenada y rev. por Raquel Catalá.* Havana, Oficina del Historiador, 1952. (*Colecc.*, 10).
González, Zephirin, *Cardinal. Histoire de la philosophie.* Tr. into French by R. G. P. de Pascal from the Spanish. Paris, Lethielleux, 1891.
Griffin, Appleton Prentiss Clark. *List of books relating to Cuba* . . . *with a bibliography of maps by P. Lee Phillips.* Washington, Government Printing Office, 1898. (U.S., 55 Congr., 2d Sess., 1897-98, Senate Doc. no. 161).
Guilday, Peter. *History of the Councils of Baltimore, 1791-1884.* N.Y., Macmillan, 1932.
———. *The national pastorals of the American hierarchy, 1792-1919.* Westminster, Md., Newman, 1954.
Hassard, John R. G. *Life of the Most Reverend John Hughes, D.D., first Archbishop of New York; with extracts from his private correspondence.* N.Y., Appleton, 1866.
Hazard, Paul. *European thought in the eighteenth century from Montesquieu to Lessing.* Tr. from the French . . . by J. Lewis May. Cleveland, N.Y., Meridian Books, World Publ. Co., 1963.
Havana. Historiador. *Colección histórica cubana y americana; dirigida por Emilio Roig de Leuchsenring, historiador de la ciudad de La Habana.* 1938ff. (*Colección*).
Havana. Historiador. *Los grandes movimientos políticos cubanos en la colonia.* 1-2. (*Cuadernos de historia habanera.* nos. 23-24. 1943).
Henríquez Ureña, Max. *Panorama histórico de la literatura cubana.* 2 vv. N.Y., Las Américas Publishing Co., 1963.
Hernández Travieso, Antonio. *La personalidad de José Ignacio Rodríguez.* Havana, Cultural, S.A., 1946.
Hewit, Augustine Francis, C.S.P. *Life of the Rev. Francis A. Baker, priest of the Congregation of St. Paul.* 5th ed. N.Y., Cath. Publ. House, 1868.
Historia de la nación cubana. Publicada bajo la dirección de Ramiro Guerra y Sánchez, et al. 10 vv. Havana, Editorial Historia de la Nación Cubana, 1952.
Homenaje al ilustre habanero pbro. dr. José Agustín Caballero y Rodríguez en el centenario de su muerte, 1835-1935. Havana, Historiador, 1935. (*Cuadernos de hist. habanera*, 1).
Humboldt, Alexander de. *Ensayo político sobre la isla de Cuba.* Cuba, Archivo Nacional, 1960. (*Publicaciones*, 1).
Jameson, Robert Francis. *Letters from Havana, during the year 1820; containing an account of the present state of the island of Cuba, and observations on the slave trade.* London, pr. for J. Miller, 1821.
[Kimball, Richard Burleigh]. *Cuba and the Cubans; comprising a history of the island of Cuba, its present social, political, and domestic condition; also, its relation to England and the United States.* By the author of "Letters from Cuba." N.Y., Hueston, 1850.
Le Riverend Brusone, Julio J. *La Habana (biografía de una provincia).* Havana, "El Siglo XX," Muñiz, 1960. (Academia de la Historia de Cuba).
MacGaffey, Wyatt, and Barnett, Clifford R., et al. *Cuba: its people, its society, its culture.* New Haven, The American University, HRAF Press, 1962.
MacGregor, Geddes. *The Vatican revolution.* Boston, Beacon Press, 1957.
Madan, Cristóbal F. *Contestación a un folleto titulado: Ideas sobre la in-*

corporación de Cuba en los Estados Unidos, por Don José Antonio Saco . . . N.Y., "La Verdad," 1849. 23 pp. Signed: León de Pragua Calvo [pseud.].
Martí, José Julian. *Martí obras reunidas por Gonzalo de Quesada.* 15 vv. in 11. Washington, Gonzalo de Quesada, *et al.*, 1900-19.
———. *Obras completas.* 73 vv. Havana, Editorial Trópico, 1936ff.
Martínez Dalmau, Eduardo, *Bishop. La política colonial y extranjera de los reyes españoles de la Casa de Austria y de Borbon, y la toma de La Habana por los ingleses* . . . Havana, "El Siglo XX," Muñiz, 1943. (Academia de la Historia de Cuba, Havana).
Matthews, Herbert Lionel. *Cuba.* N.Y., Macmillan, 1964.
Merino y Brito, Eloy G. *José Antonio Saco: su influencia en la cultura y en las ideas políticas de Cuba.* Havana, Molina, 1950.
Millar, Moorhouse F. X., S.J. *Unpopular essays in the philosophy of history.* N.Y., Fordham Univ. Press, 1928.
Mosenthal, Philip F.; and Horne, Charles F. *The City College; memories of sixty years.* . . . N.Y., London, Putnam, 1907.
Mott, Frank Luther. *A history of American magazines, 1741-1885.* 3 vv. Cambridge, Harvard Univ. Press, 1957.
The new Catholic encyclopedia; prepared by an editorial staff at the Catholic Univ. of America. 15 vv. N.Y., McGraw-Hill, 1967.
O'Connell, Jeremiah J., O.S.B. *Catholicity in the Carolinas and Georgia: leaves of its history* . . . *A.D. 1820-A.D. 1878.* N.Y., Sadlier, 1879.
Pacheco, Joaquín Francisco. *O'Gavan.* Madrid, Rivudeneyra, 1848.
Pariseau, Earl J., ed. *Handbook of Latin American studies; no. 27: Social Sciences.* Gainesville, Univ. of Florida Press, 1966.
Pelletier, Victor. *Décrets et canons du Concile oecuménique et général du Vatican, en latin et en français avec les documents qui s'y rattachent* . . . Nouvelle ed. Paris, Palmé, 1873.
Perala, Antonio. *Historia de la guerra civil, y de los partidos liberal y carlista; 2da. edición, refundida, y aumentada con la historia de la Regencia y Espartero.* 6 vv. Madrid, Mellado (later vv.), La Sociedad Española de Crédito Comercial, 1868-70.
Pérez, Luis Marino. *Apuntes de libros y folletos impresos en España y el Extranjero que tratan expresamente de Cuba desde principios del Siglo XVII hasta 1812 y de las disposiciones de gobierno impresas en la Habana desde 1753 hasta 1800.* . . . Havana, Martínez, 1907.
Pierra, Fidel G. *Cuba; physical features of Cuba, her past, present and possible future.* Publ. by the Cuban Delegation in the U.S. N.Y., Figueroa, 1896.
Ponte Domínguez, Francisco J. *La masonería en la independencia de Cuba (1809-1869)* . . . Havana, "Masonic World," 1944.
Portell Vilá, Herminio. *Historia de Cuba, en sus relaciones con los Estados Unidos y España.* 4 vv. Havana, Montero, 1938-41.
———. *Vidas de la unidad americana, veinte y cinco biografías de americanos ilustres.* Havana, Editorial Minerva, 1944.
Portell y Vilá, Heriberto. *Historia de Cuba gráfica y sintética en 101 cuadros desde el descubrimento hasta el inicio de la República.* Havana, Cultural, S.A., 1932.
Power, John. *The laity's directory to the church service; for the year of Our Lord, M, DCCC, XXII.* N.Y., Creagh, 1822.
———. *The New Testament, by way of question, and answer* . . . N.Y., Cunningham, 1824.
Ramos, Demetrio. *Historia de las cortes tradicionales de España.* Madrid, Burgos, Editorial Aldecoa, 1944.
Rodríguez, José Ignacio. *Estudio histórico sobre el origen, desenvolvimiento y manifestaciones prácticas de la idea de la anexión de* . . . *Cuba a los*

Estados Unidos de América. Havana, Propaganda Literaria, 1900.
Roig de Leuchsenring, Emilio. *El americanismo de Martí*. Havana, 1953. 38 pp.
———. *La calle del Obispo de la ciudad de La Habana. Obispo Street in the city of Havana* . . . Havana, Editorial "Promisión del Porvenir," Ponce, P. R., 1940, 26 pp.
———. *Cuba y los Estados Unidos, 1805-1898; historia documentada* . . . Havana, Sociedad Cubana de Estudios Históricos e Internacionales, 1949. (*Publicaciones*).
———. *La Habana; apuntes históricos*. Havana, Municipio, 1939.
———. *Ideario cubano; 1: José Martí*. Havana, Historiador, *Cuadernos de historia habanera*, 6 (1936): 1-157. Also in Havana, Municipio, *Colección hist. cub. y amer.*, 12 (1953).
———. *Los monumentos nacionales de la república de Cuba*. 2 vv. Havana, Junta Nacional de Arquelogía y Etnologica, 1957-59. (*Publicaciones*).
Roth, Benedict, O.S.B. *Brief history of the churches of the diocese of St. Augustine, Florida*. St. Leo, Fla., Abbey Press, 1940.
Ryan, Leo Raymond. *Old St. Peter's, the mother church of Catholic New York, 1785-1835*. N.Y., U.S. Cath. Hist. Soc., 1935. (*Monograph series, 15*).
Sabin, Joseph. *Bibliotheca americana; a dictionary of books relating to America* . . . Begun by Sabin, continued by Wilberforce Eames and completed by R. W. G. Vail for the Bibliographical Society of America. 29 vv. N.Y., 1868-1936.
Saco, José Antonio. *Colección de papeles* . . . *sobre la Isla de Cuba* . . . 3 vv. Paris, D'Aubusson y Kugelmann, 1858-59. Republ., 1 vol., Havana, Dirección General de Cultura, Ministerio de Educación, 1960.
———. *Memorias varias sobre la Isla de Cuba*. 2 vv. N.Y.
———. *Obras de Don José Antonio Saco* . . . *por un paisano del autor* . . . 2 vv. N.Y., Lockwood, 1853.
Shea, John Dawson Gilmary. *The Catholic churches of New York City, with sketches of their history and lives of the present pastors*. N.Y., Goulding, 1878.
———. *History of the Catholic Church in the United States* . . . *1521-1866*. 4 vv. Akron, McBride, 1886-92.
Smith, John Talbot. *The Catholic Church in New York*. 2 vv. N.Y., Boston, Hall & Locke, 1905.
Sociedad Cubana de Estudios Históricos e Internacionales, Havana. *El obispo Martínez Dalmau y la reacción anticubana*. Havana, Arrow Press, 1943.
Sociedad Económica de Amigos del País, Havana. *Memorias*. 1793-1896.
Souvenir of the blessing of the cornerstone of the new seminary of St. Joseph, by the Most Rev. Michael Augustine Corrigan, D.D., Archbishop of New York, at Valentine Hill, Pentecost Sunday, May 17, 1891. N.Y., Cathedral Library Association, 1891.
Spain. Comisión de Constitución. *Discursos preliminares* . . . *en las cortes* . . . Cadiz, 1812. Repr. with *Constitución política de la monarquía española*, Barcelona, 1821.
———. Ministerio de Ultramar. *Cuba desde 1850 á 1873; colección de informes, memorias, proyectos y antecedentes sobre el Gobierno de la Isla de Cuba* . . . Madrid, Imprenta Nacional, 1873.
Teilhard de Chardin, Pierre. *The appearance of man*. Tr. from the French by J. M. Cohen. N.Y., Harper and Row, 1966.
Torre, José María de la. *Compendio de geografía, física, política, estadística y comparada de la isla de Cuba*. Havana, Soler, 1854.
Trelles y Govin, Carlos Manuel. *Bibliografía cubana del siglo XIX*. 8 vv. Matanzas, Quiros y Estrada, 1911-15.

———. *Bibliografía cubana del siglo XX*. 2 vv. Matanzas, Quiros y Estrada, 1916-17.
United States. Congress. *Debates and proceedings, 18 Cong., Sess. 1, Dec. 1, 1823-May 27, 1824.* vol. 1. Washington, Gales and Seaton, 1856.
———. Courts. Circuit Court (First Circuit. Massachusetts). *A report of the trial of Pedro Gibert . . . et al. before the U.S. Circuit Court, on an indictment charging them with the commission of an act of piracy, on board the Brig Mexican, of Salem* . . . By a Congressional Stenographer. Boston, Russell, Odiorne & Metcalf; Providence; Salem; 1834.
———. Library of Congress. Division of Bibliography. *List of books relating to Cuba (including references to collected works and periodicals), by A. P. C. Griffin, with a bibliography of maps by P. Lee Phillips*. Washington, Govt. Printg. Off., 1898. (U.S. 55th Congr., Sess. 2, 1897-98, Senate Doc. 161).
———. *A selected list of books on Cuba . . . Jan. 18, 1934.* Washington, 1934. (Sel. list of references, 1305).
United States Catholic Historical Society. *Monograph series*. N.Y., the Society, 1899ff.
Urrutia Lleó, Manuel. *Fidel Castro & company, inc: Communist tyranny in Cuba*. N.Y. and London, Praeger, 1964.
———. *Fidel Castro y compañía, s.a.* Barcelona. Herder, 1963.
Valdés, Antonio José. *Historia de la Isla de Cuba, y en especial de la Habana; impresa en 1813 en la Oficina de la Cena;* in: Cowley, Rafael; and Pago, Andrés, eds., *Los tres primeros historiadores de la isla de Cuba*. Havana, Pago, 1876-77; 3: 1-502. (Real Sociedad Patriótica de Amigos del País).
Valverde y Maruri, Antonio L. *Documentos relativos al obispo Espada* . . . Havana, "La Universal," 1926.
———. *José Antonio Saco: aspectos de su vida*. Havana, "El Universo," S.A., 1930.
Velázquez de la Cadena, Mariano. *Pronouncing dictionary of the Spanish and English languages*. N.Y., Appleton-Century-Crofts, 1962, 1965, etc.
La verdad. A series of articles on the Cuban question published by the editors of "La Verdad." N.Y., 1849.
Vitier, Medardo. *La filosofía en Cuba*. Mexico City, Fondo de Cultura Económica, 1948.
Vollmar, Edward R., S.J. *The Catholic Church in America—an historical bibliography*. 2nd ed., N.Y., Scarecrow Press, 1963.
Wetzer und Weste's Kirchenlexikon oder Encyklopaedie der katholischen Theologie und ihrer Huelfswissenschaften. Begun by Joseph Cardinal Hergenrother; continued by Dr. Franz Kaulen. 13 vv. Freiburg im Breisgau, Herder, 1901ff.

Artículos

"The Administrative System in the Floridas, 1781-1821." *Tequesta*, 1 (1942): 41-62.
Browne, Henry J. "Public Support of Catholic Education in New York, 1825-1842: Some New Aspects." U.S. Cath. Hist. Soc., *Hist. records and studies*, 41 (1953): 14-41.
Conner, Jeanette Thurber. "The Nine Old Wooden Forts of St. Augustine." Fla. Hist. Soc., *Quarterly*, 4 (1926): Jan., 102-11; Apr., 170-80.
Herbermann, Charles G. "The Right Reverend John Dubois, D.D., Third Bishop of New York." U. S. Cath. Hist. Soc., *Hist. rec. and stud.*, 1, Pt. II (Jan. 1900): 278-335.

Lewis, Frank G. "Education in St. Augustine, 1821-1845." *Fla. Hist. Soc., Quarterly,* 30 (July 1951-Apr. 1952) : 230-60.
Lockey, Joseph B. "Public Education in Spanish St. Augustine," *Fla. Hist. Soc., Quarterly,* 15 (Jan. 1937) : 147-68.
McCadden, Joseph J. "Bishop Hughes Versus the Public School Society of New York." *Cath. hist. rev.,* 50 (July 1965) : 188-207.
————. "Governor Seward's Friendship with Bishop Hughes," *N. Y. hist.,* 47 (Apr. 1966) : 160-84.
Parsons, J. Wilfred, S. J. "Reverend Anthony Kohlmann, S. J. (1771-1836)." *Cath. hist. rev.,* 4 (1918) : 38-51.
Presno, José A. "Homenaje a la Memoria del Doctor Tomás Romay," *Universidad de La Habana,* 15 (Nov.-Dec. 1937) : 18-31.
Sheerin, John B., C.S.P. "The Development of the Catholic Magazine in the History of American Journalism." *U.S. Cath. Hist. Soc., Hist. rec. and stud.,* 41 (1953) : 5-13.
"Story of the Island of Cuba." *The talisman,* (1829) : 163-220.

Publicaciones Periódicas

American Catholic Historical Society of Philadelphia. *American Catholic historical researches.* Pittsburgh, Phila. 29 vv. 1884-1912. Merged into their *Records.*
American Catholic quarterly review. Phila. 49 vv. 1876-1924.
The Americas, a quarterly review of inter-American cultural history. Washington, D.C., Academy of American Franciscan History. July 1944ff.
Anuario bibliográfico cubano. Havana. 16 vv. 1937-52. 1953ff., title became *Bibliografía cubano.*
The church journal. weekly. N.Y. 26 vv. 1853-78. Absorbed the *Gospel messenger,* 1872.
Cuadernos de historia habanera dirigidos por Emilio Roig de Leuchsenring, Historiador de la Ciudad de La Habana. Havana. 1935ff.
Cuba contemporánea. monthly. Havana, Biblioteca Municipal, Departamento de Cultura. 44 vv. 1913-27.
Florida Historical Society, The quarterly periodical of the. Jacksonville, Fla. 1908ff.
The New-York freeman's journal. weekly. 77 vv. 1840ff. Absorbed the *Catholic register,* Jan. 1841.
New York history, qu. Cooperstown, N.Y., New York State Historical Association, 1932-date.
Revista cubana; periódico mensual de ciencias, filosofía, literatura y bellas artes. E. J. Varona, ed. Havana, Biblioteca Municipal, 1885-95. Superseded *Revista de Cuba.*
Revista cubana. monthly. 1935-57. Issued by Cuba, Dirección de Cultura, 1935-52; then by Instituto Nacional de Cultura, Havana, 1956-57. Superseded by *Nueva revista cubana.*
Revista de Cuba; periódico mensual de ciencias, derecho, literatura y bellas artes. Havana. 16 vv. 1877-84.
Revista de la Facultad de filosofía y letras. Havana, Universidad. 1905ff.
Revista de la Facultad de letras y ciencias. Havana, Universidad. 1905ff.
Revue philosophique de la France et de L'Etranger. Paris, 1876ff.
Tequesta; the journal of the Historical Association of Southern Florida. Coral Gables, Fla. 1942ff.
United States Catholic Historical Society, N.Y. *Historical records and studies.* Jan. 1899ff.
United States Catholic miscellany. Charleston, S.C. weekly. 39 vv. 1822-61.
Universidad de La Habana. bi-monthly. Havana, Universidad, Departamento de Intercambio Universitario. 1934ff.

ÍNDICE ALFABÉTICO

Abstinencia Total, Sociedad de .. 104
Academia 23, 175
Academia de la Historia Colonial 169
Academia de la Historia de Cuba 175
Academia de Literatura 95
Adot, Fernando 40
Agramonte, Roberto 18, 99, 167, 172, 174, 175, 180
Albani, Giuseppe, cardenal 83
Alfonso, Gonzalo 136, 137
Alfonso, José Luis 132,
Alfonso, Silvestre 78
Allo, Lorenzo del 132, 135, 136, 148, 153
Álvarez, Juan 23
Amigó Jansen, Gustavo. XXVII, 181
Angulo y Guridi, Alejandro 130
Aponte, José Antonio de 19, 29
Apuntes Filosóficos 18, 25, 154
Aquino, Santo Tomás 14, 21, 22, 171
Aranda, Conde de 9, 10
Arango y Parreño, Francisco .. 14, 33, 34, 45, 53, 56, 70
Argüelles, Agustín 43, 44, 49
Arteaga y Betancourt, Manuel, cardenal 177, 181
Asilo de Huérfanos 75, 123, 143
Aubril, Edmundo 129, 131, 134 136, 138, 147, 148, 150, 151
Bachiller y Morales, Antonio 154 157, 158
Bacon, Francis 8, 9, 22, 25
Báñez, Domingo 8
Batista, Fungencio 164, 165, 170 171, 174, 175, 180
Bayley, James Roosevelt 104, 141 143
Bennett, Rondal L. 176, 177

Bermúdez, Anacleto 49, 135, 149 153
Betancourt Cisneros, Gaspar. ..28, 54 56, 125, 132, 177
Biblioteca de Autores Cubanos .. 172
Biblioteca del Vaticano 183
Bichat, Marie Francois-Xavier 8
Billington, Ray Allen 86, 87
Birkle, Padre 186
Blakeslee .... XXVII, 29, 87, 145, 146
Blanc, Anthony 108
Bolívar, Simón.. .... 19, 53, 56, 58, 59 170
Bonaparte, José 18, 30, 33
Boza Masvidal, Eduardo, obispo 184
Braden, Spruille 169
Browne, Henry J... XXVII, 112, 113 125
Brownlee, William Craig ..86-88, 92
Brownson, Orestes Augustus 118
Bruté de Rémus, Simon 85, 108
Buchanan, James 179
Bulnes, José de 49
Byrne, Andrew, bp 102, 117
Caballero, José Agustín 14, 15, 17 18, 28, 38, 43, 49, 52, 53, 58, 71, 96, 98, 118, 119, 127, 135, 137, 150, 153-157, 168, 172
Cabrera, Raimundo 161, 163
Cádiz, Nicolás 16, 18, 30, 35, 41, 43, 45, 49, 50, 56, 121
Calcagno, Francisco 154
Cano, Melchor 8
Carlos III de España 1-4, 6, 7, 9, 73, 169
Carlos IV de España 2, 33, 34
Cartas a Elpidio 71, 89, 92, 96-99, 144, 154, 172, 178, 180

ÍNDICE ALFABÉTICO

Casas, Bartolomé de Las, obispo.. 45
Casserly, Patrick S. 79
Castellón, Pedro Ángel 146
Castro, Fidel 18, 26, 49, 96, 172, 175, 180, 181
Catedral de La Habana ...16, 34, 148, 182
Chacón y Calvo, José María ...14, 43, 165, 166, 176, 181
Clay, Henry 65
Clinton, DeWitt 86, 92
Concilio Provincial de Obispos XXII, 80, 84, 85, 107, 117, 124
Condillac, Étienne de..14, 16, 23, 24, 26, 53
Congreso Nacional de Historia, Segundo 169
Connolly, John. obispo ......XVI, XXI, XXII, 52, 74, 76, 82, 84
Cortes de España...XI, 16-19, 29, 32, 33, 35, 37, 39-49, 51, 53, 54, 57, 61, 64, 94, 126, 127, 141, 146, 165, 166, 178
Cooke, Terence, cardenal 186
Cousin, Víctor 119, 120
Cuba......XI, XIII, XV, XVI, XVIII, XXVIII, 1, 2, 6, 7, 10-13, 15-20, 24-29, 31-34, 39- 42, 44-47, 49-59, 61-71, 77, 82, 83, 93-95, 98, 99, 102, 106, 107, 116, 126, 130, 132, 133, 137, 142, 145-148, 151, 153-168, 170-175, 178, 180, 182
Cubana, Sociedad de Estudios Históricos e Internacionales ..52, 66, 70, 96, 118, 157, 161, 166-170, 175, 176
Cubí y Soler, Mariano.......50, 66, 70, 118
Cuevas, José de las 29, 40
Cullen, Paul 84, 108
Cushing, Caleb 155
Cheung, P. Mark 187

Davy, Humphrey 70
Del Duca, Gemma Marie, S.C. ....XXVII, 181
Delmonico, John. 102, 103, 118, 134
Delmonte, Domingo 48, 98
Denman, William 76
Descartes, René 9, 14, 22, 23, 154
Destutt, Antoine, Comte de Tracy 23, 25
Diario de la Marina............130, 169
Díaz, Rafael......................12, 140
Diócesis de Nueva York 187
Dubois, Jean, obispo......XXII, 77-85, 89, 90, 92, 93, 101-103, 107-109, 117
Duns Escoto, Juan 22
Duque de Heredia, José..............49
Echavarría y O'Gaban, Bernardo...48
El Desafío..............................15
El Habanero.........XV, 54-56, 58-67, 70, 166-168, 171, 172, 183, 186
El Telégrafo (Trinidad)............161
Elenco 25
England, John, obispo,.........76, 108
Epicuro................................22
Escalante, Aníbal....................169
Escobedo, Nicolás de......28, 39, 149, 153
Espada y Fernández de Landa, Juan 12-17, 20, 25, 29, 36, 39, 51-54, 68, 76, 95, 98, 126, 148, 160, 161, 168, 181
España...XI, XX, 1, 2, 6-9, 11, 17, 19, 21, 31-34, 38-44, 47, 48, 50, 51, 53, 55-59, 61, 62, 64, 65 67-69, 74, 80, 82, 84, 94, 95, 108, 118, 132, 142, 148, 157, 158, 161, 162, 168, 175
Estévez, Padre Felipe.......... 185, 188
Evening Post 88
Everard, Francois................ 101, 103
Fahy, Padre Aloysius 185
Feijóo y Montenegro, Benito 8, 9, 10, 15, 51

ÍNDICE ALFABÉTICO

Five Points 143
Felipe II de España 169
Fenwick, Benedict Joseph, obispo 75, 94, 117
Fernández Calleja, Roger 169
Fernando VII de España........XVI, 17, 19, 20, 30, 32-34, 36, 45, 48, 49, 56, 57, 63, 64, 74, 94
Ferrety, Juan Agustín 58, 59
Filarmónica, Sociedad............ 16, 40
Finney, Charles 85
Finotti, Joseph María ...145, 156, 157
Florida....XI, XXVII, 2-5, 19, 35, 66, 91, 125-127, 129-131, 134, 149, 158, 159, 161, 174, 180
Freeman's journal of Catholic register 6, 93, 104, 123, 138, 141
Freitas, John 103
Galileo Galilei........................... 22
Gannon, Michael ....V, XXVII, 129, 159, 162
García, Francisco...................... 54
García, P. John J. 103
García Robiou, Carlos 174
García-Tudurí, Mercedes...........184
García-Tudurí, Rosaura.............184
Gardoqui, Diego.........................73
Gassendi, Pierre...................22, 23
Gener y Bohígas, Tomás 40, 48-50, 94, 95
Godoy, Manuel...................... 12, 52
Gómez Pereira, Antonio........... 9, 22
González, Bernardo................ .. 175
González del Valle, Francisco 39, 71, 106, 150, 166
González del Valle, Manuel 28, 118
González Gutiérrez, Diego...........175
González, Salvador....................83
González, P. Pastor..................169
González Salmón, Manuel............82
Goodhue, Jonathan....................51
Gorostiola, Pedro.......................40
Govantes, José Agustín 149, 153

Griswold, David D...................... 148
Guardia, Joseph Miguel................52
Guía de Forasteros 10
Guiteras, Eusebio....................... 154
Haití................................. 11, 19, 46
Hassett, Thomas 3, 4, 5
Heeney, Cornelius 81
Henry, Patrick...XXVII, 65, 68, 92, 94, 106, 109, 111, 112, 142
Heredia, José María.....53, 54, 69, 70, 95, 127, 153
Hermanas de la Caridad .....XXII, 77, 80, 89, 93, 143, 181
Hermanas de San José 176
Hernández, Miguel........................1
Hernández, Ralph J. 186
Hernández Travieso, Antonio XXVIII, 6, 15-17, 28, 33, 48, 49, 58, 60, 86-88, 116, 133, 134, 150, 167, 172-174, 177, 180
Hidalgo y Costilla, Miguel 36
Hobbes, Thomas........................38
Hughes, John..XXII, XXIV, 78, 84, 89, 109-113, 115-117, 121-123, 125, 133, 136-143
Hurley, Joseph P........................ 177
Ideal, Revista............................ 183
Inquisición 7, 9, 16, 35, 53, 169
Isabel II, de España................. 20, 94
Jackson, Andrew.........................92
Jaime I de Inglaterra 8
Jay, John 121
Jefferson, Thomas..................66, 70
José Miguel Gómez.................... 162
Jovellanos, Gaspar Melchor..........52
Kant, Immanuel................... 114, 172
Kenny, William J......... 163, 173, 177
Kenrick, Francis Patrick........91, 108
Kepler, Joham.............................41
Kindelán, Sebastian 53
Kohlmann, Anthony.....................85
Laguardia, Padre (Gramática Española)................................. 31
Lamennais, Robert de......... 114, 172

Landa González, Manuel............ 163
Las Casas, Bartolomé de............. 45
Las Casas y Aragorri, Luis de......10, 12, 20, 30, 31, 51
Lasala, John Baptist...78, 117, 136, 137, 141
Lazo, Raimundo........................ 169
Lección Preliminar...................... 25
Lecciones de filosofía.......54, 70, 79, 80, 118, 172, 175
Leibnitz, Gottfied Wilhelm von... 22
León XIII, Papa.......................... 21
LeRoy Gálvez, Luis Felipe..174, 176, 177
Levins, Thomas..................... 87, 92
Llaneza, Bernardo Antonio.......103, 122
Locke, John.......... 15, 16, 23, 53, 78
López, Narciso........... 127, 132, 135
Love, John W. 176, 177
Lynch, Dominick........................ 61
Machado, Gerardo.................... 164
Maclay, Archibald...................... 86
Macneven, William................... 101
Madan, Cristóbal.........28, 51, 53, 56, 107, 108, 127, 132, 133, 153, 155, 156, 165
Madison, James..................... 66, 92
Mahy, Nicolás........................... 53
Maistre, Joseph Marie de 114
María Monk.................. 88, 97, 113
Martí, José......18, 28, 57, 58, 153, 162, 169, 170, 174-176, 178, 184
Martínez, Martín............ 9, 168-170
Martínez Dalmau, Eduardo . XXVII, 168-171, 180
Maynooth, seminario.............. 52, 76
McClellan, William.....103, 124, 125, 143
McDonough, Thomas Joseph..... 177
McKeon, Robert....................... 101
Mendive, Rafael María de.......18, 28, 58, 153

Menéndez y Pelayo, Marcelino .. 168
Menocal y Menocal, Raimundo.. 155
México...XX, 16, 17, 19, 26, 41, 54-56, 66-69, 74, 95, 126, 181
Miranda, Francisco................ 19, 29
Miscelánea Filosófica 25, 42, 118, 166, 172
Molina, Luis de........................... 8
Monroe, James... XXI, 19, 50, 53, 66
Montoro, Rafael....................... 163
Morales, Agustín José...31, 141, 145, 155, 156, 160, 173, 177
Morales, Buenaventura 40
Morales Coello, Julio......160, 163, 174, 177, 178, 181
Morales, María 6, 16
Morales, Rita 1, 2, 6, 7, 126, 134
Morales, Rita Josefa.........1, 4, 7, 126
Morales, Dr. Vidal 34, 155-157
Morales y Morales, Bartolomé 1, 40, 155
Morales y Remírez, Bartolomé ...1, 16
Morejón, "el Tuerto"..................... 60
Morelos, José María 69
Morse, Samuel............................ 87
Mosquera, Manuel José 142
Mulledy, Thomas........................ 85
Muppietti, Alexander.. 103, 125, 144
New York Weekly Register and Catholic Diary 79, 88
New York Daily Times............... 142
New York Observer..................... 87
Newman, John Henry, cardenal ..86, 91, 142
Newton, Isaac 9, 22, 41, 70
Nombre de Dios............XXVII, 159
Nuestra Señora de la Leche 3, 159
Nugent, Andrew....................... 73
Nyack, Seminario de........ 84, 89, 93
O'Brien, William 74
O'Connell, John....................... 73
O'Connor, Joseph XXVII
O'Donnell, Enrique 49, 51

ÍNDICE ALFABÉTICO

O'Gaban y Guerra, P. Juan Bernardo 12-17, 33, 40, 52, 53, 95, 119, 127
O'Reilly, Felipe 6
O'Reilly, P. Michael 3-6, 20, 51
O'Sullivan, Adelaida 107, 118
Obregón, Pablo...................... 68, 69
Observaciones sobre la Constitución 37, 43, 82
Ockham, William of..................... 22
Ortiz, Fernando 163
Papel Periódico..................... 10, 14
Papers (Hughes) 78
Papers (Poinsett)................... 52, 68
Pardow, George........................ 76
Parmentier, André 118
Pestalozzi, Johann Heinrich ..12, 16, 53
Pinar del Río............................163
Pío IX, Papa 168
Pise, Charles Constantine 85, 103, 113, 114, 120
Platón 21, 32
Poey y Aloy, Felipe...................... 28
Poinsett, Joel Roberts 52, 66- 69, 166
Polk, James........................... 127
Portell Vilá, Herminio .....XXVII, 47, 50, 52, 53, 66, 67, 95, 132, 166, 167, 169, 173, 180
Porter, David 67, 69
Portuondo, José Antonio 169
Pawer, P. John 52, 74-78, 80-82, 84-87, 89, 93, 108-110, 112, 117, 142
Presbiteriana............................. 77
Progressive Spanish Reader . 31, 145
Propositiones Variae 24
Protestant............ 86, 89, 90, 91, 104
Protestant Vindicator................. 104
Puerto Rico....................... 19, 82, 83
Quarter, William, obispo 117
Quesada, Adolfo..................... 40
Repeal........................ 130

Revista Bimestre Cubana .66, 70, 71, 79, 118, 157
Ricafort, Mariano......................... 94
Riego, Rafael del 35, 40, 49
Rivas y Salmón, Hilario de........... 61
Roa, Raúl 180
Rodríguez Embil, Julio....... 163, 176
Rodríguez, José Ignacio XXVIII, 1, 6, 17, 24, 25, 26, 28, 29, 30, 32-35, 40, 45, 60, 65, 71, 101, 107, 108, 121, 136, 137, 140, 141, 144, 145, 147, 150, 151, 154-158, 160, 165, 168, 170, 173, 177
Rodríguez, Juan Francisco............ 49
Roig de Leuchsenring ..29, 168, 169, 172, 175, 180
Roiz Silva, José 73, 74
Román, Agustín A., obispo 184, 186, 188
Romay y Chacón, Tomás.............. 14
Ruiz, Francisco ...118, 135, 136, 140, 150
Saco, José Antonio 18, 28, 36, 39, 41, 53-56, 60, 70, 79, 95, 96, 125-127, 132, 153
Sagra, Ramón de la..................... 70
Salamanca, Univesidad de 3, 7, 8, 12, 30
Salazar, José María................ 12, 67
San Agustín .....XI, XII, XXVII, 2-5, 18, 20, 45, 97, 124, 125, 126, 129-132, 134, 135, 138-140, 144-148, 151, 158-163, 173, 174, 176-178, 181, 184
San Francisco de Sales 12
San Ignacio, Colegio y Seminario de 13
San Marcos, Castillo de ...2, 3, 6, 7, 126
Sánchez, Bernabé........................66
Santa Alianza................. 33, 48, 50
Santiago de Cuba 11, 40
Santo Domingo 19, 24

Santos Suárez, Leonardo ..40, 42, 49, 50, 95
Savannah, Georgia 91, 129, 130, 138, 140, 158, 159
Schneller, Joseph A. 79, 87, 88, 101, 103, 111
Sentmanat, Francisco 49, 54, 69
Seton, Elizabeth Ann Bayley .... XXVII, 77
Seward, William Henry 92, 109, 111, 112, 113
Sheridan, Stephen... ...131,138-141, 148
Shortell, Edward......................... 117
Silliman, Benjamin....................... 55
Smith, John Talbot................. 78, 80
Sociedad Bíblica de Nueva York . 85
Sociedad Cubana de Filosofía 184
Sociedad de Amigos del País ... (Ver Sociedad Patriótica)
Sociedad de Escuelas Públicas de Nueva York 93
Sociedad Económica 10, 12, 31, 33, 46, 74, 127, 138, 162-164
Sociedad Histórica Católica de Estados Unidos ...... IV, XXV, XXVII, 183
Sociedad Histórica de Pennsylvania XXVII, 52
Sociedad Histórica de San Agustín XXVII
Sociedad Patriótica 10, 12, 16, 30-32, 37, 39, 95, 127, 145
Sócrates 28, 154
Somaglia, Cardenal de la.............. 75
Someruelos, Marqués de 12, 16, 19, 20
Saint James, Iglesia de   102, 117, 121, 122, 133, 186, 187
St. Mary, Iglesia de 103
St. Patrick, Catedral de............... 114
St. Peter, Iglesia de ....XX, 74, 90, 118, 123
St. Vincent, Hospital de XXII

Stone, William L.......................... 88
Stoughton, Tomás.............. 61, 62, 74
Suárez, Francisco, S.J. 8, 49, 51, 171
Tacón, Francisco....... 82, 94, 95, 127
Tanco, Félix M. 98
Tolomato, El Cementerio de 3, 7, 126, 134, 140, 147, 148, 151, 159, 163, 164, 173, 176, 181, 184
Tolón, José.................................. 54
Torre, Mons. Teodoro de la........ 188
Traconis, Francisco....................... 5
Transfiguración ...XI, XXVII, 103, 105, 107, 120-126, 129, 130, 133, 134, 137, 142-145, 150, 181, 187
Truth Teller ...76, 77, 79, 80, 87, 104, 110, 113, 156
UNESCO, Comisión Nacional Cubana............................... 176
United States Catholic Historical Society................... 184
Universidad de La Habana. XXVIII, 13, 14, 18, 21, 25-27, 37, 40, 42, 99, 118, 160, 163, 167, 169, 170, 172-175, 178, 181
Unzueto, Juan Antonio 69
Urrutia Lleó, Manuel 180
Valdés-Castillo, Esteban 174
Valdés, Gerónimo 127
Valdés Domínguez, Eusebio 155, 156
Valera y Jiménez, Pedro, primado 24
Valerino, José Manuel......27, 28, 108
Valiente y Bravo, José................. 31
Valle, Mons. Raúl del ....IV, XV, XVIII, XXV, XXVII, XXVIII, 181, 188
Vallejo, José María..................... 74
Valverde y Maruri, Antonio L. ...136, 153, 161, 164
Varela de la Torre, Amalia ......III, X, XXIX

Varela, Padre Félix III, IV, IX-XIII, XV-XIX, XXI, XXIII, XXIV, XXV, XXVII-XXIX, XXI, 1-3, 5-7, 13-18, 20-71, 74-84, 86-127, 129-151, 153-188
Varela y Pérez, Francisco 1, 2
Verot, Augustin, obispo.... 91, 108, 158-160, 161, 162, 164, 173, 176, 177, 179
Victoria, Guadalupe ... .69
Villamil, Domino..........................168
Vitier, Medardo............................167
Vitoria, Francisco de...................8, 51
Vives, Francisco Dionisio 8, 53, 58-60, 62, 63, 66, 94, 95
Voltaire, Francois Marie Arouet de 9, 23, 118
Ward, Henry George 68
Weekly Register (See New York Weekly Register and Catholic Diary).
Weld, Thomas, cardenal............... 85
Wellington, Duke of............... 17, 30
Weyler, Valeriano 162
Whelan, Richard, obispo .....XX, 117
Williams, Lee 186
Wolff, Christian............................22
Young Catholic's Magazine........116
Zayas, Alfredo............................162

www.ingramcontent.com/pod-product-compliance
Lightning Source LLC
Chambersburg PA
CBHW030315080526
44584CB00012B/577